A History of the Olympic Games in Tokyo

〈東京オリンピック〉の誕生 1940年から2020年へ

Sachie Hamada
浜田幸絵

吉川弘文館

目次

第2章 「東洋」初のオリンピック開催へ……49

〔凡　例〕

一、公文書や未公刊史料の引用

原則として「文書名」日付［所蔵機関（略称）］を記載した。データベースで文書名だけでは当該資料を検索することができない場合に限り、所蔵機関等の後に、簿冊のレファレンスコードや簿冊名等を記した。文書所蔵機関の略称と表記の方針は、次のとおりである。

国立公文書館→［国公文書館］
東京都公文書館→［都公文書館］
Olympic Study Centre（ローザンヌ・IOCアーカイブス）→［OSC］
アメリカ国立公文書館→［NARA］
国立国会図書館憲政資料室→［国会憲政］
NHK放送文化研究所（東京オリンピック資料）→［文研］
アジア歴史資料センター→［JACAR］※必要な場合は、レファレンスコードの後に該当資料のコマ番号も記載。
日本スポーツ協会（旧日本体育協会）資料室→［日ス協］

二、過去のオリンピック大会報告書の引用

過去のオリンピック大会の公式報告書については、原則としてLA84 Foundation（http://la84.org/）がPDFで公開しているものを用いた。これらについては、本文中では*Official Report Athens 1896*などと略記した。ただし、第一二回大会（一九四〇年大会）と第一八回大会（一九六四年大会）の報告書に関しては、LA84 Foundationで公開されている英語版ではなく、日本語版を用い、これらについては巻末の参考文献一覧に掲げた。

三、参考文献の一覧

参考文献は、巻末に一括して掲げた。ただし、次にあげる史料については、本文あるいは注で出典を記すにとどめ、巻末の参考文献リストには含めなかった。

新聞

雑誌の無署名記事

『東京市報』や『組織委員会会報』のような公的組織発行の定期刊行物

組織委員会や議会の議事録

公文書類

国立国会図書館憲政資料室の日系移民関係資料

LA84 Foundationで公開されている過去のオリンピック大会報告書

四、その他

引用文中の旧字体は原則として新字体に改め、仮名遣いは原文のまま、ルビは特殊な場合を除き省略した。読みやすさを重視して筆者が加えたルビは〔　〕で括った。またどうしても必要な場合に限り、句読点を補った。引用した資料や固有名詞には不適切な表現もあるが、歴史的な資料としてそのまま表記した。

プロローグ——三つの東京オリンピック

岸清一の銅像

島根県松江市の中心部、休日は国宝松江城への観光客で賑わう島根県庁の前に、大きな銅像が立っている。岸清一像である（図1）。一般にはほとんど知られていない人物だけあって足を止めてじっくり見る人はほとんどいない。だがこの銅像には、日本とオリンピックの歴史を考えるうえで興味深いエピソードがある。

岸清一は、一八六七年松江市雑賀町生まれ、弁護士として活躍したが、東京帝国大学時代にボート選手であったこともありスポーツ界にも深く関わり功績を残した。一九二一年には大日本体育協会の会長に就任、一九二四年から一九三三年に没するまでの約九年間、国際オリンピック委員会（以下、ＩＯＣと記す）委員をつとめた。日本がＩＯＣ総会で東京オリンピック招致を初めて公式に表明したのは一九三二年のことである。ロサンゼルスで開催されたこの総会には、講道館柔道の創始者で日本初のＩＯＣ委員である嘉納治五郎とともに岸が出席した。

松江の岸清一像は、岸の死後の一九三五年一〇月に地元関係者により建設されたが（岸同門会、一九三九、四五二―四五六頁）、わずか八年後の一九四三年一一月に戦時体制下の金属の強制回収・供出のため、撤去された（松

図1　島根県庁前の岸清一像

（筆者撮影．台座部分には，1964年当時の島根県知事・田部長右衛門の言葉とともに，岸の功績を称えるブランデージ会長の言葉とオリンピックマークが刻まれている．）

江市誌編さん委員会、一九六二、三九四頁）。現在の銅像は、一九六四年東京オリンピックの直前に再建されたものである。一九六四年九月三〇日に行われた岸清一像除幕式には、東京オリンピックのために来日したＩＯＣ会長でアメリカ人のアベリー・ブランデージも出席した。

一方、オリンピックの方はというと、一九三六年七月、ベルリンで開催されたＩＯＣ総会で一九四〇年大会の東京開催が決定したものの、一九三八年七月に大会は返上された。返上の直接的要因は、戦争が長期化するなかで競技場建設に必要な鉄材等の調達ができなくなったためである。そして戦後一九六四年に東京でオリンピックが開催される。戦争のために一度は「幻」となった東京オリンピックの実現を、陰で、しかし力強く支援していたのがアメリカのオリンピック関係者であり、その一人がブランデージであった。ブランデージは、スポーツ選手として活躍するとともに建設業を営んで実業家としても成功、半世紀以上にわたってオリンピック運動に携わっていた。(1) 岸清一像が一九六四年東京オリンピックにあわせて再建され、その除幕式に東京オリンピックの歴史を考えるうえでの重要人物であるブランデージが出席していたことは単なる偶然ではない。

東京オリンピックは「東京」を舞台としていたが、東京の外部を巻き込み空間的な広がりをもって展開していた。戦争長期化による鉄材不足の中、一旦消滅するも一九六四年に再び姿を現わすという、山陰の地方都市にたたずむ銅像のたどった歴史と東京オリンピックの歴史とが符合するのである。

本書の視点

本書では、オリンピックをメディア・イベントとして捉える立場から、〈東京オリンピック〉の誕生をみていく。東京オリンピックが実際に開催されたのは一九六四年一〇月である。一九六四年東京オリンピックは、戦後復興と平和、高度成長を象徴するイベント――いわば、「戦後的」な出来事――として捉えられることが多い。戦後日本が平和国家であった、急速な経済成長を成し遂げたという思いが、なおのこと、同大会を「戦後的」なものとして意味づけるのだろう。

だが、一九六四年東京オリンピックは「戦後的な要素」だけで構成されていたわけではない。先に述べたように、東京オリンピックは、もともと一九四〇年に開催されるはずであり、そのための準備は完璧なものではなかったにせよ、一九三〇年代に着々と進められていた（近代オリンピックの歴史を振り返れば、大会の準備段階ではいつも問題が発生していて「完璧」な大会準備など、ほとんどなかったと思われる）。そして一九三〇年前後の時期に一九四〇年東京オリンピックの構想が生まれ出たのには、明治末期以来の日本の国際スポーツへの参加のあり方、より敷衍（ふえん）していえば、日本と世界の政治的経済的文化的諸関係が関係していた。一九六四年東京オリンピックは、見方によっては、三〇年以上も準備と実現にかかったわけであり、「難産」であったといえる。これは裏を返せば、戦前からの政治、経済、文化、国際関係、スポーツ、メディア、交通、観光などの多方面における歴史的歩みの結実として一九六四年東京オリンピックを捉えることが可能だということである。一九六四年東京オリンピックは、戦後的な価値観に彩られたイベントであるかのようにみえるが、戦前日本にあった型や価値観をかなりの程度、継承していたはずである。

先行研究

一九四〇年と一九六四年の東京オリンピックの連続性に着目したり言及したりした研究は、すでに多く存在する（後述するが、代表的なものに石坂（二〇〇四）、関口（二〇〇九）、竹内（二〇〇九）、片木（二〇一〇）など）。また二〇二〇年東京オリンピックの開催が決定して以降は、一九六四年東京オリンピックと二〇二〇年東京オリンピックとを重ね合わせた報道や書物も多くみられる。東京オリンピックの歴史に関心をもつ読者の中には、次のように感じる方もいるかもしれない。一九四〇年、一九六四年、そして二〇二〇年の大会が連続しているなどというのは、わかりきったことで、ありきたりの視点ではないだろうか、と。

しかし、一九四〇年と一九六四年の東京オリンピックの連続性に関しては、まだ十分に明らかになってはいない。石坂（二〇〇四）は二つの大会の大会計画、関口（二〇〇九）は音楽、竹内（二〇〇九）はデザイン、片木（二〇一〇）は都市・建築に着目した研究である。いずれの研究も意義のある実証的研究であるが、こうした研究では、一九四〇年と一九六四年大会が同型的である（似ている）ことは論証されているものの、一九四〇年大会の返上から一九六四年大会までの間に、オリンピックやスポーツ、あるいは国際文化交流をめぐって、どのようなことが起こっていたのかについては、ほとんど明らかにされていない。つまり、二つの東京オリンピックを比較しながら論じる研究はあっても、これらの二つの大会がどのようにつながってきたのかを総体的にみていく研究はないのである。なお、一九四〇年東京大会に関しては中村（一九八五、一九八九、一九九三）、古川（一九九八）、坂上＝高岡（二〇〇九）といった研究の蓄積がかなりあるのに対し、一九六四年東京大会については、大まかな見取り図が示されること（石坂、二〇〇九・吉見、二〇一五）や個別的な研究（豊見山、二〇〇七・上山、二〇〇九・坂田、二〇一二・浜田、二〇一四・竹内、二〇一六）はあるとはいえ、まとまった研究はまだ行われていないのが現状である。(2)

個々の大会を対象とした研究は多く存在しても数十年単位のオリンピックの展開を捉える研究があまり進んでいないというのは、オリンピック研究を全体的に見渡したときにもいえる。オリンピック研究は、政治、経済、科学技術、メディア、ジェンダー、デザイン、建築などの様々な視角から行うことが可能であり、各次元が複雑に絡み合ってもいる。この複雑さが面白いのであるが、研究する立場からすると難点でもある。詳細に検討しようとすればするほど、研究対象として取り上げられるのは一大会か二大会となってしまいがちである。またマクロな視点からオリンピックをみようとすると、それは、アカデミックな研究ではなく、オリンピックをめぐる大きな物語にいつの間にか回収されるようなものになりがちである。オリンピックをめぐる様々な「語り」（天才的選手の活躍を神話化する語りであれ、国際政治上の対立や衝突に関する語りであれ）は、強力なものであり、それに抗うためには、実証研究が大事であるが、オリンピックを批判的に捉える評論は、初めから結論ありきで資料に

基づく分析が不足していることも多い。(3)

ただ、ここ数年でオリンピック関連の研究が次々に発表されてきている。政治史、経済学、社会学のそれぞれの立場から書かれたボイコフ(二〇一六＝二〇一八)、ジンバリスト(二〇一六＝二〇一六)、石坂(二〇一八)などである。これらは、膨大なコストがかかる現代オリンピックの構造を明らかにしたり、あるいは歴史を遡って近代オリンピックの理念、政治や商業主義との関わりを研究したりしている。また、より具体的テーマに絞った研究として、オリンピック・エンブレムの歴史を社会学的に考察した加島(二〇一七)、デザイン史の立場からオリンピックと万博のデザインを考察した暮沢(二〇一八)、戦前日本におけるメディアとオリンピックとの関係を考察した拙著(浜田、二〇一六)がある。論文集としては、オリンピックの生み出すナショナリズムに注目した石坂＝小澤(二〇一五)やオリンピックを主に日本との関係で多角的に論じた小路田ほか(二〇一八)がある。(4)こうした研究の盛り上がりは、政治、経済、人びとの日々の生活や価値観に比較的大きな影響を与えているイベントとしてオリンピックが認識され始めていることのあらわれでもあるだろう。

メディア・イベントとしてのオリンピック

オリンピックはなぜ、これほどまで世間の注目を集める――空間的な広がりをもって大々的に展開し、時間的にも繰り返し継承されていく――イベントとなっているのだろうか。メディア学の立場からいえば、それはオリンピックが「メディア・イベント」であるからである。

メディア・イベントとは、マス・メディアの社会的機能に関する研究において、一九八〇年代末頃から用いられてきた概念である。吉見俊哉は、実際には一定の包含関係があるとしながらも、メディア・イベント概念を理論上、三層に区分している。それによると、メディア・イベントとは、第一に、新聞社や放送局といった企業としてのマス・メディアが主催（企画、演出）するイベント、第二に、マス・メディアによって大規模に中継、報道されるイベント、第三に、マス・メディアによってイベント化された社会的事件、を指す。第一の意味でのメディア・イベントとしては、新聞社主催のスポーツ大会、博覧会、展覧会、各種の探検イベントなどが挙げられ、新聞社による事業活動の活発な展開は近代日本特有の傾向であると指摘されてきた。第二の意味でのメディア・イベントは、ダニエル・ダヤーンとエリユ・カッツの議論を踏まえたもので、オリンピックやロイヤル・ウェディングなど、マス・メディア（特にテレビの生中継）が媒介することで大規模に受容されていく世俗的儀礼が具体的にはイメージされる（ダヤーン＝カッツ、一九九二＝一九九六）。第三の意味でのメディア・イベント概念は、メディア・イベントは日常から切断された次元に存在しているとするダヤーンとカッツの捉え方を疑問視し、マス・メディアが現実の構成に日常的に関わっていることを問題としていく（吉見、一九九六）。

オリンピックはメディア・イベントの典型である。吉見のいう第一の意味で、日本の新聞社や放送局は、明治末期以降現代に至るまで、オリンピックに関して様々な事業活動を展開してきた。第二の意味においても、オリンピックは世界中で大規模報道の対象となってきたし、とりわけ一九六〇年代以降はテレビ中継の果たす役割が大きくなった。第三の意味との関連でいえば、メディアは、四年に一度の大会期間だけではなく、日常的に、オリンピックの派生的・周縁的出来事を、些細なものまで含めて伝えている。特に現在の日本のようにオリンピック開催を数年後に控えた国では、オリンピックに関係する大小様々な出来事がメディアによって演出され、オリンピック関連のニュースが連日のように報じられる。最近のメディア・イベント研究は、パブリック・ビューイングや、インターネットとモバイル・メディアの普及が可能とした大規模なオンライン視聴も射程に入れているが（飯田＝立石、二〇一七）、オリンピックのメディア体験は、メディア環境の新しい変化の影響を常に受けているといえよう。

オリンピックがこれほどまでに社会的影響力をもち独自の領域を形成しているのは、それが、メディアによって演出されるイベントとして歴史的に展開してきたからである。マス・メディアがオリンピックを徹底的に報道することがオリンピックのもつ影響力の源泉となっている。

本書の構成

本書では、メディアの介在がオリンピックを巨大で社会的影響力の大きなイベントに仕立て上げてきたことを前提として、一九四〇年東京オリンピックの構想が、一九六四年東京オリンピックへとどのようにつながっていくかを論じていく。メディアとオリンピックとの直接的関係だけに注目していたのでは、メディア・イベントとしてのオリンピックの全体像は捉え損ねる。オリンピックがメディアとの結びつきをどのように強めていったのか、そしてメディアとの結びつきを強めたオリンピックがいかにして社会的に展開し受容されていったのか、この双方を明らかにしたい。

一九四〇年東京オリンピックの構想を考えるうえでは、日本のオリンピック参加の歴史から書き起こす必要がある。第1章では、一九三〇年頃に東京オリンピック招致の機運が生まれるまでの時期を対象に、西洋のスポーツ・イベントであるオリンピックに日本がどのように関わるようになったかを明らかにする。第2章では、一九四〇年東京オリンピックという「東洋初」のオリンピック開催に向けた動き（招致運動、大会準備）を跡づけていく。

一九三八年七月に東京オリンピックは返上されたが、返上の日を境に、オリンピック関連の事柄が日本社会から一掃されてしまったわけではなかった。東京にかわってヘルシンキで行われることになった一九四〇年大会への選手派遣計画（最終的にはヘルシンキ大会も一九四〇年四月に返上）、聖火リレーの模倣イベントの実施、一九三六年ベルリン大会記録映画（「民族の祭典」「美の祭典」）の公開など、細々とではあるが一九四〇年頃まで、日本社会の中でオリンピックに関する動きは引き続きみられた。第3章では、一九三八年七月の東京オリンピック返上後の〈東京オリンピック〉の残像についてみていく。

第4章では、戦後日本の国際社会への復帰がスポーツ分野で一足先に実現したことに着目しながら、一九四五年八月の敗戦から一九五九年五月の一九六四年東京大会開催決定までを対象に、日本と国際スポーツやオリンピックに関係する動きをみていく。第5章では、一九六四年に実現した東京オリンピックについて述べる。一九六四年大会が二〇二〇年大会にいかにつながっていくかについては、現在進行中の面が多く本書で十分に論じることはできない。ただ、エピローグでは、一九六四年大会と現段階での二〇二〇年大会の比較も行ってみたい。

「国際」と「グローバル」

本論に入る前に、オリンピックというイベントの基本的性格について整理しておこう。オリンピックは、〈国際的なイベント〉であり、また〈グローバルなイベント〉でもある。「国際」と「グローバル」は、どちらも変化や変容を示す接尾辞「――化」とともによく用いられ、日本語では似たような意味の概念として捉えられているが、本来は区別されるべきである。すなわち、「国際化」とは、国家を単位として、国と国との関係強化を促進しようというものである。一方、「グローバル化」は、国家や国境の存在を前提とはしない。球体としての世界（地球）を一つとして捉え、その世界の縮小や収縮を問題としていく。「グローバル化」という用語は、一九八〇年代後半に世界各地で頻繁に用いられるようになった（ロバートソン、一九九二＝一九九七、二〇頁）。「グローバル化」という用語の出現とその流行には、ナショナルな枠組みや境界線が揺らいでいるという社会的状態に対する認識の広がりが関わっている。[5] しかし日本では、「グローバル化」を「国際化」という言葉に置き換え受容する時期が長く続いた（同前、二―三頁）。[6] この二つの言葉の意味内容が今なお厳密には区別されていないことは、日本では今日においてもナショナルな枠組みや境界線を自明のものとして捉える傾向が強いことを示している。

ここで「グローバル」と「国際」の違いについて説明したのは、この違いを理解しておくことがオリンピックを分析する際に有効だからである。「オリンピックは〈国際的なイベント〉である」という表現には、オリンピックは複数の国々の選手が集う競技会である、選手は国家を代表してオリンピックに参加しているといった意味が内包されている。国家という単位を基盤とし、国家間（国際）の交流と競争が行われるのが、オリンピックである。「オリンピック憲章」には、「オリンピック競技大会は、個人種目または団体種目での選手間の競争であり、国家間の競争ではない」（JOC国際専門部会、二〇一八、一八頁）とあるが、実際のオリンピックでは、国ごとにチームが組織され、優勝した選手の国旗が掲揚され国歌が流れる。オリンピックの運営やセレモニーの基礎に国家というものがあり、大会では、他国への関心と自国に対する意識の微妙な力関係が働いている。

それでは、「オリンピックは〈グローバルなイベント〉である」という表現はどうであろうか。ローランド・ロバートソンは「グローバル化」という概念が意味するのは、「世界の圧縮」と「世界を一体として捉える意識の深まり」であるとしている。[7] オリンピックは大会のたびに人間の大規模な移動をもたらし、メディアによって世界各地で報道されてきた。オリンピックを通して、人と人とが直接あるいはメディアに仲介されて出会い、地球の反対側にいる人であっても相手の存在を身近に感じるという感覚、いわば地球市民（コスモポリタン）としての一体感が生まれていく。また今日の「グローバル化」は経済活動と結びつけて語られることも多いが、オリンピックでも、コカ・コーラ、インテル、トヨタといったグローバル企業がスポンサーとなっていて、これらスポンサーの存在はオリンピックというイベントのあり方を考える上で、ますます重要になっている。

人間の移動やメディアを媒介とした接触の増加が、地球市民（コスモポリタン）の誕生につながるといった考え方については、懐疑的な立場もある（トムリンソン、一九九九＝二〇〇〇）。だが、オリンピックに際して行われる人と人との交流、メディア報道、企業活動で、ナショナルな枠組みは必ずしも重要ではないことは確かだろう。特に生身の人間が直接交流する時には、国家間の対立を超越した親善が可能となることもあるだろう。こうした点において、オリンピックは〈グローバルなイベント〉といえるのである。

メディアとオリンピック

もっともメディアは、オリンピックの〈国際的なイベント〉としての側面により深くかかわっていそうである。私たちが体験的に知っているように、オリンピック報道は自国選手を中心に扱う傾向が強く、外国選手をステレオタイプにあてはめて描き出す。日本のテレビや新聞は日本贔屓で、日本選手のメダル獲得を願い、それがかなった時には喜ぶ。日本選手中心の報道傾向は近年特に強くなっていて、その様子をみていると、メディアは、オリンピックを〈国際的なイベント〉として提示するどころか、国家的体験として意味づけている、といった方が適切かもしれない。

しかし、メディアの歴史的変遷やメディアという言葉の語源を考えると、様相はやや異なってくる。現代のオリンピックに関係するメディアとしては、テレビ、インターネット、新聞が一般的にイメージされるだろう。しかし、古い時代のオリンピックを考えるならば、ラジオ、パンフレット、雑誌、映画といったメディアも重要である。とりわけラジオやテレビといった放送メディアは、印刷メディアと比べると国境を軽々と越えていく性質があり、オリンピックではその特性が国家の枠組みに揺さぶりをかけてきた。また対外宣伝の方策として、写真を多く用いた雑誌やパンフレット、映画などが盛んに国外へと出された時期もあった。

メディアとは、ラテン語のMediumから派生した言葉であり、元々は「媒介する（間に入る）もの」「媒介する（間に入る）作用」という意味がある。一九三六年ベルリン大会の頃から、オリンピックはテレビ、新聞、ラジオ、映画との結びつきを強めた。そのことによってオリンピック自体がメディアとして機能するようになったという見方もできる。競技で誰が勝ったかが民族の優越性を伝え、スタジアムの壮麗さが開催国の国力を伝えるようになった。選手たちの身体もまた一種のメディアとなる。彼ら彼女らの肉体、歓喜や落胆の表情、そしてスポーツウェアに媒介されて、特定の思想や感情が観客へと伝達され、スポーツ・メーカーの宣伝が行われる。オリンピックが新聞、ラジオ、テレビといった媒体を介して世界中に伝えられるようになるにつれて、オリンピックには、国家、企業、個人の理想や思惑が凝縮されたかたちで入り込んできた。オリンピックは、「世界」に向けて、〈世界〉を展示するものへと発展していったのである。

メディアは、ナショナルな共同体の飛び地を創り出すことにも寄与してきた。メディアの介在によって、遠隔地同士でもナショナリズムが作動する（アンダーソン、一九九一＝一九九三）。近代オリンピックが開催されるようになった二〇世紀は、人間が過去にない規模で移動するようになった時代でもあった。生まれ故郷を離れた移民たちは、発達したメディアを介してオリンピックに接し、母国の人々との紐帯を確認しあった。一九三二年ロサンゼルス大会が、現地の日本人コミュニティにおいて非常に重要な意味をもっていたことについては、Yamamoto（2000）や日比（二〇一六）が明らかにしている。[8] 二〇世紀の日本人のスポーツ分野での海外進出を支えたのが、世界に広がる日本人コミュニティであったことは、これまでほとんど注目されてこなかったが、本書では、この点にもできる限り触れる。

ナショナルな枠組み、グローバルな一体感

ここまでみてきたようにオリンピックには、国家的、国際的なところがある一方で、国家の枠組みや境界線を超越するところもある。オリンピックは世界中に普及することで、世界が近代国家で成り立っているという感覚を人々に植えつけていた。記録映画、テレビ、インターネットといったメディア・テクノロジーによって人々はグローバルに結びつくようになったのであるが、メディアの管理体制やそのコンテンツの中身といった点では国家が存在感を発揮してきた。〈国家〉〈国際〉〈グローバル〉は、矛盾しないのだ。

とはいえ日本では、オリンピックは〈国際的なイベント〉であるという言い方はよく耳にするが、〈グローバルなイベント〉であるという表現はあまり聞かない。現代においても日本では、オリンピックを、国家の単位で交流が行われる〈国際的なイベント〉として捉える傾向が強く、ナショナルな枠組みを超越するような交流や活動にはあまり関心が払われていないということであろう。

だが、本書ではオリンピックの〈グローバルなイベント〉としての側面にも注目する。アパデュライ（一九九六＝二〇〇四）の言い方に従えば、人間が国境を越え、企業活動が国境を越え、技術が国境を越え、メディア・イメージが国境を越え、イデオロギーが国境を越えていくグローバル化の時代に、国家はどのような役割を果たし続けるのだろうか。今日のオリンピックは、このような問いに対する答えを示唆している可能性があるのだ。諸次元でみられる越境は、オリンピックでも一九八〇年代後半以降に顕著となっている。しかし、本書でみていくように、越境の萌芽は、それよりも前に現れていた。このことこそが本書で注目したいポイントである。国家を意識した〈国際的なイベント〉としての側面と〈グローバル・イベント〉としての側面の双方に目配りしながら、〈東京オリンピック〉の誕生をみていきたい。

注

（1）ブランデージは、デトロイトの労働者の家庭に生まれたが、大学に進学しスポーツ選手として活躍した。ＩＯＣでは会長にまで昇りつめ、アマチュアリズムの堅持を主張し続けた。ブランデージについてはGuttmann（1984）に詳しい。

（2）老川（二〇〇九ａ）は、一九六四年の東京オリンピックを書名に用いた論文集であり、本文中で言及した関口（二〇〇九）、上山（二〇〇九）を収めているが、全体としてみると、東京オリンピックというよりは、東京オリンピックの時代の社会経済状況（住まい、交通、レジャー産業、地域の変容など）を研究したものといえる。

（3）オリンピックの歴史について書かれたものとしては、本文で挙げた文献のほかに、池井（一九九二）、橋本（一九九四）、池井（二〇一六）、夫馬（二〇一六）がある。これらはある程度丹念な史料調査に基づいて書かれているが、出典が明示されておらず学術研究の成果としての要件を整えているとは言い難い。より一般読書向けの書物として古城（二〇一六）、高杉（二〇一三）などもある。近年は人文社会科学分野においてもオリンピックを対象とした研究が盛んに行われているが、オリンピックやスポーツは、学術研究の対象よりもエッセイ、ドラマ、ドキュメンタリー等の対象になりやすいといった傾向は今なお続いているといえるだろう。二〇二〇年東京オリンピックに関しては、小笠原＝山本（二〇一六）で研究者を中心とした「異議申し立て」がまとめられている。これよりも前にオリンピックの問題点や矛盾を論じていたものとしては一九八八年名古屋オリンピック招致に反対して書かれた影山ほか（一九八一）がある。

（4）オリンピックそのものを主たるテーマにしているわけではないがレクリエーションの歴史の中に一九六四年東京オリンピックで金メダルを獲得した日本の女子バレーボールチーム「東洋の魔女」を位置づけて考察した新（二〇一三）、一九一〇年代から七〇年代におけるアジアの国際競技会の歴史を描いたヒューブナー（二〇一六＝二〇一七）もある。

（5）「グローバル化」は、その用語の誕生よりもずっと古くに始まっていたとする見解もある。ここで挙げたローランド・ロバートソンもそうであるが（Robertson, 1992, Chapter 3）、他にも例えばベネディクト・アンダーソンは一八八〇年代に初期グローバリゼーションが始まっていたと考えている（アンダーソン、二〇〇五＝二〇一二）。

（6）筆者が『朝日新聞』データベースで記事を検索してみたところ、「グローバル化（グローバリゼーション）」に言及した記事件数は一九九〇年代半ば頃から少し増え始めてはいるものの、目立って多くなるのは二〇〇〇年以降である。一九八〇年代や九〇年代には「グローバル化」よりも「国際化」に言及した記事が圧倒的に多い。

（7）括弧内の引用部は翻訳書（ロバートソン、一九九二＝一九九七）に拠らず、原著（Robertson, 1992）から筆者が訳した。

（8）　日比（二〇一六）は、ロサンゼルス大会が日本支配下の朝鮮半島やアメリカの朝鮮人コミュニティでどのように受容されていたかについても検討を加えている。

第1章　オリンピック招致運動前史——西洋のスポーツ・イベントと日本——

一八九六年、アテネで第一回オリンピック大会が開かれた。ジョン・J・マカルーンの研究によれば、一九世紀のヨーロッパでは、オリンピック復興を求める声はあちらこちらで上がっていて、古代オリンピックを範とする競技会も実際にいくつか開催されていた。ただ、これらの大会は小規模で長続きもしなかった。現在まで続く近代オリンピックの第一回大会を実現させたのは、ピエール・ド・クーベルタンである。フランスの貴族の家系に生まれたクーベルタンは、一八九四年にパリで行われた国際スポーツ会議において、古代ギリシャの文化的遺産であるオリンピック復興の意義を説き、第一回大会を二年後にアテネで開催することを決議させた（マカルーン、一九八一＝一九八八）[1]。

オリンピックは、西洋近代の文化的伝統の中に位置づけられるものである。オリンピックの復興が、当時のヨーロッパで大きな潮流となっていた古代ギリシャへの憧憬からきているというだけではない。国によって体操を重んじるか競技を重んじるかといった違いはあったものの、当時スポーツや体育が盛んに行われていたのは欧米諸国であり、アテネ大会に参加したのも、これらの国々の選手たちであった。一九〇〇年、一九〇四年、一九〇八年大会は博覧会と同時開催であり、博覧会もオリンピックも、「人間を見物する」「異文化を覗く」という体験を、大衆へと開放していく西洋近代のイベントであった（同前）。万国博覧会と同様に、オリンピックも人々を無理矢理にも国家の枠組みのなかに埋め込んでいき、「文明国」の論理に基づき運営された（ボイコフ、二〇一六＝二〇一八）。

とはいえ、最初の数回のオリンピックでは、オリンピックが二〇世紀の間ずっと存続していく確証はまだなかった。博覧会と同時開催でオリンピックへの注目度は十分とはいえず各種セレモニーも未完成であった。オリンピックに多数の報道陣がつめかけることもなかった。もっとも、日本がオリンピックに初めて参加する一九一二年ストックホルム大会の頃には、オリンピックもその形をだいぶ整え、その後一九二〇年代、三〇年代とオリンピックは規模を拡大させ、メディアとの結びつきも強めていく。本章では、西洋近代のオリンピックが四年に一度の国際スポーツ・イベントとしての形を整えていく過程、そしてそれに日本がどのように関わり、東京が開催候補地として名乗りを上げるに至ったのかをみていく。

(1)　日本のオリンピック参加

一九〇八年ロンドン大会まで

日本人がオリンピックに直接関わるようになったのは、一九〇八年ロンドン大会頃のことである。(2) ロンドン大会は公式には四回目の大会であるが、一九〇六年にアテネで開かれた第二回アテネ大会（中間大会）も含めれば五回目のオリンピック大会ということになる。

第二回アテネ大会（中間大会）とは何か。初期の不安定なオリンピック運動の様子を示しているので、少し説明しておこう。クーベルタンは一八九四年、パリの国際スポーツ会議でオリンピック復興を決議した際に、オリンピックを四年に一度開催すること、大会ごとに開催地を移動させることを提案し、承認をえていた（マカルーン、一九八一＝一九八八、三四四頁）。しかし、第一回アテネ大会が終わると、開催地はアテネに固定すべきであるといった意見やオリンピックは二年に一度アテネとそれ以外の都市とで交互に大会を開催すべきであるといった意見が出てきた。クーベルタンは反対していたものの、後者の意見におされて一九〇六年にアテネでオリンピックが開催された。この中間大会とも呼ばれる大会はオリンピックの公式の歴史からは削除されているが、開会式で各国選手団が国旗を掲げて入場行進をするようになったのはこの大会が初めてで、中間大会はその後のオリンピックのあり方に大きな影響を与えたとされている（ボイコフ、二〇一六＝二〇一八、五九―六五頁）。

オリンピックは国家を単位としたイベント、国際的なスポーツ競技会として今日では定着しているが、初めのうちは異なっていた。クーベルタン自身は、オリンピックは「真の国際主義」に奉仕するものであり、「真の国際主義」とは、国家間・文化間の差異の尊重と賛美であると考えていた（マカルーン、一九八一＝一九八八、三七三―三七四、五一五―五二五頁）[3]。しかし、現実には初期のオリンピックは、のちのオリンピック大会と比べると国家間・文化間の差異を際立たせるようなものにはまだなっていなかった。

いくつか例を挙げると、国別入場行進が始まったのは一九〇六年中間大会からであり、第一回アテネ大会では、テニス・ダブルスで、イギリス人とドイツ人がペアを組んで競技し優勝するということすら起こっている（*Official Report Athens 1896*, Part 2, p.114）。現在のＩＯＣの見解では、第一回アテネ大会には一四ヵ国が参加したことになっているが、この一四ヵ国がどこの国を指すのかは公式報告書にも書かれていない。また「国際競技」というのは名ばかりで、三分の二以上がギリシャの選手であったという（https://www.olympic.org/news/the-opening-ceremony）。

なお、オリンピックには欠かせない要素と考えられている「聖火」が登場したのは一九二八年アムステルダム大会、開会式でオリンピック旗（白地に五つの輪からなるシンボルマークが描かれた旗）が掲げられ選手宣誓が行われるようになったのは、一九二〇年アントワープ大会である（https://www.olympic.org/amsterdam-1928; https://www.olympic.org/antwerp-1920）。こうしたエピソードから、初期のオリンピックは大きな形式も定まっておらず、大会それ自体が非常に不安定であったことがわかるだろう。

日本人の出会ったオリンピック

一九〇八年ロンドン大会も現在のように長期にわたる準備が行われるオリンピックとはほど遠く、当初ローマで開催される予定であったが、一九〇六年一一月にロンドンへの会場変更が正式に決定したという経緯がある（*Official Report London 1908*, p.23）。ただ、準備期間が短かったにもかかわらず、大会はそれなりに成功をおさめた。

まず大会の規模がこれまでの大会とは違った。第一回アテネ大会が一四ヵ国二四一選手、第二回パリ大会が二四ヵ国九九七選手、第三回セントルイス大会が一二ヵ国六五一選手であったのに対し、第四回ロンドン大会には、二二ヵ国から二〇〇八選手が参加した（別表1、巻末参照）。オリンピックと同時開催の英仏博覧会との調整もうまく進み、博覧会場の一角にオリンピックのためのスタジアムが新設された。スタジアムでは、陸上競技、フットボール、ホッケーだけではなく、フェンシング、アーチェリー、体操、レスリング、自転車、水泳までもが行われた。主な競技は七月に集中的に行われたが、秋（一〇月）には、現在では冬季オリンピックの競技であるスケートも実施された。

すべての参加選手が各国オリンピック委員会を通じてエントリーを行うなど、国別のエントリー・システムもこの大会で定着する。英国王室も積極的に関与した。ゴールがロイヤル・ボックスの前に設定されたことにより、マラソンの距離が一九五メートル延長して四二・一九五キロとなったという逸話もある。

ＩＯＣホームページで公開されている当時の映像をみると、現在のオリンピックでは実施されていないようなスポーツを含めて多様な種目が実施されていたことがわかる。例えば綱引きは、陸上競技の中の一種目であったし、集団体操にも今では目にしないような様々なものがある。スタジアムで選手たちが競技をしている横が観客の通路になっていたり、スタジアム内にプールが設けられたりと、競技場のあり方も現在とはずいぶん違う。女子選手はくるぶしが隠れるほど長いスカートをはいてテニスをしている（https://www.olympic.org/london-1908）。

この大会を複数の日本人が見学していた。筆者が確認できた範囲では、大阪毎日新聞社の通信部長であった相嶋勘次郎（あいしまかんじろう）、プロローグで取り上げた弁護士の岸清一、そして東京高等師範学校教授の永井道明（ながいどうめい）である[4]。相嶋は、大阪毎日新聞社が一九〇七年一一月に設けた海外派遣員規定の第一号の記者として米国を経由してロンドンに立ち寄ったところで、オリンピックを見た（浜田、二〇一六、二七―二八頁）。岸はイギリス出張中であった（岸同門会、一九三九、一八七―一八八頁）。体育教育家の永井は、文部省の派遣による欧米留学中で、オリンピックを見学するためにロンドンを訪れていた（永井、一九一三、一八―二〇頁）。

嘉納治五郎のＩＯＣ委員就任

ロンドン大会の翌年、一九〇九年五月には、嘉納治五郎がＩＯＣ委員に就任し、日本選手団のオリンピック参加に向けた動きが始まる。ＩＯＣアーカイブス所蔵の書簡から嘉納のＩＯＣ委員就任の経緯を明らかにしている和田（二〇一一）の研究がある。これによると、ロンドン大会の秋の競技も終わろうとしている一九〇八年一〇月二四日、クーベルタンは、駐日フランス大使オーギュスト・ジェラールに対して日本からのＩＯＣ委員として適当な人物を推薦するよう依頼する手紙を出した。クーベルタンと旧知でオリンピズムを理解していたジェラールは、ロシア大使本野一郎の助言に従って嘉納と面会、ＩＯＣ委員への就任を依頼した。一九〇九年一月一六日のことであった。こうして嘉納が日本およびアジアで最初のＩＯＣ委員に就任したのである（和田、二〇一一、三一一―三一四頁）[5]。

嘉納は、講道館柔道の創始者であり、当時は東京高等師範学校長で体育を奨励していた。ＩＯＣ委員となった嘉納のもとにはクーベルタンから、次回一九一二年にストックホルムで開催される大会に日本からも選手を派遣するよう依頼が届く。クーベルタンは、選手派遣母体となる国内オリンピック委員会（ＮＯＣ）を設立することもあわせて求め、嘉納は、一九一一年、大日本体育協会を設立した（大日本体育協会、一九三六、一六―一八頁）。なお、現在の日本のＮＯＣは日本オリンピック委員会（ＪＯＣ）であるが、これは、大日本体育協会（一九四二年から一九四六年は大日本体育会）の後継組織である日本体育協会から一九八九年に分離独立してできた組織である。

そして一九一二年のストックホルム大会には、役員として嘉納と大森兵蔵、選手として三島弥彦（東京帝国大学）と金栗四三（東京高等師範学校）が派遣された。日本にとって初めてのオリンピック参加である。大会公式報告書に掲載された写真によると、三島が旗手を務め、金栗が「ＮＩＰＰＯＮ」と書かれたプラカードを持っていたようである（図1―1）。ストックホルム大会には、大阪毎日新聞社と読売新聞社が記者を現地に派遣、万朝報が現地通信員をおいて取材を行った（『万朝報』一九一二・七・三・*Official Report Stockholm 1912*, p.995）。

図1-1　ストックホルム大会開会式における日本選手入場行進

(*Official Report Stockholm 1912, Part 1.*, Pl. 106.　こうした日本選手のオリンピック参加をとらえたビジュアル・イメージが，同時期の日本のメディアで流通することはなかった．『大阪毎日新聞』はストックホルム大会の写真を多く掲載しているが，日本選手の姿をはっきりと確認できる写真はない．)

オリンピックを伝えるメディア

こうして一九〇八年ロンドン大会や一九一二年ストックホルム大会で日本人がオリンピックと関わるようになったわけであるが、このことは一般にはほとんど知られていなかった。現代に生きる私たちは世界の様々な出来事、歴史や文化を知っているが、その知識の多くはメディアを通して獲得したものである。二〇世紀初頭の人間の移動は、規模の点でも距離の点でもスピードの点でも、今日と比べると遥かに限定的であった。オリンピックの存在は本で紹介されるか、新聞や雑誌で報じられるか、あるいは誰かが手紙にしたためてくるかしなければ到底知ることのできないものであった。

書籍での紹介や新聞・雑誌での報道があっても、それを実際に読んでいる層はそれほど拡大していなかったことにも留意する必要がある。日露戦争とそれに関する報道が、新聞の発行部数の増加や普及率の上昇をもたらしたことは確かではあるが、読み書き能力の不足や経済的負担から新聞を全く読まない層も大きく広がっていた。[6] 雑誌や書籍の購読者は、新聞よりもさらに経済的・時間的余裕を持った者だけに限られていた可能性が高い（有山、二〇〇九、一八―五六頁）。

オリンピックやクーベルタンを紹介した記事は、一八九六年八月の『少年世界』（二巻一六号）、一八九七年二月の『世界之日本』（風流羈客、一八九七）、一九〇三年一一月の『中学世界』（鳥谷部、一九〇三）、一八九六年五月一三日や一九〇五年二月五日の『読売新聞』など、少しはある。だが、少数の記事が雑誌や新聞に掲載されたくらいでは、オリンピックが何であるかを知る人は増えてはいかなかった。嘉納は一九一一年春にストックホルム大会への選手派遣の母体となるＮＯＣの設立を検討し始めたが、この頃はまだ、ほとんどオリンピックについては知られていなかったという（大日本体育協会、一九三六、一七―一八頁・嘉納、一九三八）。

ロンドン大会の報道

一九〇八年ロンドン大会は、少なくとも三人の日本人が見学した。このうち、相嶋がロンドンから送ってきた記事は『大阪毎日新聞』に連載され、永井も、帰国後、講演および講演集や博文館の『実業少年』で、オリンピックに言及している（永井、一九一三・永井、一九〇九）。日本選手が初めて参加した一九一二年ストックホルム大会では、日本の複数の新聞がオリンピック報道を行った。だが両大会のオリンピック報道は、今日の報道と比較すると量が少なく、内容も薄かった。

一九〇八年九月七日から一二日にかけて『大阪毎日新聞』に連載されたオリンピックの記事は、タイトルが「マラソン競走」となっている。ロンドン大会は、英仏博覧会の会場の一角で開催されていた。記事を書いた相嶋は、「博覧会に行つた序（ついで）に」（一九〇八・九・一一）オリンピックを見学したといい、その記事内容もマラソンに多くが割かれていて、オリンピック全般を解説したものではない（浜田、二〇一六、二五―三〇頁）。

ストックホルム大会の報道

一九一二年のストックホルム大会報道も、複数の新聞社が現地取材を行ったとはいえ、紙面での扱いは小さく、勝敗の結果を淡々と伝えるような記事がほとんどであった。日本選手が初めてオリンピックに出場したというのは「歴史的大事件」のはずである。だが、当時の新聞報道から、「日本のオリンピック出場＝歴史的大事件」といった位置づけを読み取ることは難しい。

『東京朝日新聞』は一九一二年七月九日朝刊で、オリンピック開会式が催されたことと三島が一〇〇メートル走（一〇〇尺競争）に出場したことを報じているが、記事はあわせて一〇行程度と短く、掲載位置も全八頁の構成で五ページ目の四段目と目立たない（図1―2）。[7] 三島選手のレース結果に至っては「三島選手は百尺競争に加つて利あらずマラソン競走は十四日」とあるだけである。観客の様子や競技者の感想について触れられていないばかりか、記録、順位といった点さえも言及されていない。日本の新聞社は、この頃はまだスポーツを報道対象として特別重視していたわけではなかったのである。

ただ、例外的に大阪毎日新聞社だけが、スポーツに関する事業や報道に注力していた。ロンドン大会を他社に先駆けて報じた大阪毎日新聞社は、「次回のマラソン国際的大競走に日本選手を出すべき準備」（一九〇九・一一・一九）といって、一九〇九年三月に、神戸・大阪間二〇マイル長距離競走を開催した。ストックホルム大会へは特派員を派遣し、時間的な遅れはあったものの、入場行進や競技の写真とともに特派員の報告を二〇回にわたり掲載した（一九一二・七・二八―八・二二）。こうした一連の動きを大阪毎日のライバル紙である『大阪朝日新聞』も少なからず意識していただろう。『大阪朝日新聞』はストックホルムに特派員を派遣してはいなかったようであ

オリムピック開會式
（七日午後二時ストツクホルム特派員發）
十一時瑞典國王スタヂアムに臨御あり各國選手行列を行ひ音樂を奏し觀衆場に滿つ皇太子演說し國王開會を宣す我國にては三島選手國旗を捧げ金栗は記章を帶ぶ加納大森田島諸士列に入れり

三島選手利あらず
三島選手は百尺競爭に加つて利あらずマラソン競走は十四日

図1-2　『東京朝日新聞』のストックホルム大会報道
（『東京朝日新聞』1912年7月9日，朝刊5頁．左の紙面の太枠部分が，オリンピック報道に関する部分．右は，それを拡大したもの．）

るが、東京で発行されていた『東京朝日新聞』よりオリンピック記事は具体的かつ量的にも多い。特にマラソンに関しては電報を列挙している。日本で新聞社事業としてのスポーツ・イベントが活性化するのは一九一〇年代後半以降のことであるが、『大阪朝日新聞』は『大阪毎日新聞』への対抗心から、早い時期にスポーツに注目するようになっていたといえる(8)。

日本人の身体に注がれる視線

後の時代と比べると、報道が少なくその影響もほとんどなかったとはいえ、一九〇八年、一九一二年のオリンピックは、日本人がスポーツを通じて西洋近代の身体に接し、それを見つめた初めての機会となった。そしてそれは、日本人が、自らの身体に注がれる西洋からの視線を初めて意識した時でもあった。オリンピックは「世界各国民の思想感情を融和し以て世界の文明と平和とを助くるを目的として興りたるもの」（第五回オリンピック大会予選会趣意書）（大日本体育会、一九四六、二頁）として嘉納らには理解されており、それはオリンピズムの正確な理解だったといえる（坂上、二〇一八）。しかし、国際平和の希求といった理念は、個々の報道ではほとんど意識されていない。そもそもオリンピックについての定型的な語りはまだ完成していなかったのだが、日本のメディア報道が読者に向けた物語の中でクローズアップしたのは、どちらかというと、「各国民の思想感情の融和」ではなく、選手の身体や競技、さらにはそれが表象する国家の力であった。

オリンピックにおいて西洋近代を眼差し、また、西洋近代から眼差されるのは、具体的にどのような経験であったのか。

一九〇八年、ロンドン大会で相嶋は、「当時倫敦（ろんどん）の話柄（わへい）はマラソンレースで持ち切りで此次（このつぎ）には日本からも撰手（せんしゅ）を送れ抔（など）と勧むる人もある位である、欧米人の中には日露戦争に於ける日本の強行軍の記事等に見て千二百メートルか八百メートルでは足の長い西洋人が勝つだらうが二十哩（マイル）以上となれば日本人が勝つであらうと信ずるものがある位である」（『大阪毎日新聞』一九〇八・九・一二）と報じた。ロンドン大会では、先頭を走っていたイタリアの選手のドランド・ピエトリが、気を失いながらゴールし、助力を受けたとして失格となる悲劇があった（「ドランドの悲劇」と呼ばれた）。相嶋は、記事中でドランドが小柄であることに言及し、日本人にも勝つ可能性があるという「欧米人の見方」を紹介している。日露戦争直後であるからか、日本人の身体が小柄であることは身体的コンプレックスとはなっていない。

そしてこの四年後の一九一二年ストックホルム大会には、三島と金栗が出場し、その結果は、より多くの新聞の報道対象となった。三島と金栗は、意気揚々とストックホルム大会に出場したが、三島は一〇〇（メートル）と二〇〇（メートル）

は予選敗退、四〇〇メートルは準決勝に進出するも棄権、金栗はマラソン途中棄権という結果であった。

新聞記事は、「日本が此世界的の競技に選手を送れるは今回が其嚆矢なるを以て我三嶋金栗両選手に対する各国の注意は頗る大なるものあり」（『大阪毎日新聞』一九一二・七・二九）、「日本選手金栗氏は有利なる状態にあり」（『大阪朝日新聞』一九一二・七・一五）、「外国選手等も強敵御座んなれと意気込み金栗の練習振りには少なからず注意を払ひ居る様子なり」（『読売新聞』一九一二・七・二三）など、競技前には初めてオリンピックに出場する日本選手に期待が集まっていた様子を伝えた。二人の選手は予選会を勝ち抜いた選手だったから、ある程度の期待があったのは当然である。新設の東京羽田運動場で一九一一年一一月に開催された予選会には、全国から選手が集まった。各種目とも世界記録との差は歴然としていたが、マラソンだけは、上位三名までが当時の世界記録よりも速かった。優勝した金栗の記録は、世界記録よりも二七分も速かった。あまりに速い記録に、『東京朝日新聞』は、距離の測量ミスではないかと疑問を呈していたくらいである（一九一一・一一・二一）。

経験や技術の差

実際にはオリンピックの舞台に派遣された二人には、外国選手と互角に戦える実力はなかった。だが、敗因は、体格や体質の違いというよりも、別のところに求められた。これが、後の一九二〇年代の大会とは異なる点である。

『大阪毎日新聞』の土屋興は、現地観戦の経験を踏まえ、体格の如何よりはむしろ、練習期間の短さや専門的科学的練習の欠如、周囲の運動に対する無理解が敗因となっているとした（一九一二・八・一七—二〇）。記者を派遣しなかった新聞も、体格を悲観するというよりは、別の側面に注意を向けた。『大阪朝日新聞』（一九一二・七・一七）も『東京朝日新聞』（一九一二・七・二二）も、金栗の敗北は、英国人らの忠告を聞かずに「底に釘を打ちたる靴」を履いて走ったためであるとし、経験や技術の差を強調している。

『東京朝日新聞』は帰国した三島の感想を一段ほど使って掲載しているが、三島の話は「オリンピックの競争は無論世界の選手が集まつた訳ですが何の方面に於ても何の種類にも皆亜米利加人が月桂冠を引ったくつて仕舞ふと云う実に盛な勢ひで恰も亜米利加の競走会の感がありました」とはじまり、短距離選手、中距離選手、長距離選手のそれぞれの体格の特徴、選手たちの練習と食べ物の摂り方に及んでいる。そして最後に「偖此世界的の競走場裡で日本人が果して勝利を得る能力があるか何うかを考へて見ると此距離では其体格からして一騎打では到底勝つ見込がないが遠距離ならば大に見込がある併し無論三年の練習は必要である」と述べている（一九一二・二・八）。短距離走では難しいかもしれないが長距離走では勝ち目がある。ストックホルム大会で惨敗した三島も、強烈な身体的コンプレックスを刻印されることはなかったようである。

『東京朝日新聞』には、三島や金栗の敗退や棄権を伝える記事の横に「日本選手の特徴ある競争振を見れば十分練磨の功を積む時は次回のオリムピツク大会には能く勝利を占め得る望みあり」（一九一二・七・一四）ともあり、日本選手と外国一流選手との実力の違いは、次回の大会までに埋めることができると楽観的に捉えていたところがある。一方、『大阪毎日新聞』の土屋は、オリンピックでの失敗は、「日本今日の国威を損ずること至大」であり、このような「苦き経験を再び繰返すは賢なることにあらず」と、オリンピックでの勝敗が国家にとって極めて重大な問題であるとしている（一九一二・八・二〇）。

(2) オリンピックと「日本人の地位」の向上

成績不振の日本選手団

楽観的な見方があったにもかかわらず、オリンピックで日本選手が思うような好成績を残せない状況は、一九二〇年アントワープ大会、一九二四年パリ大会と続いた。一九一六年大会はベルリンでの開催が予定されていたが第一次世界大戦のため中止、ストックホルム大会から次のアントワープ大会までは八年間あった。それにもかかわらず、日本選手団は二回目のオリンピックでも三回目のオリンピックでも、自分たちの成績に十分に満足し確固たる自信をもつことはできなかった。

体育やスポーツに関する専門的な知識が日本でも蓄積されてきたからでもあろう。アントワープ大会やパリ大会では、ストックホルム大会の時以上に、日本選手と外国選手との体力的・体格的な違いが強調されるようになる。例えば、図1―3をみてほしい。これは、アントワープ大会の開会式を伝える『東京朝日新聞』の記事である。開会式の記事よりも目立つのは、元砲丸投選手の辰野保(たつのたもつ)監督がニューヨークで米国の投擲(とうてき)選手に挟まれて撮った写真である。「この偉大さを見給(みたま)へ」との見出しがつき、「此の写真は鳥渡〔ちよつと〕日本の運動家に如何に米国のフイールドの選手が偉大なる体躯を有して居るかと云ふことを御知らせし度い為御送するのです」とある（一九二〇・八・一七）。

アントワープ大会では、テニスのシングルスで熊谷一弥(くまがいいちや)が、ダブルスで熊谷と柏尾誠一郎(かしおせいいちろう)のペアがそれぞれ二位となり、パリ大会では、内藤克俊(ないとうかつとし)がレスリングで三位、水泳や陸上の複数種目で六位以内に入るなど、全種目

東京朝日新聞

◇この偉大さを見給へ
國際競技の記錄ホルダー

彈劾說も空吹く風
田尻市長の南瓜談議

威風堂々
我國選手の入場
白國皇帝玉座の前に
莊嚴なる競技開場式
武士道を高調する宣誓
我選手の成績頗る有望
◇東久邇宮殿下御台覽
十二日安府特派員發

図1-3　『東京朝日新聞』のアントワープ大会報道

(『東京朝日新聞』1920年8月17日，朝刊5頁．辰野は1933年に東京市議会議員となり，東京市オリンピック委員会委員長として招致運動にかかわる．)

予選敗退といった状況ではなくなってくる。これは、初出場のストックホルム大会からすると大きな進歩であり、そのことに沸くことがあってもよかったはずである。しかし、アントワープでの熊谷の準優勝も「唯一の頼み…庭球(テニス)に熊谷氏栄冠を逸す」「複試合(ダブル)でも二等賞」「無残の敗衂(じく)は身体的の異常か　心中の無念や如何に」(『東京朝日新聞』一九二〇・八・二六)と、「準優勝が素晴らしい」ではなく「優勝を逃したことが残念」といった意味づけがなされている。

アントワープ大会から帰国した選手たちが口にしたのは、外国選手の競技技術や練習法の水準の高さだったが（『万朝報』一九二〇・一一・七）、パリ大会の時には、「オリンピック選手土産話」として、日本選手の泳法が賞賛された、日本選手は技術では劣っていない、といった話が伝えられている（『東京朝日新聞』一九二四・九・一二）。ただ、技術は劣っていなくても、体格や体力が劣っていてこれを何とか克服しなければならないとされた（同前）。

優勝する選手がまだ一人も出ていない中では、日本選手が活躍したとか優秀であるという意識は生まれてはこなかった。パリ大会からは政府がオリンピック派遣に補助金を出すようになっていて（パリ大会は六万円）、このことが、選手に国民の代表としての自覚をもたせることになったと考えられる。[9]それだけに少し入賞するくらいでは不十分であったのだろう。「わが運動史上始めて（ママ）の大成功をもたらした」と評価され、「栄えある戦績を土産にわが代表選手帰る」などと報じられたのは、一九二八年アムステルダム大会が最初であった（『東京朝日新聞』一九二八・九・四）。

アムステルダム大会と日本の活躍

アムステルダム大会では、水泳の二〇〇メートル平泳ぎで鶴田義行（つるたよしゆき）、陸上の三段跳で織田幹雄（おだみきお）がそれぞれ優勝し、二位、三位に入った選手も多かった。日本から唯一出場した女子選手である人見絹枝（ひとみきぬえ）は、すでに国際女子競技大会で活躍し世界的に有名な陸上選手であったが、アムステルダム大会でも、八〇〇メートルで二位に入り、日本女性のイメージを変えたとされた。[10]

オリンピック記事の新聞での扱いは、大きくなっていた。図1―4は、織田が日本人としてオリンピックで初めて優勝した時の『東京朝日新聞』の記事である。写真は、アムステルダムのものは間に合わずあらかじめ新聞社で用意していた古いものを使っている（そのため、織田は日本代表ではなく早稲田大学のユニフォームを着用して

オリムピック陸上競技　第五日

織田、果然第一等！

日本三段飛に優勝す

南部も第四等を占む

わが國空前の戰績

大會場の中央に高く

うれしや日章旗飜る

邦人熱狂のあまり

相抱いて小躍す

人見孃八百に

二着を占む

住吉落つ

日本敗る

石井敗る

千五百

図1-4　『東京朝日新聞』のアムステルダム大会報道

(『東京朝日新聞』1928年8月3日，朝刊3頁)

いる）が、見出しも大きく、社説の下という誰もが気がつくような位置に置かれるようになっている。

こうした紙面での扱いの変化には、順位以外の要素も関係していたといえよう。まず、新聞社におけるスポーツの位置づけの変化である。一九二〇年代半ば頃から、新聞社は競技成績に秀でたスポーツ選手を入社させていた。アムステルダム大会の出場選手でいうと、鶴田は報知新聞社の社員、人見は大阪毎日新聞社の社員で、織田も後に朝日新聞社へと入社する[(11)]。スポーツ関連の事業活動の開催にも、以前よりもさらに積極的になっていた。

スポーツの重要度が高まっていたのは新聞社の社内だけではない。若い皇族たちによるスポーツ実践とスポーツの奨励、一九二四年に始まった明治神宮大会など、日本社会のより中心にスポーツが位置付けられるようになっていた（坂上、一九九八）。競技会の開催回数とメディアでスポーツが取り上げられる頻度がともに増えていたことにより、スポーツ人口も拡大していた。スポーツ人口が増えれば、競技会やスポーツ報道がますます活性化していくのは当然であった。

スポーツを通じた国家イメージの形成

ヨーロッパにいた日本人たちは、アムステルダム大会を通じて日本人の地位が向上したことを実感した。後に東京市長の求めに応じてオリンピック東京開催の可能性を探ることになる山本忠興（やまもとただおき）は、アムステルダム大会では総監督を務めていた。この山本は、『報知新聞』に「オランダ滞在中愉快に堪（た）へなかつたことは我が陸上選手達が滞在地の人達殊（こと）に子供達に大持てだつたことです」「私は今度で三度目の外遊でしたが今度つく〴〵感じたことは、日本人の地位が非常に向上し外人との間に距離が無くなったといふ確信でした」（一九二八・九・五）と語っている。

他にも、大日本体育協会の機関誌『アスレチックス』には、アムステルダム大会後にパリ在住の画伯から届いたという手紙が掲載されていて、それには次のようにある。

> 本年オリムピックも予想以上の好成績をあげてくれた事は当地に居る小生等の為には誠に有難いことで御座いました。
>
> オリムピック前の日仏水泳、オリムピックその後の巴里でのインターカレヂ試合で相当な（外人にはかなり予想外な）成績を日本選手が示してくれた為に、「日本」といふもの、存在が、色々の意味で無智な連中を啓発してくれました。

現に唯今来てゐる此田舎の安ホテルの息子が運動狂で織田、高石選手などに非常な憧れを持つて居ます。又同宿の夫婦で日仏水泳競技を見たのが居りますが、その時の日本の素晴らしい勝利を賞揚し鶴田、高石両選手をあれは人間でなくて魚だなど驚嘆して居ります。さうして斯うい ふ事がやがて「日本人」に対する同情と畏敬にもなり、（大抵は印度支那同格にしか扱はれませんが）随分歓待してくれて居ります、良くない悪口かも知れませんが、まあ大使館や霞ヶ関で、少々の名案が出ても直接斯う私達人民の頭に恩恵が参りません。

真実、運動選手達の努力が、何んなに国威を発揚してくれたか分りません、何んでも「支那、日本」と並び称せられる土地に居て、今度「支那」の無い事が、やがて、その二つに何か相違があるらしい事を教へました。（『アスレチックス』六巻一一号、一二二頁）

オリンピックだけではなく、この頃、様々な国際競技会で日本選手が活躍するようになったことで、ヨーロッパでの日本人に対するイメージが好転し、他の「東洋諸国」との区別もなされるようになっていた。それは外交官などが動くよりもずっと効果的であった。そして、そのことが、新聞、体育雑誌などで語られ始めたのである。オリンピックなどのスポーツ・イベントが対日イメージ向上に貢献するという認識が、次第に広がっていったといえるだろう。

高まるロサンゼルス大会への関心

一九二八年アムステルダム大会から一九三二年ロサンゼルス大会までの間、オリンピックはさらに多くの組織や人々を巻き込むようになっていった。その詳細は拙著（浜田、二〇一六）で述べているが、アムステルダム大会からロサンゼルス大会までの変化は、おおむね次の三点にまとめられる。

第一に、新聞社のオリンピックに対する姿勢が大きく変わった。アムステルダム大会終了後、日本の新聞社では、それまでよりも頻繁かつ盛大に外国人を招聘してスポーツ・イベントを催すようになった。一九二八年一〇月、朝日新聞社が水泳の世界記録保持者ら六名（米国から四選手、ドイツとスウェーデンから各一選手）を招いて東京と大阪で競技会を開催し、集中的報道を繰り広げたのを皮切りに、一九二九年には報知新聞社がテニスの日仏選手対抗模範試合と日独陸上競技大会、一九三一年には朝日新聞社が東洋アマチュア拳闘選手権、読売新聞社が日米野球を催した。さらに一九三一年九月に満洲事変が起こると、日本の新聞社は、競い合うように速報合戦やイベント開催に取り組むようになる。最も象徴的なのが、一九三二年二月に上海郊外で爆死した「爆弾三勇士」「肉弾三勇士」をめぐる物語である。爆弾を身体に巻きつけて敵の鉄条網へと突撃した兵士がメディアによって美談化され、彼らを讃える歌までもが新聞社の懸賞募集で作られていった。満洲事変や上海事変を経て、日本の新聞社は事実を吟味して報道するよりも、速報性や視覚イメージの充実を追求し、事業活動を大規模化するような傾向を強めたのである（江口、一九七三・有山、二〇〇一）。それから間もなく開催されたロサンゼルス大会でも、新聞社は多数の記者を派遣してオリンピックを速報し、号外発行や写真やニュース映画の輸送をめぐって競争を繰り広げた。オリンピックのビジュアル・イメージは、急速に日本において身近なものとなっていった。新聞社は、ニュース映画の上映、応援歌や派遣費の募集を自社事業として行い、オリンピックで日本選手を応援するムードを作り上げていった（図1—5）。

第二に、ロサンゼルス大会からは、ラジオ放送も行われるようになった。オリンピックと放送との結びつきは今日では極めて重要なものとなっているが、競技結果をラジオで放送することを警戒する声は根強く（例えば、わざわざ記者を現地へ派遣して取材している新聞・通信社との公平性が保たれない、入場券の売上減少が心配される等）、一九三六年ベルリン大会まではラジオは限定的に活用されるにとどまり、制限が多かった。ただしロサンゼルス大会では、日本に向けたもののみ特別に許可された。ロサンゼルス大会の放送は「実感放送」と呼ばれるもので、競技をみながら吹き込むのではなく、競技場で記録したメモをもとに近くの放送局から日本に向けて放送された。ロサンゼルス大会の放送は「実況中継」ではなかったのである。だが、その実感放送は好意的に受け止められていた。放送は、日本時間の正午から午後一時まで行われ、新聞はラジオ放送のスケジュールや実施状況、ラジオの周りに集まって聴く人々の姿を大きく報じた（図1―6）[12]。なお、ロサンゼルスの日系新聞『羅府新報』（一九三二・八・三、八・一〇）によると、この日本向けのラジオ実感放送を、検見川局の短波放送を受信するというかたちでロサンゼルスで聴くことができたようである[13]。ラジオという電波メディアの越境する性質を示すものとして興味深い事例である。

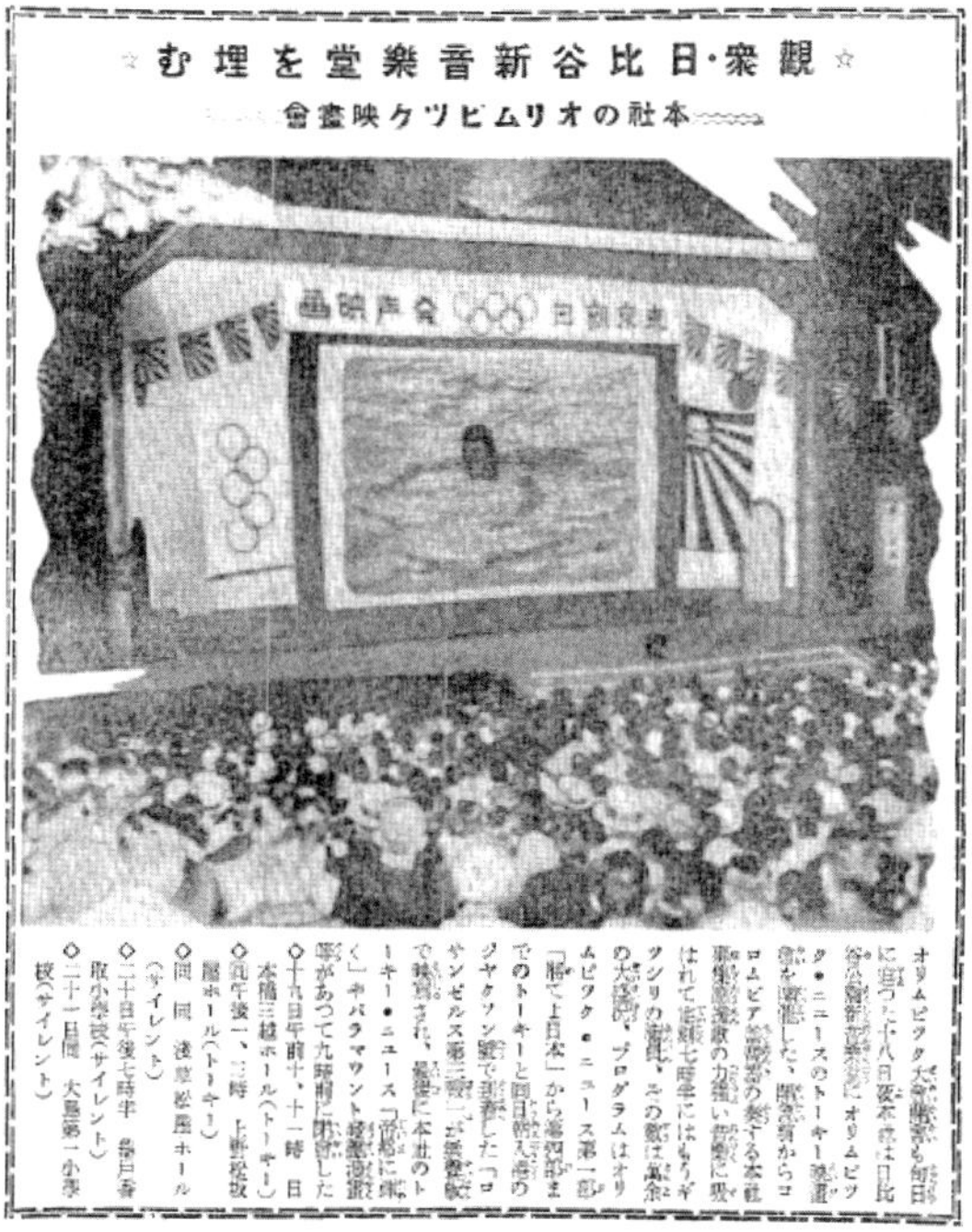
観衆・日比谷新音楽堂を埋む
本社のオリムピツク映畫會

◇十九日午前十・十一時 日本橋三越ホール(トーキー)
◇同午後一、三時 上野松坂屋ホール(トーキー)
◇同 同 浅草松屋ホール(サイレント)
◇二十日午後七時半 亀戸香取小學校(サイレント)
◇二十一日同 大島第一小學校(サイレント)

図1-5　東京朝日新聞社のロサンゼルス大会ニュース映画上映会

（『東京朝日新聞』1932年7月19日，朝刊3頁．ニュース映画は，映画館や講堂，公園や校庭などの野外で上映された．これは，日比谷新音楽堂での上映会の様子を伝える記事であるが，地方都市での上映も行われている．）

素的！ステキ！

銀座街頭にも人足を止めた

羅府大會開會式放送

野村中將 けさ退院

競技見たま、あすから放送

三アナウンサー大緊張

江東ルンペンの

意外、白浪少

バットを五

図1-6　ロサンゼルス大会ラジオ放送に関する新聞記事

（『読売新聞』1932年8月1日，夕刊3頁）

図1-7　ロサンゼルス大会の企業イベント

（『東京朝日新聞』1932年7月21日，夕刊7頁）

第三に注目すべき変化は、ロサンゼルス大会では、企業の中にもオリンピックに関連して広告を掲載したりイベントを実施したりするところがあらわれてきたことである。アムステルダム大会までは、オリンピックに言及している広告といえば、ほとんど全てが図書の広告で占められていた。しかし、ロサンゼルス大会になると、薬品、化粧品、食品、機械など様々な業種でオリンピックに言及した広告がでてくる。化粧品会社が「オリンピック水上競技の予想」の懸賞募集を行うなど（図1―7）、企業の中にはオリンピックに乗じてイベントを行うところもみられるようになった。

オリンピックのメディア・イベント化

一九三〇年代初頭、新聞、ラジオ、雑誌、ニュース映画、そして広告や各種イベントが、オリンピックを取り上げるようになった。ラジオ放送、テレビ放送、記録映画、各種の壮麗な演出が出揃ったという意味では、オリンピックそれ自体がメディアとして本格的に機能するようになるのは、ベルリン大会である。だが、ロサンゼルス大会にもその萌芽はあったし、特に日本においては、ロサンゼルス大会からメディアとオリンピックとの関係が大きく変化した。そして、このロサンゼルス大会で、日本は、男子水泳の全六種目のうち五種目で優勝したほか、陸上三段跳や馬術大障害でも優勝するなど、アムステルダム大会以上の活躍をする。オリンピックを通じて、「日本が西洋に追いつき、追い抜きつつあること」をより広範な人々が実感していく時代が到来したのである。

オリンピックの大衆化

中澤（二〇一〇）によると、戦前のオリンピック各大会の日本選手団における学生選手（中学生や高等女学校生も若干含む）の割合は、おおむね六〇％以上で推移していた。オリンピックやその予選会への出場者は、東京帝国大学、東京高等師範学校、早稲田大学、慶應義塾大学、明治大学など、高等教育機関に通う学生が多くを占めていた。中等教育や高等教育を受ける層は、明治以降拡大の一途をたどっていたとはいえ、一九三六年の時点でも、それぞれの在学者数は、中学校が三五万二三二〇名、高等女学校が四三万二五五三名、高等学校が一万七〇九七名、大学が七万二一九五名、師範学校が三万二五六名、高等師範学校・女子高等師範学校が二六七〇名である（日本近代教育史事典編集委員会編、一九七一、七一四―七一五頁）。一九一二年から一九三六年までの間、日本の総人口は五〜七〇〇〇万人で推移していたことを考えると、戦前のオリンピック選手団は、ごく限られた高学歴集団に偏っていたといえる。

　ロンドン大会やストックホルム大会の頃から、オリンピックに関係した日本人は、自らの身体が見られるという感覚をもち、自らの身体を外国人の身体と比較するという経験をした。だが、こうした感覚や経験――特に一九二〇年代前半のそれは劣等感に満ちた経験であったといえる――は、日本社会全体からすればごく一部の人の間だけで共有されたものであった。これには、新聞や雑誌ではオリンピックが小さくしか扱われていなかったこと、これらの購読者層が限られていたことに加え、スポーツの主な担い手が学生に集中していたことも関係していたといえよう。

　しかしアムステルダム大会の頃からは、その様相はやや変化したと考えられる。オリンピックをはじめとするスポーツ・イベントの報道に、購読者を量的にも質的にも拡大していたマス・メディアが力を入れるようになった。スポーツやオリンピックの担い手はいまだ社会の一部のエリート層で占められていたものの、マス・メディアの描き出す日本人の身体のイメージは、国民的な規模で共有されるようになっていく。また、一九三〇年代には、前畑秀子（まえはたひでこ）、村社講平（むらこそこうへい）など、上級学校への進学とはほど遠い環境の家庭に生まれたにもかかわらず、学校長の後援を受けたり苦学をしたりして日本代表として活躍する選手がでてくる。彼ら彼女らの活躍は、生い立ちや家庭の状況とあわせて報道されたから、より幅広い層が、オリンピックを身近に感じるようになったといえるだろう。「見る（読む）スポーツ」という点でも、「するスポーツ」という点でも、いわば、オリンピックの大衆化が始まったのである。

西洋に追いついた日本？

メディアがオリンピックを集中的に報道しだした時、日本は、オリンピックの舞台で、それなりの存在感を示すようになっていた。その時、メディアが描き出していたのは「敗北する日本選手」ではなく「躍進する日本選手」だった。より多くの日本人がオリンピックに注目するようになった時、オリンピックは、〈西洋〉に追いついた日本の姿を確認するものとなっていたといえる。もっとも、アントワープ大会やパリ大会の頃から顕在化していた身体に関する劣等感はそう簡単には消えなかった。一九三〇年代のオリンピック報道では、日本人は身体的には劣るが精神では勝っている、日本人の伝統的な精神・態度が外国人から賞賛されている、という言説も多くみられた（浜田、二〇一六、第六章および第九章第一節）。

⑶　東京でオリンピックを

東京オリンピック開催の希望

こうした状況のもとで、日本でオリンピックを開こうという計画が、動き出す。正確には、日本でのオリンピック開催を希望する声は、オリンピックが日本に紹介され始めた頃からすでにあった。「世界の日本を覚悟する我等は、他日東京に執行するの日あらんことを望まんのみ」（風流覊客、一八九七、四九頁）、「オリムピアン第四大会を我が皇都に於て挙行し、以て日東幾十万の健児が平素体育勉強の偉績を万邦に誇示するが如きも、亦恐らく一良法たるべしと信ず」（『読売新聞』一九〇五・二・五）などである。

オリンピックがまだ国際スポーツ・イベントとしての形を整えておらず、またそれがどのようなものかの理解も進んでいない中では、そのうち日本も大会を開催することになるはずだという程度のことは気軽に言えたのだろう。一九一一年一一月には、嘉納が、そのうち日本も主催国となるであろうと述べている[14]。嘉納がオリンピックを初めて見学し、クーベルタンと面会するのは一九一二年ストックホルム大会の時であるから、その前の段階で日本開催の可能性に言及していたことになる。

一九二〇年八月一三日の『東京朝日新聞』も、アントワープ特派員発として、嘉納が日本選手を集めて、「第八回オリムピツクは米国、第九回は日本にて遣りたき希望なるが、八年後日本オリムピツクを遣り得る程今後運動が発達するもせざるも、一つに諸君が今回勝つか勝たざるかに在り、諸君の任や重し競技迄は養生を善くし最善を尽されよ」と述べたと報じている。この時点で日本は二度目のオリンピック参加である。また、交通手段の発達の点からいっても、日本でのオリンピック開催はまだ現実的ではなかっただろう。だが、ＩＯＣ委員の嘉納が、日本選手に向かって八年後（一九二八年）に日本でオリンピックを開催したい、などと言っていると新聞が報じていたのである。

さらに一九二八年四月一日の『京城日報』は、開催時期は示されていないが、日本で最初の万国博覧会を開催し、その開会中に日米野球試合、オリンピック大会、国際水泳大会、国際青年大会などを行う計画が、後藤新平を中心に進められていることを伝えている[15]。オリンピック大会と国際水泳大会を併記していることは理解に苦しむが、万博をはじめとした各種の国際イベントとオリンピックとの同時開催という将来的に現れるコンセプトが示されていること、計画の中心が実際にオリンピックを発案する永田秀次郎（ながたひでじろう）と近い関係にあった後藤とされていることは、注目に値する。

紀元二六〇〇年のオリンピック招致

一九四〇年第一二回大会の開催を目指すというかたちで東京オリンピックの招致運動が具体化したのは、一九三〇年六月頃のことである。東京市長の永田秀次郎が、学生を引率してヨーロッパ遠征に出かける山本忠興に対し、一九四〇年にオリンピックを東京で開催することが可能であるか調査するよう依頼した。山本は、すでに述べたように、アムステルダム大会の総監督を務めていた人物である。早稲田大学教授で電気工学が専門、東京目白に「電気の家」を建てて住み、テレビジョン開発にあたっていた。スポーツを好み、一九二五年には日本陸上競技連盟副会長、一九二七年には日本学生陸上競技連合会長に就任、そうした関係でしばしば国際競技の引率を行っていた（『山本忠興伝』）。

一方の永田は、内務官僚出身の政治家で、後藤新平の後継者として一九二三年五月から一九二四年九月まで東京市長を務めていた。一九二三年九月一日、関東大震災で東京が壊滅的な被害をうけるのを市長として目の当たりにし、震災復興で中心的役割を果たした。皇室を中心とした国民統合を目指す立場から、一九二六年に始まった建国祭運動には準備委員長として関わった。建国祭をはじめるにあたって『建国の精神に還れ』という書物も著している（永田、一九二六）。

建国祭とオリンピックとは、相反するもののように一見みえるが、皇室中心主義を掲げる永田によって、日本の建国の歴史とオリンピックとが組み合わせられた。永田は国際経験が豊かなわけでもなく外国語も苦手としていたが、一九二九年、五三歳で初めての欧米視察の旅行を行った（永田、一九三〇）。この旅行経験が永田に多大な影響を与えたようで、一九三〇年五月に二度目の東京市長に就任すると、国際都市東京の繁栄をしきりに説くようになった[16]。そこで出てきたのが一九四〇年に東京オリンピックを開催するというアイデアである。一九四〇年は、（本当は伝説上の話で神武天皇は実在しないのだが）神武天皇即位の年を紀元とする皇紀でいうと、二六〇〇年目にあたる節目の年であり、建国祭運動を提唱する永田は、この年に、国際都市東京をアピールできる何らかのイベントを盛大に開きたいと考えていた。ここで注意しておきたいのは、永田にとってより重要なのは紀元二六〇〇年の祝賀であってオリンピックの方ではなかったということである。永田は同じく紀元二六〇〇年に万国博覧会を開催することも目指した[17]。

オリンピック開催地に立候補

さて、話をもとに戻そう。山本は、遠征から帰国後、東京大会開催の可能性があることを永田に報告、一九三〇年一二月頃には東京市もオリンピック招致に向けて正式に動き出した（『東京朝日新聞』一九三〇・一二・四）。一九三一年一〇月二八日には、東京市会において、五名の市議によって提出されたオリンピック競技大会開催の建議案が満場一致で可決された。建議案では、オリンピック東京招致の理由が次のように説明されている。

> 従来国際オリンピック競技大会は各国主要都市に於て開催せられたるも未だ曾て東洋に於て開催せられたることなし。
>
> 復興成れる我が東京に於て第十二回国際オリンピック競技大会を開催することは我国のスポーツが世界的水準に到達しつゝあるに際し時恰も開国二千六百年に当り之を記念すると共に、国民体育上裨益する処尠からざるべく延ては帝都の繁栄を招来するものと確信す。（東京市役所、一九三九、四頁）。

東京オリンピックは、「東洋初」のオリンピックとなり、関東大震災からの復興と紀元二六〇〇年を記念することとなる。国民体育や帝都の繁栄といった観点からも有益であろう、というのである。

ここまで本章でみてきたように、一八九六年に始まった近代オリンピックは、当初は開催形態が安定していなかったが、日本が関わるようになった頃に国別のエントリー・システムが確立されるなど、〈国際イベント〉としての形を次第に整えていった。日本でも、最初はさほど選手が活躍することもなく、メディア報道とそれが及ぼす影響も限定的であったが、一九二八年のアムステルダム大会の頃から、オリンピックは国民的関心事となり、国家イメージや国益とも関係するという意識が広がっていった。アムステルダム大会での日本選手の活躍は、日本の国際的地位の向上として語られていたわけであるが、そのことは、東京大会招致運動開始とロサンゼルス大会のあり方に少なからぬ影響を与えたと考えられる。

ロサンゼルス大会では、新聞社、放送局、企業だけではなく、政府、皇室、東京市も、オリンピックに新たな形で関わるようになった。日本からは、前回アムステルダム大会の約三倍となる一九二名が派遣された。大選手団派遣は、満洲事変以降悪化しているとされていた対日イメージの改善のためであり、また東京大会の招致のためであった。日本人移民の支援という意味合いからも、特に開催国アメリカにおける対日感情の改善が期待されていた。東京大会招致の裏側には、震災復興、紀元二六〇〇年祝賀、国民体育の振興、帝都の繁栄とともに、外客誘致という目論見もあった（今村、一九三二、六五―六六頁）。ロサンゼルスに派遣された日本選手団は、恩賜のブレザーを身につけ、秩父宮下賜旗を掲げ、出発・帰国時には明治神宮参拝と二重橋での遥拝を行った。皇室と選手団との象徴的な結びつきは、メディア報道でも強調された。選手団は、これまで以上に複数の意味合いを背負わされていたことになる。東京市は、一九三二年七月、ロサンゼルス大会の開幕前に同地で開催されたＩＯＣ総会において、第一二回オリンピック大会の開催候補地として、正式に名乗りを上げた。

注

(1) これをもって実質的にＩＯＣが創立されたのであり、決議が行われた六月二三日は、第二次世界大戦後の一九四八年にオリンピック・デーとなっている。オリンピック・デーについては、第4章と第5章でも若干言及する。

(2) これ以前に日本とオリンピックとの関わりが全くなかったわけではない。後述するように、クーベルタンやオリンピックを紹介する記事は、第一回アテネ大会開催直後（一八九六年や一八九七年）にもみられる。また、大会公式報告書の方では確認ができていないが、第一回アテネ大会の「武器展覧会」には、「村田連発銃」と「擬製実包」が出品されたようである（「希臘国雅典府二於テ開会ノ『オリンピック』競技会へ本邦武器出品一件」明治二八年八月二六日―明治二九年六月二日［JACAR: B07090298100］）。村田銃とは、陸軍少将村田経芳（むらたつねよし）が考案した日本陸軍で採用された最初の国産制式銃。日清戦争で利用された。

(3) クーベルタンは「真の国際主義」と、国家間・文化間の差異を根絶する「世界主義」を区別していた。プロローグでの言い方にならえば、オリンピックは〈グローバルなイベント〉ではなく〈国際的なイベント〉であるべきだと考えていたことになる。

(4) 『毎日』の三世紀』によると、社会事業家の生江孝之（なまえたかゆき）も、ロンドン大会を見学したようである（毎日新聞一三〇年史刊行委員会、二〇〇二、四〇七、四三七頁）。

(5) 和田はＩＯＣアーカイブスの資料を用いているが、これに関する日本側の資料も残っている（「万国オリンピック協会へ日本柔道館長嘉納治五郎ヲ委員ニ推薦方ノ件」一九〇九年一月一八日～三月九日［JACAR: B07080282000］）。

(6) 有山（二〇〇九）の第一章を参照。有山は、福島県伊達郡梁川町を対象に新聞雑誌書籍の購読状況を調べている。これによると、梁川町の新聞購読率（戸数あたり、不定期購読も含む）は、一九〇三年で約二一%、〇七年で約二七%、〇九年で約三六%、一二年で四二%と推移している。この調査は、蚕業が盛んな東北地方の町という地域的特性が反映されたものであるが、一九〇三―四年頃の新聞購読率に関しては、梁川は全国平均と同程度であったという。

(7) 日本図書センター刊行の縮刷版と朝日新聞データベース聞蔵では収録された版が異なるが、ここではデータベースに基づき記述した。本書の他の記述においても『朝日新聞』と『読売新聞』については基本的にデータベースを用いている。

(8) 大阪毎日新聞社のスポーツ事業としては、堺大浜一〇哩（マイル）競走（一九〇一年）、大阪湾一〇哩（マイル）遠泳（一九〇五年）、全国中等学校庭球大会（一九〇八年創設）、日本オリンピック大会（一九一三年創設）などがある（大阪毎日新聞社、一九三二、三九三―四一八頁）。

(9) 『読売新聞』の社説には、「従来名は国際であつても、その大会に出席する我日本の選手は、国そのものとは全く無関係のやうに思え、唯一部少数同情者の力に頼つて、ともかくも国際的に日本の運動を認めさすことに努力を続けて来た。然しそれ丈けに、――十分の後援がないために――種々の弊害も支障も数限りなくあつたこと、信ずる。それが今回の政府補助により、云はゞ国を正式にその背中に負って出陣する事が出来るやうになつた。それだけに出場選手諸君の責任が重くなつたとも云へる」とある（一九二四・三・一五）。この記事では五万円となっているが実際の補助金額は六万円だった。

（10）国際女子競技大会（通称、世界女子オリンピック、万国女子オリンピック）は、オリンピックとは別に開かれていた女子の大会である。一九二一年に設立された国際女子スポーツ連盟の主催で、一九二二年にパリで第一回大会が開催された。日本からは、人見が一九二六年にイェーテボリで開催された第二回大会に初出場、走幅跳と立幅跳で優勝した。オリンピックでは、一九二八年まで女子の陸上競技は実施されていなかったことから、それまでは国際女子競技大会が、女性の陸上の国際競技会としては唯一のものであった。

（11）織田はのちに、朝日新聞社の運動部長になる。本書で後に出てくる下村宏、田畑政治、高石真五郎といったスポーツ界の重要人物が、朝日新聞社や毎日新聞社の幹部であったことは、スポーツとメディアとの密接な関係を示している。

（12）新聞におけるラジオ・オーディエンスの表象を考察したものに、山口（二〇〇八）がある。

（13）日比（二〇一六）の研究がこの点を指摘している。なお『羅府新報』では、北海道検見川局となっているが、これは千葉にあった東京無線電信局検見川送信所のことを指していると思われる。

（14）嘉納は『日本雑誌』で、「日本に於ても何時か一度は国際オリムピック大会を主催するのであるが、夫れ迄に体育を全国民に普及したい」（嘉納、一九一一、六五頁）と書いている。

（15）これについては、夫馬（二〇一六）から示唆を得た。

（16）永田は、第二次市長時代には、オリンピック招致のほかにもチャールズ・チャップリン、チャールズ・リンドバーグなどの有名人を歓待して国際交流を活発に行い、エスペラントを推奨する演説を行うようにもなっている。これについては、近く別に論文を発表する予定である。

（17）万国博覧会は当初は一九三五年開催が予定されていた。古川（一九九八）によると、それが一九四〇年に変更されたのは、一つには紀元二六〇〇年開催の方が博覧会の効果があがるということがあったが、他に、財政的理由から第二会場を設置する予定だった横浜市が一九四〇年開催を主張した、一九三三年のシカゴ万博の直後では国際的出品を促すことが困難で外国からの集客が懸念された、といった消極的要因もあった（六九―七三頁）。

第2章 「東洋」初のオリンピック開催へ

オリンピックの開催地は、複数の都市の中からＩＯＣ総会で投票によって決定される。ＩＯＣは二〇一七年に二〇二四年大会のパリ開催、二〇二八年大会のロサンゼルス開催を同時に決定するという異例の決断を行ったが、近年のオリンピック開催地は、大会の七年前のＩＯＣ総会で決定するのが原則となっている。だが一九二〇年代、三〇年代には、開催地決定の時期はまだ変則的で、各大会の準備に最低必要とされる期間も短かった。

一九二四年大会のパリ開催が決まったのは三年前の一九二一年で、この時にはパリと同じく一九二四年大会に名乗りを挙げていたアムステルダムで一九二八年大会を開催することも決まった（*Official Report Amsterdam 1928*, pp.21-24）。その後ロサンゼルスが一九二八年大会をアムステルダムではなく自市で開催するよう訴えるが、一九二三年のＩＯＣローマ総会でロサンゼルスは一九三二年大会へと回ることになった（*Official Report Los Angeles 1932*, pp.35-38）。一九四〇年大会は、本来であれば一九三五年のオスロ総会で決定するはずだったが、日本のＩＯＣ委員がイタリアの首相ベニート・ムッソリーニと交渉を行ったことが問題となり、決定は一年後に先延ばしとなった。開催地決定のプロセスには、流動的な要素が多かったといえる。

一九三二年七月のIOCロサンゼルス総会で東京が一二回大会開催候補地として正式に名乗りを上げた時点で、一二回大会の他の立候補都市は、ローマ、バルセロナ、ヘルシンキ、ブダペスト、アレキサンドリア、ブエノス・アイレス、リオデジャネイロ、ダブリン、トロント、モントリオールであった。欧米の都市だけではなく、エジプト、アルゼンチン、ブラジルの都市が入っていたことは、この頃のオリンピック運動が欧米以外にも広がりをみせつつあったことを示していて、東京でのオリンピック開催の意味を考えるうえでも興味深い。とはいえ、当初、有力な候補地として考えられていたのは、ローマ、バルセロナ、ブダペストなどヨーロッパの都市であった（『東京市報』一九三二・一二・三）（岸、一九三三、五頁）。オリンピックが非西洋圏で開催された先例はなく、日本はようやくオリンピックで存在感を示し始めたばかりであったから、東京オリンピック実現の可能性は、極めて低かったと言える。

東京でのオリンピック開催には、市民の輿論喚起も必要とされた（『東京市報』一九三一・一二・三）。確かに一九二八年アムステルダム大会の頃から、国民のオリンピックへの関心は高まり、一九三〇年には、東京で極東選手権が盛大に開催された[1]。一九三二年ロサンゼルス大会ではマス・メディアの報道も増加し、国民が一体となって日本選手を応援する雰囲気が生まれた。しかし、東京市民はまだ、東京でのオリンピック開催を現実的な計画としては捉えていなかっただろう。東京がオリンピック開催地として立候補するという前代未聞の挑戦は、対内的にも対外的にも手探り状態で進められていったのである。

(1)「東洋」の代表としての日本

「東洋初のオリンピック」は日本で

一九四〇年東京オリンピックで招致関係者らが掲げた大会理念は、このオリンピックが「東洋初」のオリンピックとなることであった。東洋・アジアではまだ一度もオリンピックが開催されていないといった主張は、東京市会の建議案にもあったように、国内に向けて東京オリンピックの意義を説明するときにみられた。一九三五年一二月一八日、招致委員会結成の際にも、松田源治(まつだげんじ)文部大臣が「オリンピック大会開催の歴史を顧みまするに、明年の伯林(ベルリン)大会まで合せますると、欧羅巴(ヨーロッパ)で九回米国で二回開かれる次第でありまして、何れも欧米のみで開かれ、未だ一度も亜細亜で開かれたことはないのであります」(永井、一九三九、四頁)とし、皇紀二六〇〇年にオリンピックをアジアで初めて催すことの意義を強調している。

「東洋(オリエント)」とは、「西洋」の〈他者〉を指す概念であるが、具体的にそれがどこを指すのかは曖昧である。近代日本は、西洋のもつ他者イメージを引き受けて自らを「東洋」として規定し、いわゆるオリエンタリズムに迎合してきたわけであるが、一方でアジアに対しては、「西洋」としてふるまい、日本とアジアとの間に境界線を引き、アジアを自らとは異なる他者として表象してきた(岩渕、二〇〇一)。近代日本が「東洋」でもあり「西洋」でもあるという二重の自己意識を抱えてきたという議論は、一九四〇年や一九六四年の東京オリンピックの意味を考えるうえでも重要であろう。東京でのオリンピック開催という出来事は、こうした二重意識の形成と強化に深くかかわっていたと考えられる。

東京オリンピックの招致運動が始まった一九三〇年代初頭の日本は、オリンピック運動の発祥地であるヨーロッパの〈他者〉であり、地理的にも歴史的・社会的・文化的にも、まぎれもなく「東洋」の一国として認識されていた。一方で、東洋の中では「西洋的」な位置づけを獲得しつつもあった。日本は、西洋のスポーツに積極的かつ果敢に挑んだ。一九一二年に初めてオリンピックに出場し、一九二〇年代後半にはオリンピック以外にも様々な競技会に参加し、国際スポーツ界でそれなりの存在感を示すようになっていた。日本の新聞記者が初めてオリンピックを取材した一九〇八年のロンドン大会では、参加選手のうち約三分の一が開催国イギリスの選手によって占められていた。参加国数も、二二ヵ国にすぎず、そのうち地理的にヨーロッパの外であるといえるのは、アメリカ合衆国、カナダ、オーストララシア（オーストラリアとニュージーランドの統一チーム）、アルゼンチン、南アフリカ、トルコだけであった（*Official Report London 1908*, p.656）。一九一二年ストックホルム大会にも、ヨーロッパの外からは、オーストララシア、カナダ、チリ、エジプト、日本、南アフリカ、トルコ、アメリカ合衆国が参加したにすぎなかった（*Official Report Stockholm 1912*, p.889）[2]。中国がオリンピックに初めて参加するのは、一九三二年のロサンゼルス大会のことである[3]。

東京オリンピックの構想が姿を現した一九三〇年代初頭において、日本は「東洋」からのオリンピック参加国としては古参であり、成績でみても「東洋」を代表する位置にあったのである。ロサンゼルス大会では、日本は七種目で優勝し、優勝数は、アメリカ合衆国、イタリア、フランス、スウェーデンに次いで五番目であった（大日本体育協会、一九三三、八五頁）。

オリンピック史上の意義

「東洋で最初のオリンピックの開催」という理念は、日本人の自尊心をくすぐり、東京大会招致に向けた国内の機運を高めただけではない。これは対外的にも、東京大会への支持をとりつける強力なキャッチフレーズとして機能していった。

東京大会招致運動が始まった頃の『東京市報』には、英国人の意見として「地球の他半面の国民、即ち米国、カナダ、ラテンアメリカ、オーストラリヤ、日本等が自らの地方で大会を開くことは実に愉快だ、我々がそうした地方に行かないで欧州に閉ぢ籠つて居れば、オリンピツクは欧州だけのものになつて終ひ、その結果はオリンピツクの根本を破壊し了らう」（一九三二・三・二四）と紹介している。海外の東京大会支持者たちは、東洋初のオリンピックがオリンピックの理念に適っていて、これが実現することに歴史的意義があると強調した。クーベルタンも東京大会の熱烈な支持者で、東京大会によってオリンピックの「汎世界的性質」が一層顕著になるという考えをもっていた（「国際『オリンピック』大会開催地に関する件」昭和一〇年三月六日［JACAR: B04012505700: 18-19］・「『オリンピツク』大会東京開催に関する件」昭和一一年一月一四日［JACAR: B04012506000: 31-32］）。クーベルタンは、東京大会決定後に東京市長へ宛てた書簡でも、東京大会が「近代オリムピツク精神を亜細亜に普及せしむると共に高遠なる日本文化と欧州の華たる希臘（ギリシヤ）文化とを結合せしめる機縁となりたる事は余の最大の喜びとする処」（東京市役所、一九三九、五八頁）と東京開催決定を絶賛している。

近代オリンピックは、ロンドン大会の頃から、規模を急速に拡大させていた（別表1）。オリンピックの出場選手数・出場国数の増加は、交通・通信の発展やそれにともなう文化交流の広がりと軌を一にしていた。非ヨーロッパ圏を取り込みつつ勢いつけていたＩＯＣの側からみれば、東京でのオリンピックの開催は、オリンピックが真に世界的なものであること、オリンピック運動がヨーロッパやアメリカ合衆国だけのものではなく、もっと普遍的なものであることを示すチャンスであった。また、交通の発達によって、極東での大会開催が実現可能と思えるようになっていた。チャールズ・リンドバーグが大西洋無着陸横断飛行に成功したのは一九二七年であるが、一九三〇年代に入ると民間人の空路の移動も少しずつ現実味を帯びるようになってきていた（久世、二〇〇六、七〇—七七頁）。ドイツの飛行船ツェッペリンは、一九二九年に旅客を乗せて世界一周飛行を行った。

欧米以外からの参加国が増えていたことは、東京でのオリンピック開催の追い風となった。これらの国々が、東京オリンピック開催を支持したからである。一九三五年のオスロ総会前の時点での日本側による票読みによると、アルゼンチン、ブラジル、チリ、キューバ、メキシコ、ペルー、ウルグアイ、インドのＩＯＣ委員は、東京を支持していた（「『オリンピック』東京招致の件」昭和一〇年二月一四日［JACAR: B04012505600: 22-26］）。その後、オスロ総会後にＩＯＣに委員を出すようになったフィリピンも、東京支持を表明している（「第十二回国際『オリムピック』大会招致方に関する件」昭和一一年六月三日［JACAR: B04012506000: 100］）。チリは、一九三三年に日本の陸上選手が南米諸国に遠征したことの縁もあって、東京大会を全面的に支持し、「完全なる一流代表選手を派遣勝負を度外視しても智利の本邦（引用者注：日本）に対する憧憬を表現したし」としていた（「智利国『オリムピック』委員に東京市寄贈『アルバム』『東京』贈呈に関する件」昭和一〇年一〇月一〇日［JACAR: B04012505700: 99-100］）。

東京大会開催は、オリンピック運動の中心にいたヨーロッパだけではなく、比較的新しくオリンピック運動に加わった「東洋」の国々にとっても支持しやすいものであったといえる。第4章で述べるように、戦後の東京オリンピック招致の時にも、非欧米圏、特に南米諸国からの支持が東京開催決定を確実なものとした。

〈オリエンタリズム〉への迎合

東京オリンピック招致運動では、西洋から注がれる視線を意識し、つまりは〈オリエンタリズム〉に迎合し、「東

図2-1　第12回大会招致用のパンフレット
(*Olympic Spirit in Tokyo: XIIth Olympic Games to the Far East*, The National Olympic Committee of Japan, 1936)

洋」としての「日本」を押し出していくことが行われた。初めての「東洋」でのオリンピックが、これまでのオリンピックと同じものであれば、わざわざ遠く離れた日本で開催する意味がない。東京、そして日本は、これまでのオリンピック開催地とは全く違うエキゾチックな文化を体験できる場所であるというイメージを構築し、外に向けて発信していく必要があった。

ロサンゼルス大会の期間中、東京市はIOC委員を招待して宴席を設けたが、その際のメニューカードには、表紙に「日本のスポーツ」の一つとして加茂の競馬、内側に富士山が描かれていた(『東京市報』一九三二・七・一六)。招致運動では、一九三四年のアテネ総会で配布するために写真帖*Tokyo Sports Center of Orient*が作成されたのに始まり、多くの印刷物が、西洋のオリエンタリズムにあわせた写真・デザインを用いて作成された。例えば、図2—1は、招致パンフレット*Olympic Spirit in Tokyo*である。もちろん、近代的なスポーツ施設やビルも登場するが、招致パンフレットで決まって用いられるシンボルは、桜と富士山であった。柔道、相撲などが日本のスポーツとして紹介されることもあったし、日本の古い部分として寺社や城、伝統的行事が紹介されることもあった。

図2-2　1936年3月に来日したラツールIOC会長

（『第12回オリンピック東京大会東京市報告書』東京市役所，1939年，44頁．1番上の写真は，芝の高級料亭・紅葉館で開かれた歓迎晩餐会．1937年4月に来日した米国のウィリアム・ガーランドIOC委員，1939年4月に来日した米国のブランデージIOC委員の歓迎会も，紅葉館で行われた．）

西洋が日本に抱くイメージへの迎合は、一九三六年三月、バイエ・ラツールＩＯＣ会長（ベルギーの伯爵で一九二五年から第三代会長を務めていた）の訪日スケジュールからもみてとれる。ラツールは、三月一九日から四月九日まで滞在したが、この間、競技施設を視察しただけではなく、歌舞伎座を訪れたり、京都、奈良、箱根、日光を旅行したりした。この時期にラツールを日本に招いたのには、桜を見せたい、という考えもあったのだろうが、この年は、四月九日までに桜は咲かなかったようである。ラツールの離日時には、吉野桜を帝国ホテルに取り寄せ、ラツールには土産として五月の節句に飾る鎧兜、具足一式が贈られた（『東京朝日新聞』一九三六・四・九―一〇）（図２―２）。紅葉館での晩餐会、歌舞伎座での観劇、京都・奈良・日光の見物は、これ以降に来日するＩＯＣ委員の定番となる。

(2)　東京オリンピックの懸念材料―距離、気候

東京は遠い

「東洋初のオリンピック」は理念的には素晴らしいものであり、オリンピックに関わる者は誰も反対できないようなものであった。しかし「東洋初」のオリンピックは、理念には反対できなくても、現実には様々な問題を抱えていると言われていた。

第一に、距離の問題である。嘉納治五郎は、早くも一九三二年ＩＯＣロサンゼルス総会で東京市長の第一二回大会の招待状を朗読した後、距離の問題について次のように発言している。

最近交通頗［すこぶ］る便利となり以前は多数の日子を要した国内の観光も数日の滞在にて出来得るやうになつた。

かやうな次第で、大会を日本に開くならばオリンピツク会の目的たる世界各国にその主義を普及することを成し遂げ得るのみならず来会者の方にも少からざる利益を与ふることが出来やうと思ふ。只一つの懸念は日本は参加諸国から遠隔の地にあるから時日と費用の点から躊躇(ちゆうちよ)する人があるかも知れぬといふことである。

（『東京市報』一九三二・八・三〇）

東京で開催するとなると、ヨーロッパの参加国は長距離の移動が必要となる。この点は、東京のライバル都市も好んで取り上げた。一九四〇年大会の有力候補地であったのが、ローマである。イタリアのIOC委員アルベルト・ボナコッサは、「日本は世界の主なる『スポーツ』中心地より非常に遠隔であり、多数の競技者は、太西、大平の二太洋を横切るか又は『シベリヤ』経由とするも十数日間の大旅行を為さざるべからず現在世界的経済の不況状態に鑑み又各国は羅府大会参加の為め大なる費用を負担せる等の事情もあり一九三六年の伯林大会とその次回とは引続き二回共欧州内に開くべきこと必要なりと考へらる」（「外務大臣内田康哉宛在未蘭領事井上静一書簡」昭和七年一一月二三日［JACAR: B04012505500: 46-48］）とイタリアの新聞のインタビューに答えた。ヨーロッパ中心の考え方を躊躇(ためら)いもなく表明したコメントであるが、東京開催にともなう現実的な問題を的確に指摘しているといえよう。

ボナコッサの言う通り、当時オリンピックに選手を多く出場させていたのは、ヨーロッパ諸国であった。一九〇八年ロンドン大会から一九二八年アムステルダム大会までの間、ヨーロッパで開催されたオリンピックへの参加選手数は二〇〇〇～三〇〇〇名で推移していたが、ロサンゼルス大会の参加選手数は一三三四名と落ち込んでいる（別表1）。世界恐慌からの回復もままならないというのにロサンゼルスへの選手派遣と東京への選手派遣が続くことが、ヨーロッパ諸国にとって大きな負担であることは明らかであった。また、一九二四年からは冬季大会も、小規模ながら夏季大会とは別に開催されるようになっていた（別表2、巻末参照）。当時のIOC憲章は、夏季オリンピックの開催国に冬季大会を優先的に開催する権利があるとしていた。[4] 日本は気候的には冬季大会も開催可能だったのだが、冬季大会を放棄することで東京オリンピック開催の可能性が高まるという意見もあったのは、日本の冬季競技用の設備が貧弱であったのに加えヨーロッパ諸国の負担を考えてのことであった（『東京朝日新聞』一九三六・二・一八）。

選手派遣費を補助

東京市では、旅費の問題を何とかしないことには東京大会は実現しないことをよく認識していたようである。一九三四年一二月二七日、東京市会は、紀元二六〇〇年の開催に限り、各国選手派遣費補助として一〇〇万円を支出することを満場一致で可決した。この頃の東京市長の年俸は、五三五〇円だったので、その約一八〇倍である（森永、二〇〇八、三九七頁）。紀元二六〇〇年に限定して派遣費補助を行うと決まったのは、東京が、一九四四年や一九四八年ではなく、一九四〇年、すなわち「皇紀二六〇〇年」の記念としてのオリンピックだけを望んでいたことをよく示している。

しかし一九三五年IOCオスロ総会でも、距離は問題となった。一九三三年からIOC委員を務めていた杉村(すぎむら)陽太郎(ようたろう)は、東京大会開催時の旅費に関する質問に対し、一〇〇万円の補助について説明し、「オリンピックが欧州に八回アメリカに二回開かれたるに亜細亜に対し無関心の態度をとらんかその汎世界性は没却せらる可し金銭上の犠牲の如きは忍ばざる可からず」（「第十二回オリンピック開催地に関するオスロー国際オリンピック委員会議事経過報告の件」昭和一〇年三月二九日［JACAR: B04012505700: 32］）と説いた。長距離の移動にともなう問題は、一つは費用の工面であるが、もう一つ、時間の問題もあった。オスロ総会では、「旅行に多くの時日を要す可し」

と日数に対する懸念も、表明されたという。杉村は旅行日数に関する議論の経過を、大日本体育協会と外務省情報部に、次のように報告している。

旅行に多くの時日を要す可しとの点につきては諾威〔ノルウェー〕委員の質問により カナダ委員よりカナダを経由せば十七八日にして日本に到着すべし船賃及汽車賃の二割減を初め種々の便宜ありとの説明あり カナダ通過説に傾くもの多きを見たり（中略）

シベリア経由に就きては ソヴィエツト嫌ひの議長は終始反対の態度をとりたるがレワルトは飛行船に依らば三四日にして日本に到着すべしとの意見を出し一同を驚かせたり（前掲「第十二回オリンピック開催地に関するオスロー国際オリンピック委員会議事経過報告の件」［JACAR: B04012505700: 33］）

さらに、後日、送られてきた追加報告には、次のようにある。

欧州より極東に到る旅行は時と金の点より欧州外に出でたることなき連中にとりては一の大なる企と感ぜらるゝは当然にて小国の委員は今より参加不可能なりと自白し居る実状なれば此点に就き速かに具体的研究を遂げ東京への旅行が決して実行困難ならざる事を如実に説述するの要ありと認む

オスロー会議に於てカナダ経由に賛成する者多かりしはソ連邦に対し反感を有するのみならず有為の青年をモスコーの赤化宣伝の目的物となすに対し躊躇するものある反面カナダ又は北米経由が練習及び見学上利益する処大なりとの見地に出ずるが為なる可しと察す

シベリヤ経由に就きてもソ連邦当局と話し合ひを遂げ選手一行のため特別列車を仕立て且毎日一時間宛途中にて下車練習し得る仕組ともなさば之に賛成する者多かる可きを信ず 若しそれ飛行機又は飛行船の利用に至つてはドイツ側に於て相当真面目に考究する模様ならば多数の時日を東京にてのオリンピックに犠牲に

供し得ざるもの、ため此点を調査するの要ありと思考す（「オスロー会議追加報告」［JACAR: B04012505700: 54-55］）

北米経由、シベリヤ経由、そして飛行機や飛行船の利用とあらゆる交通手段が提案されている。しかし、日欧間の移動にかかる金銭と時間の問題は物理的な距離に起因するもので、簡単に解決するものではなかった。

ラツール会長との交渉

ラツールは、先に述べた一九三六年三月の来日で、個人的な訪問としながらも、東京大会計画に関して実務的な協議も行っている。ＩＯＣアーカイブスに残る文書によると、この協議でも、距離に関する問題が取り上げられた。ラツールが述べた内容を要約すると、次のようになる。日本からヨーロッパへと行くこととヨーロッパから日本へ行くことは同じだと日本側は主張したいのだろうが、その論理は通らない。日本と違って、ヨーロッパの多くの選手が職業を持っている。長期間留守にすることはできないだろう。日本がヨーロッパに行くのであれば一チームの移動で済むが、日本で開催するとなると、二八のチームが長距離を移動しないといけなくなり、費用も二八倍になる。現在のヨーロッパの経済状況を考えると、多くの選手の派遣が難しくなる。ヨーロッパから多くがやってくる役員や審判の渡航も問題となろう（Draft summary of conversations with Count Baillet-Latour, March 24, 1936［OSC: C-J04-1940/001_SD11］）。

ラツールはこのように述べて、選手派遣費補助を五〇万円増額して一五〇万円とし、国際競技連盟役員には大会期間中と大会開幕前の一五日間については一日五ドル支払うとの条件を日本側から引き出した（Letter from Ryozo Hiranuma to Baillet-Latour, April 9, 1936［OSC: C-J04-1940/001_SD11］）。五ドルというのは、当時の為替で約一七円二五銭である。当時、小学校教員の初任給が四五—五五円、富士屋ホテルの宿泊料金が一泊三食付で二九円であったというから（森永、二〇〇八）、外国人の日本滞在の補助としては妥当な金額とはいえ、一般の庶民の感覚からすると大変な高額である。

東京招致成功

東京招致の見込みは、一九三五年のオスロ総会直前にローマが辞退したことから、急に高まった。元々は、このオスロ総会で、ローマ、ヘルシンキ、東京の三都市から第一二回大会開催地の選出が予定されていて、総会前に、日本のＩＯＣ委員の副島道正（そえじまみちまさ）と杉村が、ムッソリーニを訪問して交渉を行いローマ辞退の約束を取り付けたのであった。この交渉は、オリンピックへの政治的介入としてＩＯＣ委員らの間で問題視され、第一二回大会の開催地決定は翌年のベルリン総会に持ち越されることになった。ラツール会長の機嫌も、この件でだいぶ悪くなっていたようである（「廣田外務大臣宛大森代理大使電報」昭和一〇年一二月三〇日［JACAR: B04012504400: 10］）。

ただ、日本側としてみれば、ローマの辞退によって東京大会の実現可能性が高まり、招致運動はようやく本格化した。政府や帝国議会も、オリンピック支持の立場を明確にし、一九三五年一二月には招致委員会が結成された。さらにラツール会長も、来日後は東京大会の計画を高く評価し始めた。前述のように、日本で実際に競技場を視察し、歴史や文化に触れ、最大級のもてなしをうけ、派遣費補助増額の交渉までも成立させたのである。

そして一九三六年七月、ベルリン大会の開幕直前に開催されたＩＯＣ総会で東京での一九四〇年第一二回大会の開催が決定した。招致レースは最後まで混迷し、一時はロンドンの立候補まで取り沙汰されたが、結果は、東京三六票、ヘルシンキ二七票であった。なお、同じく一九四〇年の第五回冬季大会の札幌開催が決定するのは、翌年のワルシャワ総会である。

オリンピック東京開催の懸念材料の一つであった旅費問題に関しては、招致成功後、交通機関と組織委員会との間で、ＩＯＣ委員、各国役員・選手、帯同家族の交通運賃の特別割引の適用について調整が行われた（『組織委員会会報』二五号）。日本郵船と大阪商船は、長距離航路を一割から二割程度割引するとし、日本航空と満洲航空も、定期航空の運賃を三割引するとしていた（永井、一九三九、二三七―二三九頁）。

東京の気候と会期問題

東京でのオリンピック開催に関して、もう一つの懸念材料となったのが、気候と会期である。端的に言うと、日本で夏にオリンピックを開催することが可能なのか、という問題である。

オスロ総会では、杉村の報告によると、次のようなやりとりがあった。

> ドイツ委員より日本の暑気はげしければ九月より十月に渉り開催方を提示したるも議長反対し　自分も亦暑中と雖（いえど）もフランスのリヨンの暑気に相当しマルセイユに比すれば遥かに涼しきのみならず競技場は海岸なれば涼風に恵まれ妨げなかるべしと説き
>
> 現に米国選手の如き夏期に来征するを常とすと述べ更に気候の関係より東京を非とするに於ては地中海沿岸国を初め熱帯にある各国及び北方寒帯に近き諸国は永遠にオリンピツクを開き得ざることゝなる可しと述べたるに一同何等異議を唱へざりき（前掲「第十二回オリンピツク開催地に関するオスロー国際オリンピック委員会議事経過報告の件」[JACAR: B04012505700: 33-34]）

旅費の問題でも、旅費にこだわっていたらオリンピックはいつまでも世界的なものにはならないという論法が使われていたが、ここでも、気候にこだわっていたら、いつまでもオリンピックは世界に広がっていかない、と主張されている。

東京オリンピックの会期は、一九三六年七月の招致成功時には確定していなかった。先の引用にある通りオスロ総会で議論されたことは確かであり、この時、杉村は、オリンピックの会期を万国博覧会の会期とずらすと約束したようである（「日本『オリンピック』に関する件」昭和一三年四月四日［JACAR: B04012507000: 90-92］・永井、一九三九、一二三頁）。一九三六年春、ラツールが来日した際の協議では、オリンピックの開催期間を八月最終週から九月第一週とすることでまとまっていた（Letter from Ryozo Hiranuma to Baillet-Latour, April 9, 1936［OSC: C-J04-1940/001_SD11］）。しかし、招致段階で会期が本格的に検討された形跡はなく、一九三六年三月に招致委員会で審議・決定された招致計画大綱に会期に関する記述はない（永井、一九三九、一〇―一二頁）。

組織委員会で会期について話し合われ始めたのは、東京大会決定後しばらく経った一九三七年一月である。第四回組織委員会（一九三七年一月一三日）で、三つの会期案が出され、継続審議となった。三つの案とは、体協から出された八月一日開始案と九月一〇日開始案、そして東京市から出された九月二〇日開始案である（同前、二三一頁）。夏場の開催はほぼ確定していたが、日程はなかなか定まらなかった。

万博との調整

会期の確定が難航していたのは、ＩＯＣが万国博覧会とオリンピックとの会期の重複を認めないとの原則に立っていたからでもある。ＩＯＣには、博覧会の一部として開催された一九〇〇年パリ大会と一九〇四年セントルイス大会が失敗に終わったという苦い思い出があった。万博とオリンピックとは根本精神が違うという認識もあり、ラツールＩＯＣ会長は、博覧会は商業的な性格があって、オリンピックの理想とは相容れないとしていた（前掲「日本『オリンピック』に関する件」）。ＩＯＣは、招致段階から、東京大会と同じ年に万博の計画があることに懸念を示していた。そこで日本側は、万博とオリンピックの会期をずらすとＩＯＣ側に伝え、それによって東京大会を獲得したのだった（永井、一九三九、一二三頁）。

しかし一九三六年一二月、日本万国博覧会協会は、オリンピックの会期と調整を行うことなく、博覧会の会期を三月一五日から八月三一日と決めてしまっていた。オリンピック組織委員会と万国博覧会当局との調整は、一九三七年の夏頃から活発に行われたものの、博覧会側は、すでに会期を公表し準備を始めていること、「光輝ある二千六百年を記念すべき大博覧会」を内外人に見せる機会を十分に確保するためにも会期短縮はできないこと、現代では、オリンピックが万博の余興とみなされることはないことを主張し、難航した（「大島又彦宛副島千八書簡」昭和一二年八月一四日［JACAR: B04012504900: 4］・永井、一九三九、一三三—一三四頁）。

結局、オリンピックの会期は、一九三八年三月のカイロ総会で、九月二一日開幕と決定した。日本側は、オリンピック開幕の一ヵ月前には万博を閉幕させることを約束した。一ヵ月という期間は、その後やや緩められたものの、オリンピックと博覧会の間を空けるというのは、必ず守らなければならない約束であった。この年の四月初めには、ラツールＩＯＣ会長が駐ベルギー日本大使を訪問し、八月三一日に博覧会を必ず閉会すること、博覧会延長の場合は、東京大会は中止して外国選手団は帰国することになる、その際は全ての費用を日本が負担することを速やかに正式回答するよう要求した（前掲「日本『オリンピック』に関する件」・「廣田外務大臣宛来栖大使電報」昭和一三年四月五日［JACAR: B04012507000: 93-94］）。ラツールの強い求めに応じ、東京市長小橋一太（こばしいちた）はラツールに、博覧会の会期延長は「絶対に之を為さざる様責任を以て処置す」（東京市役所、一九三九、一〇三頁）と電報を出した。ＩＯＣ側に半ば脅されるかたちで、博覧会とオリンピックの期間を切り離し、ようやく会期が決定したのである。

(3) 会場の選定

組織委員会での検討開始

ひとまず招致は成功したのであるが、招致成功後も課題は山積みで、開催準備は、いくつかの点で難航した。会期の他に、会場の決定も遅れた。主競技場の最終決定は、カイロ総会後、つまり返上直前であった。

招致段階において、東京市は月島に主競技場を建設すると主張していたが[5]、埋立地に競技場を建設することを疑問視する声も多く、明治神宮外苑が有力候補となっていた。一九三六年三月に来日したラツールも、神宮外苑の競技場計画を気に入っていた。しかし、この計画は、東京大会の施設計画を任されベルリン大会の視察も行っていた岸田日出刀（きしだひでと）が招致成功後に振り返っているところによると、「ラツール伯の来朝視察を目捷の間に控へ（ママ）、急遽立案作製した」もので、「詳細な技術上の研究と検討を経たものでは決してなかつた」（岸田日出刀「第十二回オリンピツク東京大会々場に就いて」昭和一一年一一月〔都公文書館：内田文庫〕『第一二回国際オリンピック大会招致委員会幹事会関係書類』）。一九三六年七月に東京オリンピック開催が決定すると、主競技場の場所と規模は、一から検討しなおされた。

第一回の組織委員会は、一九三六年一二月二四日に開催された。この頃、各種競技施設や選手村の候補地として様々な市町村が手を挙げる事態が生じていたが[6]、組織委員会の席で、主競技場の候補地として挙げられたのは、代々木（渋谷区）、品川駅付近埋立地（芝区）、駒沢ゴルフ場（世田谷区）、上高井戸（杉並区）、和田堀（杉並区）、井荻（板橋区、杉並区）、砧台（世田谷区）、鷺宮（杉並区、中野区、板橋区）、神宮外苑（赤坂区、四谷区）であった。

オリンピック大会実行案要綱には、「大会の諸施設は質実剛健を旨とし且最少の経費を以て最大の効果を挙ぐることを根本精神とすること」とあり、「大会競技場及オリムピック村は相当面積を有する地点に付慎重調査の上速に之を決定すること」になっていた（永井、一九三九、四八頁）。予算は、スタジアム建設費三五二万円、全施設の建設費九〇〇万円以内としていたが（同前、四九―五〇頁）、後にみるように、こうした当初の計画は失敗する。[7]

一〇万人収容の競技場を

競技場の場所と規模の決定は、難航した。大日本体育協会は、代々木練兵場に新しく競技場を建設し、これができない場合でも明治神宮の周辺に競技場をつくることを主張していた。さらに、ベルリン大会のように、できる限り、プール、サッカーやホッケー等を行う球技場、体操やレスリング、ウェイトリフティング等を行う体育館を主競技場とともに一ヵ所にまとめて建設し、総合運動施設を整備したいという考えがあった。これらの運動施設は、ただオリンピックのためだけに必要だとされていたわけではない。大会終了後には、「国民体育の大殿堂」となるとともに、スタジアムに隣接して設けられる広場は、「有事」の際に利用可能だという説明がなされていた（同前、五三―五四頁）。

組織委員会の競技場調査委員には、東京工業大学教授で明治神宮外苑設計者の小林政一（こばやしまさいち）、東京帝国大学教授で文部省ベルリン大会施設調査員の岸田、大日本体育協会の郷隆（ごうたかし）、東京市の前田賢次（まえだけんじ）、陸軍省の千葉熊治、文部省の田中徳次が選ばれた。調査委員会の答申（一九三七年一月）では、第一候補、代々木練兵場、第二候補、千駄ヶ谷（外苑競技場の西）、第三候補、青山射撃場跡、第四候補、駒沢ゴルフ場、第五候補、品川駅付近埋立地、第六候補、上高井戸、第七候補、砧台と順位がつけられ、主競技場は一〇万人収容、三〇〇〇万円で新設する計画となっていた（同前、六一―六五頁）。一〇万人収容とは、ベルリン大会の主競技場とちょうど同規模である（文部省、［一九三六］、一一頁）。

しかし、第一候補であった代々木練兵場の用地に大会競技場を建設することは軍部が了承せず、第二候補であった千駄ヶ谷は、民有地が多く予算が膨張し用地取得が困難であるとの懸念があった。そこで、明治神宮周辺で用地取得が円滑に進むことを考えると、既存の神宮外苑競技場と同じ場所に建設する案がでてくる。これは、「拡張案」「改造案」などと呼ばれていたが、現在の競技場を取り壊し、敷地を拡張したうえで新たな競技場を「新設」する計画である。競技場候補地選定の中心にいた岸田は、ベルリン大会の視察を終えた直後から、外苑競技場の改造は、一〇万人規模の競技場を建設するには敷地が狭く、しかも外苑神域の美しい風致を損なうとして反対していたが（前掲、岸田「第十二回オリンピック東京大会々場に就いて」）、結局、そうした選択肢しか残されていなかったのである。なお、岸田が建設地として適当と主張していた代々木練兵場の敷地には、一九六四年の東京オリンピックの時に、岸田の弟子である丹下健三（たんげけんぞう）の設計で、体育館（国立屋内総合競技場）が建設された。

頓挫する明治神宮外苑競技場計画

一九三七年のワルシャワ総会では、神宮外苑に八―一〇万人収容の競技場を設置し水泳場も近くに建設する計画が示された（永井、一九三九、二五八頁）。しかし、外苑競技場改造・拡張案は内務省神社局に反対され、ほぼ実現不可能な事態に陥っていた。民有地の買収が必要のない外苑競技場改造・拡張案であったが、内務省神社局は、「風致上、管理上又同外苑が国民の浄財に依り造苑せられたる記念物なる点等」（同前、八六頁）により、同意できないといってきたのである。神宮外苑は、国民から集められた寄付金と青年団の勤労奉仕によって造営されたもので、これら寄付金や勤労奉仕は明治天皇への「至誠」の表れとみなされていた。競技場が完成した一九二四年から、まだそれほど時間も経過していない。神宮外苑は、内苑とセットで捉えられ、博覧会のようなイベントの開催場所にはふさわしくないともされていた（山口、二〇〇五）。

組織委員会としては、明治神宮近辺には代替地はなく、郊外への競技場建設は、競技者をはじめ一般国民を満足させることができず道路・下水道等の新設に莫大な工費を必要とし、しかも将来の維持は困難だと考えていた。そのため、外苑競技場の改造・拡張しか方法はないとして、神社局長に「改造願」を出し、粘り強く交渉を行った（永井、一九三九、九〇頁）。しかし、内務省が提示してきた案は、拡張に関する経費はすべて組織委員会側で負担すること、スタンドの一部は仮設とし大会終了後に撤去すること、工事の設計並びに施行は明治神宮外苑管理署か内務省が行うこと、オリンピック中止の場合も外苑競技場として適当と認める工事は完了すること、を条件とする厳しいものであった（「内務省神社局長トノ打合事項」[JACAR: B04012504800: 54-55]・永井、一九三九、九三頁）。

このように組織委員会は神社局との交渉にかなり苦労して外苑競技場での開催計画をまとめようとしていたが、東京市の市会議員は、競技場の規模を大きくするようにとの声明を発表した。東京市は従来から一二万人収容の競技場が必要だと訴えていたが、七万五〇〇〇人収容に縮小する案が出ていることを伝え聞いた議員たちが、最低でも一〇万人の確保が必要だと訴えたのである（東京市役所、一九三九、八二―八三頁）。東京市と組織委員会の足並みが乱れていたことは、競技場の問題で特に露呈した。

オリンピックは駒沢で

一九三八年のＩＯＣカイロ総会でも、組織委員会は外苑競技場改造・拡張案を示していたが、この時には、神宮外苑を会場とすることが不可能なのは明らかだった。一九三八年四月二三日に、組織委員会は主競技場の駒沢

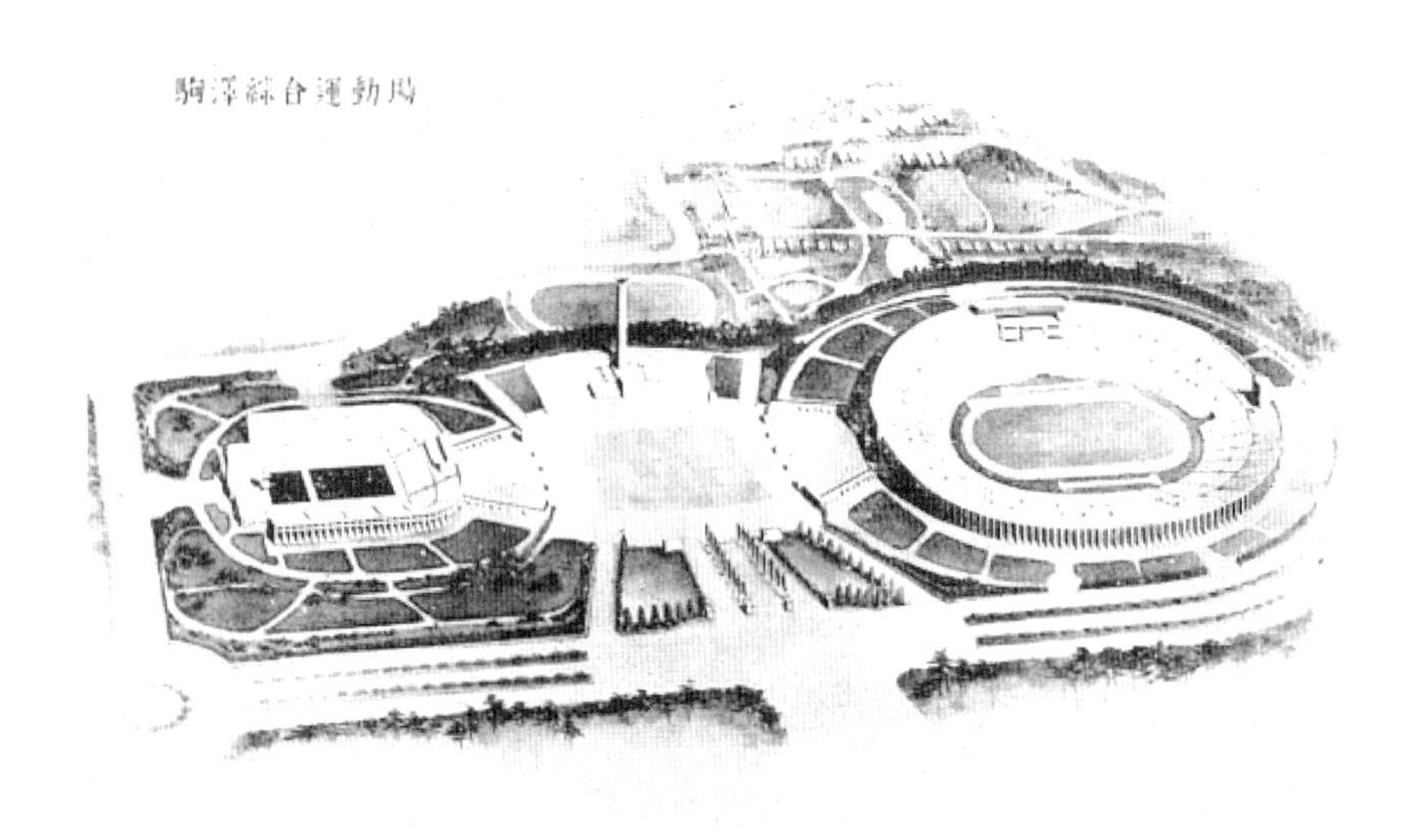

図2-3　駒沢総合運動場の設計図

(『第12回オリンピック東京大会東京市報告書』東京市役所，1939年，116頁．
左から水泳場，紀元二千六百年記念広場（中央広場），陸上競技場が作られることになっていた．広場の奥に建つのが紀元二千六百年記念塔，記念塔の裏にある小さなトラックが補助練習場，陸上競技場の裏に広がるのが選手が居住するオリンピック村である．)

移転を決定した。主競技場を神宮外苑にすることはＩＯＣ会長との約束だとしてきた副島も、折れざるをえなかった(8)。駒沢移転が決まる直前には、外苑競技場案は、五万数千人規模のものを四五三万円で建設する計画に縮小していた。しかも、内務省側は、工事費用を事前に確実に納付するよう迫っていた。これに対し、駒沢に六七六万円の費用で念願の一〇万人規模の競技場を建設し、水泳場等と一緒に整備した方が合理的だとの判断が下されたのである（永井、一九三九、一一九―一二〇、二七一頁）。

ベルリン大会の時には、オリンピック村が競技場から一五キロほど離れていた。土地が国有で無料、静謐(せいひつ)であることからその場所が選ばれたということであったが、競技場までバスで約二五分、ベルリン市まで約五〇分を要する立地で、「選手及関係者は其往復に全く悩まされたり。此のことは今回のオリンピック村の欠点の唯一のものと認められたり」(大日本体育協会、一九三七、三七一頁)と評判はいまいちだった。

駒沢に移転すれば、ベルリン大会のように広大な広場を設けることができ、しかも選手村と競技場を隣接させることができる(図2―3)。さらに、オリンピック競技場を駒沢に新設するとなれば、既存の外苑競技場は、工事期間中もそのまま利用が可能であったのである(東京市役所、一九三九、一一二―一一三頁)。

(4)　聖火リレーの問題

オリンピックの聖火リレー

聖火リレーに関しても意見が割れ、返上までの間に、計画が確定することはなかった。第1章でも述べたようにオリンピックの儀式的要素は、初期の大会では未完成であった。開会式において国別入場行進が行われたのは一九〇六年の中間大会、オリンピック旗掲揚、選手宣誓、鳩を用いた演出が始まったのは一九二〇年大会であった(ボイコフ、二〇一六＝二〇一八、六二頁・https://www.olympic.org/antwerp-1920)。(9) 聖火が初めてスタジアムに登場したのは一九二八年、聖火リレーが始まったのは一九三六年である。エリック・ホブズボウムは、一八七〇年代から第一次世界大戦が始まるまでの間、西洋社会で数多くの伝統が創出されたことを指摘し、特定の社会階級や国民のアイデンティティを確認する伝統としてスポーツやオリンピックを挙げているが、聖火や聖火リレーも、近代になって新しく創出された伝統である(ホブズボウム、一九八三＝一九九二)。聖火や聖火リレーは古代オリンピックから続く伝統のように信じられているが、これらは古代オリンピアにあったヘスティアの炉の火が日夜燃えつづけていたことやアテナイで行われていた松明リレーに由来してはいるものの、古代オリンピックにあったものではない（飯塚、二〇一六、一二〇―一二一頁）。

一九三六年ベルリン大会では、聖火は三〇七五人の走者によって、ギリシャ、ブルガリア、ユーゴスラビア、ハンガリー、オーストリア、チェコスロバキア、ドイツと一三日間かけて運ばれ、開会式でスタジアムの聖火台に点火され、大会会期中の一六日間燃え続けた。[10] 組織委員会の考案した各国の首都を通過するルートは、一九三四年秋に各国オリンピック委員会に伝えられ、その後、走者の速度やトーチの開発等の緻密な計画を立てた上で実行に移された。聖火リレーには、ドイツ放送会社とベルリン大会記録映画撮影班が同行し、通過地では真夜中であっても全住民が聖火を出迎えたという（*Official Report Berlin 1936, Vol.1.* pp.512-519）。聖火リレーは、ベルリン大会で、古代ギリシャと近代オリンピックの文化的連続性、古代ギリシャとドイツの文化的連続性という二重のつながりを示す仕掛けとして、大成功を収めたわけであり、日本でも、聖火リレーは、ベルリン大会の重要な構成要素と報じられていた。ベルリン大会開幕直前に東京オリンピック開催が決定した時には、オリンピックの東京開催が、聖火の西洋から東洋への移動というレトリックで語られた（『読売新聞』一九三六・八・一）。

東京オリンピックの聖火リレーはどこから?

だが、東京大会の準備が実際に始まると、ギリシャから東京への聖火の物理的移動は、必ずしも前提とはならなかった。オリンピックの聖火リレーは、ベルリン大会で始まったばかりのイベントであった。日本においても、聖火リレーのもつ意味は不確定で、聖火にまつわる定型の物語があるわけでもなかった。仮にベルリン大会の聖火リレーの意味を踏襲したところで、古代ギリシャと近代オリンピックの連続性は東京オリンピックでも適用可能だとしても、古代ギリシャと日本の文化的連続性の方は、日本が「西洋」に追いつきつつあるとはいえ、不自然な印象を受ける。

東京オリンピック開催が決まると、聖火リレーの実施をめぐって複数の案が次々と出された。まず、聖火リレーを国内から実施する案である。宮崎県から高千穂峰の聖火を推す声が挙がったほか、宇治山田市からも聖火リレーの出発点を皇大神宮（伊勢神宮の内宮）とするよう求める陳情が寄せられた(11)。『東京朝日新聞』には、「これだ！東京大会の表徴〝悠久の聖火〟を翳し日向から大リレー　早くも勃然たる運動」という見出しで、次のようにある（図2―4）。

> 皇紀二千六百年に当り東京で開催されるオリムピック大会に皇祖発祥の地たる宮崎から東京まで千五百キロの聖火大距離リレーを決行せんと予てより宮崎県学務課で立案中のところ、愈具体案を得たので県内学務部長の名を以て先づ全国各府県体育主事に呼びかけ国家的事業として実現の猛運動を起すこととなつた、右案によると第十二回オリムピックのプログラムとして神武天皇御東遷に倣ひ聖火を皇祖発祥の地日向から陸路東京に運ぶべく関係各府県から二十八名の選手を選抜、十四日間で走破し全コースを第一日宮崎延岡間、第二日延岡別府間、第三日別府門司間、第四日門司下関防府間、第五日防府広島間、第六日広島尾道間、第七日尾道岡山間、第八日岡山神戸間、

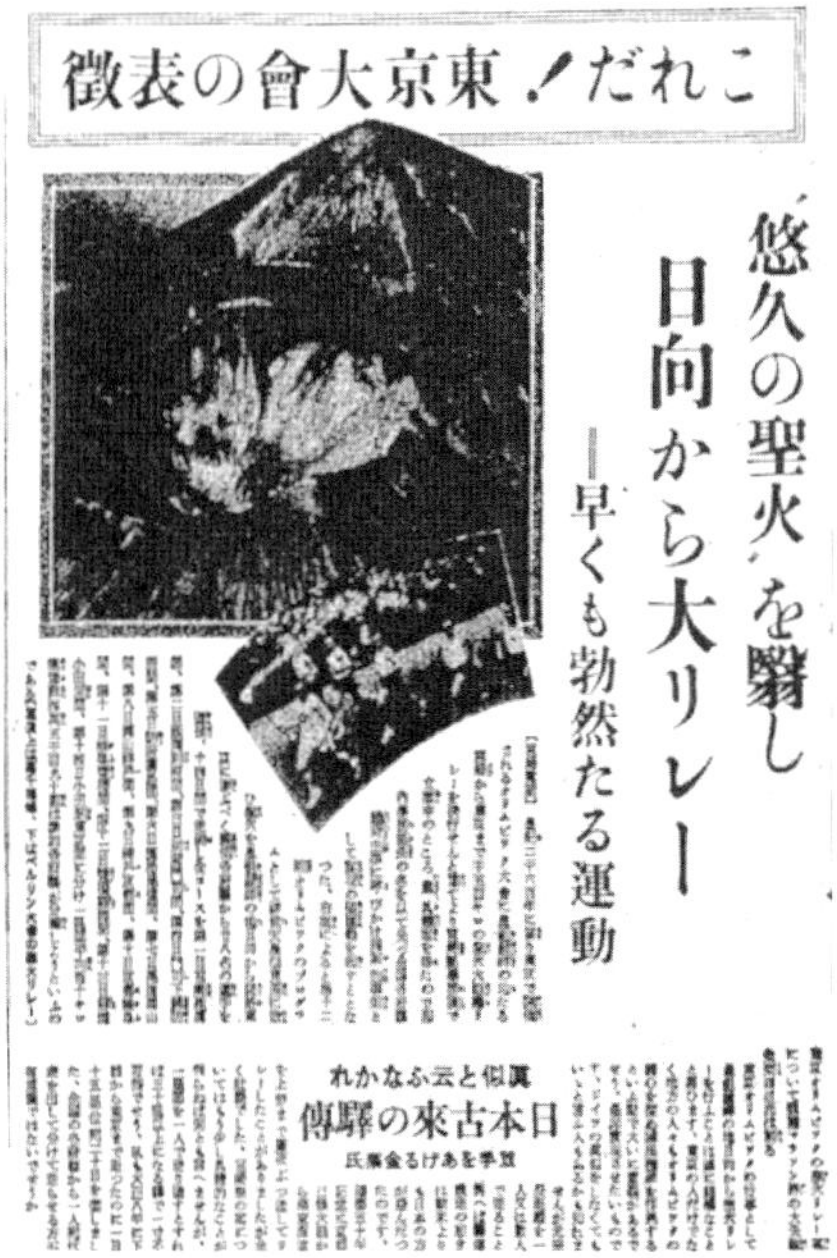

これだ！東京大會の表徴
〝悠久の聖火〟を翳し
日向から大リレー
―早くも勃然たる運動

図2-4　宮崎からの聖火リレー計画を報じる新聞
（『東京朝日新聞』1936年9月17日，朝刊11頁）

第九日神戸京都間、第十日京都岐阜間、第十一日岐阜豊橋間、第十二日豊橋静岡間、第十三日静岡小田原間、第十四日小田原東京間に分け一区間平均百十キロ総予算四万五千百九十円は参加各府県が分担しようといふのである。（『東京朝日新聞』一九三六・九・一七）

さらに、この記事では、次の引用にあるようにストックホルム大会に出場したマラソン選手、金栗四三のコメントを紹介し、聖火リレーが、ドイツの模倣ではなく、日本の伝統であることを強調している。

東京オリンピックの行事として皇祖発祥の地日向から聖火リレーを行ふことは誠に結構なことと思ひます、東京の人だけでなく地方の人々もオリムピックの関心を深め国民精神を作興するといふ点で大いに意義があるでせう、是非実現させたいものです、ドイツの真似をしなくてもい丶と言ふ人もあるかも知れませんが元来長距離を一人又は数人で走ること例へば駅伝競走の如きは欧米よりも日本の方が盛んだつたのです。（同前）

聖火リレーは、神話上で国家の起源といわれる地を出発点とし、駅伝の一種とみなすことによって日本の歴史的文脈で捉えなおされ、国民精神作興に寄与すると解釈された。ドイツが考案した聖火リレーを日本も継承したいが、西洋発祥の儀式をそのまま継承することは受け入れ難いという気持ちもある。そこで、オリンピックを神聖化する儀式として聖火リレーを認識しつつ、神聖さの起源は、ギリシャではなく日本国内に求めたということである。東京大会の聖火リレーを日本の国家の歴史を辿るかたちで実施しようという計画は、オリンピックを紀元二六〇〇年の国家事業として意味づけようとする人々の支持を獲得したと考えられる。

アテネからの聖火リレー計画

一方で、海外からは、アテネからの聖火リレーのルートについて提案が行われた（『読売新聞』一九三六・九・

二二、『東京朝日新聞』一九三七・三・一七、四・一四・永井、一九三九、三六二―三六三頁)。例えば、『読売新聞』は、自社に寄せられたという次のようなオーストリアのスポーツ評論家による聖火リレー計画を報じている。

炬火リレーはギリシヤのオリムピアから東西南北の四方へ走者を出したゞ走るばかりでなく飛行機、汽車、汽船、スキー、自動車、自転車等場所によつてあらゆる交通機関を利用しオリムピツク旗の象徴する世界の五大洲に隈なく聖火を輝やかさうといふので、次のやうに具体的なコースまで考へてゐる

◇東への道　オリムピア―コリント―アテネ―ピレウス湾（古代ギリシヤ型の小舟で渡る）―エーゲ海―ダーダネルス海峡―コンスタンチノープル（上陸）―トルコ―シリア―パレスチナ―トランスヨルダニア―（沙漠）―イラク―ペルシヤ―アフガニスタン―印度―（デリーから飛行機でネパール・ブータンを超え世界の尾根ヒマラヤ山脈を眼下に見て）―ビルマ（着陸）―シヤム―印度支那―支那―黄海―日本

▽若し次回大会にソヴエートが参加するやうになればシベリア横断も考へられる

◇西への道　オリムピア―ピルゴス―ヨナの海―イタリー（上陸）ゼノア―アルプス越えてスヰス―ドイツ―ルクセンブルク―ベルギー―オランダ―イギリス―大西洋―カナダ―太平洋―日本

▽このコースの第二案としてドイツからフランスに入りフランス―大西洋―米国―ロサンゼルス―太平洋―日本

▽同じく第三案としてフランス―スペイン―ポルトガル―大西洋メキシコ―パナマ―太平洋―日本

◇南への道　オリムピア―スパルタ―エジプト―（キヤラバンと共に駱駝を利用）―ケープタウン―飛行機で南極を廻り豪州へ上陸―ニューギニア―ボルネオ―フィリツピン―日本

このコースの第二案としてアフリカ―南米―ニュージーランド―豪州―日本

◇北への道 オリムピアーブルガリアールーマニアーポーランドーレトアニアーラトビアーエストニアーフインランドーノールウエーーハムメルフエストから飛行機で北極圏を通り日本へ着陸
▽第二案としてオリムピアーアルバニアーユーゴスラビアーハンガリーーオーストリアーチエツコードイツーデンマークースエーデンーノールウエー(ハムメルフエスト)

以上の計画はひどく奇想天外なものだがフオーゲル氏は「各国オリムピツク委員会がその気になつて協力すれば必らず成功する」とすましてゐる(『読売新聞』一九三六・九・二二)

こうした海外聖火リレーのルートについても日本の新聞は肯定的に報じた。特にこの『読売新聞』の記事は、ヨーロッパのスポーツ界が、日本でのオリンピック開催に「従来と変つた特殊の魅力を感じてゐるらしい」(同前)と伝えている。アテネから東京への聖火リレーは、古代ギリシャとオリンピック大会との連続性と同時に、西洋と日本との文化的連続性を示すと解釈できたのであろう。日本国内だけで行われる聖火リレーであれば、国際的な意味づけを東京オリンピックに付与することはできない。しかしアテネからオリンピックの聖火が遥々リレーされれば、アジアの盟主としての日本の国力を対外的に誇示することができる。そして、それをもって国民意識の統合を図ることも可能となったといえるだろう。

組織委員会の方針

聖火リレーに関する組織委員会の方針は二転三転した。まず一九三六年一〇月には、ＩＯＣ委員の副島が、アテネから東京へのリレー計画をロンドンで発表した。『東京朝日新聞』に掲載された副島の計画では、聖火は、一九四〇年の紀元節(二月一一日)にアテネを出発し、欧州各都市をリレーで通過した後、アデンからインド、シンガポール、フィリピン、上海を経て、門司に入り、日向高千穂峰に登り建国二六〇〇年を奉賀し、伊勢神宮、明治神宮を経て大会会場に入ることとなっていた（図2―5）。国内リレー計画と国外リレー計画を組み合わせた折衷案である。このルートであれば、日本がヨーロッパの国々と肩を並べる国際的な存在であることとともに、独自の伝統・神話をもっていることを内外に示すことが可能になったはずである。

しかし一九三七年四月には、組織委員会が聖火リレーの実施自体を断念した。アテネからのリレーは経費・方法等に相当な困難があり、IOCはアテネ以外の場所からの聖火リレーを認めないだろうといった理由からである（永井、一九三九、八五、三六二頁）[12]。だが、一九三七年六月のワルシャワ総会、一九三八年三月のカイロ総会でIOC委員から聖火リレーの実施の要望が寄せられたことから、一九三八年三月末には再び、アテネから東京までの聖火リレーの実施を検討する方向に入った（『東京朝日新聞』一九三八・三・二九、『読売新聞』一九三八・三・二九）。

聖火はアテネから

四度海越えて日本へ
世界リレーの壯擧
日向、伊勢神宮を經て大會場に
副島伯・英京で發表

図2-5　副島の発表した聖火リレー計画を報じる新聞

（『東京朝日新聞』1936年10月2日，夕刊2頁．この記事では，聖火は第1回アテネ大会から全ての大会で点じられてきたと説明されているが，聖火がオリンピックに登場したのは1928年の第9回アムステルダム大会からである.）

返上前の聖火リレーに関する最後の議論が行われたのは、大会返上決定の一ヵ月前、一九三八年六月の組織委員会である。この時には、アテネからシリア、バグダッド、テヘラン、カブール、インド、新疆、内モンゴル、北京、新京、朝鮮、門司を経て、東京へ入るルートに関して更なる調査、各方面への交渉を行うことが決まった（永井、一九三九、三六二頁）。このルートは、極東における日本の勢力範囲を誇示するようなものである。東京オリンピックを通じて、国際性を追求すると同時に、帝国日本を宣揚しようという意識を反映している。

(5) 外に見せる「日本」

対外宣伝とオリンピック

オリンピック開催は、東洋の代表としての日本を外に見せる絶好の機会であった。当時の日本は、諸外国における対日イメージの改善、あるいは輸出拡大や外客誘致による外貨獲得といった観点から、国際会議・イベントの開催や対外宣伝の雑誌・パンフレットの刊行にかなり積極的であった。一九三四年一〇月には第一五回赤十字国際会議、一九三七年八月には第七回世界教育会議がそれぞれ東京で開催されていた。対外向け雑誌も、一九三四年一〇月に日本工房の『NIPPON』、一九三五年五月に鉄道省国際観光局の『TRAVEL IN JAPAN』が刊行されていた。また、大阪朝日新聞社や大阪毎日新聞社も、それぞれ『Present-Day Nippon』、『Japan Today and Tomorrow』という雑誌を発刊し、特に『Present-Day Nippon』は外務省情報部の記録では六一〇〇部も発行されていた（「昭和一一年度執務報告」昭和一一年一二月、『外務省執務報告　情報部』所収、二五三—二五四頁）。これらはオリンピックの宣伝にも使われた。

このように、宣伝が重視されていた時代で、「紀元二六〇〇年」となる一九四〇年には、オリンピック以外にも、万国博覧会、その他の祝典事業が予定されていた。一九三七年二月に情報委員会常任委員会幹事会で決定された紀元二六〇〇年に関する宣伝方策大綱には、次のようにある。

昭和十五年には紀元二千六百年祭典、祝典、日本万国博覧会等の奉祝記念事業が行はるると共に第十二回「オリムピック」大会其の他国際的行事が開催せらるべきに鑑み、此の機会に関連して適切なる宣伝を行ひ、真の日本に対する国民の自覚を強化し又公正なる日本を中外に顕示し以て国力の充実に寄与し国威を宇内に宣揚して国運の隆昌を期するに在り（情報委員会「紀元二千六百年に関する宣伝方策大綱」昭和一二年二月一八日［JACAR: B04012506600: 6］）

オリンピックは、他の行事からは切り離して開催することが求められていたことから、政府の紀元二六〇〇年記念事業には入っていない。しかし、紀元二六〇〇年に行われる一連のイベントの宣伝戦略の中にオリンピックも組み込まれていた。そもそもの出発点が、「紀元二六〇〇年を記念して東京オリンピックを」という発想であったのだから、当然である。

東京オリンピックの宣伝方針

東京大会の組織委員会内で宣伝業務を担当していた総務委員会第二部委員会では、情報委員会の宣伝方策大綱に基づき、「内に対してはオリンピック精神の発揚、意義の徹底、国民の之に対する態度に付ての指導、国民の協力的気運の促進等を図ること又外に対しては日本精神の昂揚併せて我国文化の紹介、我国産業発達の宣示其他を以て参加選手並に外人のオリムピック観覧客を多数誘致することに決定」（永井、一九三九、三三五頁）した。ここでは外に対して、「日本精神の昂揚」「我国文化の紹介」「我国産業発達の宣示」を謳っているが、具体的に、どのような印象を与えようとしたのであろうか。

一九三八年一月に、河相達夫情報部長から組織委員会の永井松三事務総長宛に、カナダ木下武雄代理公使の案として送られた「第十二回世界『オリンピック』大会に対する方針案」には、オリンピックで来日する外客に対しては、次のような印象を与えるべきであるとされている。

日本は
イ、近代文明国なり
科学、教育、衛生設備、交通機関、生活様式、娯楽機関の完備
ロ、秩序整然たり
治安、労資交渉少し、大衆の運行、警察完備、交通整理、大会の組織及大会に於ける「マスデモンストレーション」の壮厳
ハ、生活は愉快で楽なり
貧富の懸隔甚しからず下層は上層の圧迫に苦まず又法律、租税の圧迫過重ならず、社会施設、家庭制度、生活費廉価
ニ、国民が勤勉質素なれば経済の発展を見る
ホ、自然的資源に恵まれ居らず及舶来品相当多きこと（舶来品を店頭に出さしむると同時に国産品の選択に注意を払ふこと）
ヘ、風光明美なり
国民性に及ぼせる影響
出場選手に観光の機会を出来る丈け多く与ふること（無理に各地に競技をせしめざること）

ト、古き文明あり其の精神はなほ今日の日本を活す
現代文化、家庭芸術、剣道等
チ、武を尊び強力なり
「マーシャル、スピリット」、観艦式、観兵式（大会後）
リ、排外的侮外的感情なし
其の他特に競技に関連しては日本人は「スポーツマンシップ」あり公正なること又一般関係に於ては親切なること礼儀及規律正しきこと、公徳心あること（公衆）正直なること（商店）風紀よきこと等の美点を如実に示す様国民教育に一層努力すべきは勿論なり（「『オリムピック』宣伝に関する件」昭和一三年一月二四日[JACAR: B04012507000: 31-32]）

「外客に対して見せたいと思う日本」は、近代的な設備や生活様式、勤勉で質素な国民生活、古来の伝統、観兵式、スポーツマンシップなど、多岐にわたっていた。資源に恵まれていないことや外国からの輸入品の多さをわざわざ示そうというのには、政治的思惑も見えかくれしている。ここに挙げたものは一外交官の案にすぎないが、組織委員会に送付されており、考慮に値すると考えられていた内容であったといえるだろう。

オリンピックに向けた国民の教育

オリンピックでは、日本の様々な側面が外国人から観察される。こうした意識から、国民や選手に対して教育を行うことの重要性を説く声は、政府内だけではなくメディアでもみられた。東京オリンピックを通じて、日本が近代的であるというイメージが確立・確認されることが期待されていたが、そのためには国民を一定程度訓練することが必要であった。

返上までのところで一般の国民に向けてオリンピックに備えた教育が具体的に施された形跡はない。ただし、一九四〇年には国民の生活や態度はこのようになっているべきであるという理想像は示されていた。

オリンピックが決定した約五ヵ月後、生活改善中央会が、文部大臣に対し、「第十二回オリムピック大会開催に当り生活改善上特に留意すべき事項」について答申をした（「第十二回オリムピック大会開催に当り生活改善上特に留意すべき事項に関する件」昭和十二年一月十四日［JACAR: B04012506600: 84-87］）。その中で指摘された留意事項には、道路や河川を清掃すること、広告看板を整理し干物が人目につかないよう除去すること、営業自動車料金の標準額を設定すること、旅館において外人が不便に感じないよう設備を改修すること、外人から不当に高額な料金の徴収が行われないようにすること、交通運転等の従業員に対して外国語の発音の訓練を行うこと、競技場内において観衆は紳士的態度をとること、外国選手の美技に対しても自国選手と同様に賞賛し、審判の判断に対し不平を言わないようにすること、外国選手にみだりにサインを求めないこと、接客飲食業者は衛生に注意すること、街路等に痰、唾を吐いたり紙屑、果物の皮等を捨てないこと、伝染病の予防に努めることなどがある。「この機会に於いて従来欠如せる公徳心の向上、清潔法の励行等の改善を図るため国民に呼びかけ全国的に市町村を単位とせる一大運動を起すこと」との提言もある。

清潔で衛生的な都市空間づくりは、内から湧き上がる欲求としてではなく、外側から見られて恥ずかしくないという外的な基準をもとに、目標として定められた。それゆえ、宿泊施設や交通機関での外客対応が強く意識されたのである。不潔なものを町から排除し、公衆のマナーを徹底させるといった運動は、結果的に、一九六四年大会の時に再び登場し、全国的に展開される。外客向けの宿泊施設の整備や言語習得に代表される外国人とのコミュニケーションも、一九四〇年大会、一九六四年大会ともに課題となる。

観光地の整備

東京オリンピックの開催は、多数の外国人の来日を意味し、外国人受け入れの環境整備を促すこととなった。そもそも東京大会招致は、「東洋初」や「紀元二六〇〇年記念」という文脈でその意義が強調されるだけではなく、はじめから外客誘致という大きな政策の流れの中にも位置づけられていた。日本の国際観光政策は、一九三〇年四月に鉄道省に国際観光局が設置されて本格的に始まり、一九三〇年代には日本各地で一四もの国際観光ホテルが整備された（砂本、二〇〇八）。金融恐慌で打撃を受けた経済の再建の有効な手段として外客誘致が認識されたのは、東京オリンピック招致が始まった頃で、オリンピック東京開催が数十万人の外客を誘致して数千万円の金を日本に落とすことになり、さらにはそれ以降の観光客の殺到につながっていくと東京大会招致の意義が語られることもあった（今村、一九三二）。

国際観光ホテルは東京の外で整備されていったものであり、オリンピックをめぐる動きとは直接関係しないようにもみえる。しかしオリンピックのためにやってきた外客を全国の観光地に誘導しようという考えが、こうした全国の観光整備計画を支えていた側面もあった。

例えば、砂本（二〇〇八）によると、熊本県会では、オリンピックの観客が、長崎、阿蘇、別府を往来することが考えられるから道路を整備すべきだといった主張が出されたという（二七五頁）。国際観光局では、ベルリン大会の際にはドイツも、オリンピックの観客を国内の各観光地に迎え入れようと宣伝や準備を行ったと把握していた（国際観光局「第十一回オリムピック大会調査資料」昭和一一年一一月［JACAR: B04012506300: 19-20］）。当時の冬季オリンピックは、原則として同一国内で同年に開催されることになっていたことから、東京オリンピックの招致運動が、冬の国際リゾートとしての発展を目指す地域間の競争をひきおこした。日光、志賀高原、菅平、霧ヶ峰、乗鞍は、結果的には札幌に負けて落選したものの、冬季大会の候補地として名乗りを挙げていた（砂本、二〇〇八、一九三頁）[13]。なお戦後、東京オリンピックの次に開催される一九六八年冬季大会を日本に招致する計画がでてくると、冬のリゾート地が多数名乗りをあげ、札幌、日光、志賀高原、八方尾根、苗場が公式に立候補した（『読売新聞』一九六二・二・一四）。冬季五輪は、結果的に一九七二年に札幌、一九九八年に長野で開催される。

静岡では、外国人選手の合宿地として競技場や宿泊所を整備する計画が川奈など複数の地域で立ち上がり[14]、あわせて道路整備や東海道線の電化（沼津―静岡間）、ヨット競技会場の駿河湾への誘致といった計画があった（『静岡民友新聞』一九三六・八・九―一八）。オリンピックに関連させて地元の観光振興を図ろうという動きが様々な地域でみられたことは、東京オリンピックが「東京」だけのオリンピックではなかったことを示している。

外国人の接遇対策

東京の市内をみると、帝国ホテルは、万博とオリンピックを見据えて東京に国際的大ホテルを建設することを一九三二年から検討し始め、最終的には、新館を建てる計画に落ち着いた。一九二三年に完成していたライト館の北翼と南翼の一部を取り壊し、その日比谷通りに面した跡地に地上八階地下一階の新館を建設するというものである。一九三六年二月の二・二六事件では、鎮圧部隊の一拠点ともなっていた帝国ホテルであるが、今度はオリンピックに向かっていった。同ホテルを経営する大倉喜七郎（おおくらきしちろう）は一九三六年五月から一一月にかけて欧州視察を行い、ベルリン大会も見学していた（帝国ホテル、一九九〇a、四五頁・帝国ホテル、一九九〇b、三九五―四〇〇、九六五頁・村上、二〇一二、二六九頁）。大倉は、日中戦争が始まってからもヨーロッパに行き、一九三七年一二月、ローマから外務大臣に宛てた電報で、日中戦争は速かに終わり万博もオリンピックも開催されると当地の人々は信じているので、外客誘致の観点から工事に速やかに着手すべきであると連絡してきている（「岸田外務大臣宛大

倉喜七郎電報」昭和一二年一二月一一日［JACAR: B04012506800: 40］）。

新橋駅前には、小林一三が東京オリンピックにあわせて建てた第一ホテルが、一九三八年四月に開業した（帝国ホテル、一九九〇b、三一〇頁）。山王ホテルもオリンピックや万博を見越して増築を行った（『東京朝日新聞』一九三六・七・二、一九三七・三・二八、一九三八・七・一五）。

ホテルの増築や新規開業は、外客向けのサービスを提供できる人材の需要を高める。キリスト教青年会（YMCA）は、一九三五年四月に東京国際ホテル専門学校を開校させ、ホテルの従業員の養成に乗り出した。日光金谷ホテル創業者の次男で箱根富士屋ホテル創業者の娘婿となった山口正造は、日本人（主にホテル従業員）に向けて英会話や様々な場面での外国人への対応の仕方を解説する本、外国人に向けて日本の旅館やホテルでの過ごし方を解説する本をそれぞれ出版した（山口、一九三六・H.S.K. Yamaguchi, 1938）。

英語の重要性を訴えるような言説も、東京オリンピック決定後に増えていった。『キング』（一二巻一二号）には、「立身の基礎　此秋こそ英語を」「オリムピック東京‼愈々日本は世界の中心」「今年からは英語を知らずに立身は絶対不可能だ」と煽る「井上英語講義録」の広告が掲載された。雑誌『英語研究』には、中等学校英語廃止論や英語教授時間減少論は下火となり、商店員も、バスの車掌さんも、女給さんも、検番の女性も、警察官も、挙って英語習得に懸命になっているという記事が掲載されている（竹中、一九三七）(15)。

外客の満足度向上は、誰も異を唱えることのできない絶対的目標となっていた。外客の受け入れに際して指摘されていた課題としては、これまでに述べたものの他にも、カジノのような「遊び場」の設置、歩道の舗装、水洗式・洋式・男女別トイレの整備、水質の改善、交通機関での案内表示などがある（国際観光局、一九三八）。紀元二六〇〇年を掲げたオリンピックを通じて日本の国家的団結を強化しようとする風潮が強まる中で、なぜ、ここまで外客のことを気にかけるのか。一見矛盾しているかにもみえるが、国威発揚と外客接遇とは親和性が高かった。日本のイメージを改善し日本を好きになってもらうためには、日本に来た外国人に好印象をもって帰ってもらうしかないのである。

東京オリンピックとエスペラント

外国人とのコミュニケーションには英語ではなくエスペラントを用いるべきとの主張が一部にみられたことも、当時の世相を反映している。エスペラントは、帝政ロシア領下のビャウィストク（現ポーランド）という多言語的な環境で育ったルドヴィーコ・ラザーロ・ザメンホフが、一八八七年に発表した人口の国際語である。日本には一九〇六年頃に紹介され、一九二〇年代後半以降、急速に普及していた。一九三〇年代に入ると、世界教育会議でのエスペラント使用が議論されたり、国際観光局が日本案内をエスペラントで作成したりしていた（永田、一九三六・矢島、一九三六）。エスペラントは、特定の国家や民族の言語ではないので中立的であるとして、日本では広く支持を集め、活用されていた。東京オリンピック招致を言い出した永田秀次郎も、エスペラント支持者の一人であった。

東京オリンピックに関しては、日本エスペラント学会が招致の際に、エスペラントで東京支持を呼びかける文章を送っていた（『神戸新聞』一九三六・七・二五）。また日本のエスペランチストからは、ヨーロッパ言語から隔絶していて言語的に不利な立場にある日本から積極的に働きかけて、オリンピックでエスペラントを使用すべしとの声があがった。様々な国から異なる言語を話す人々が集まるオリンピックでは、各種会合、競技種目、号令、記録などにエスペラントを用いて公平を期すべきとの主張がなされたのである（『東京朝日新聞』一九三六・三・四、『読売新聞』一九三六・三・四）[16]。オリンピック選手に対し、エスペラントの講習を行うというアイデアもあった（『La

Revuo Orienta』一七巻一〇号、一頁)。

オリンピックには、国際イベントでありながら、人と人との国家を超越したグローバルな連帯を生み出すという側面があった。エスペラントもまた、各国言語を肯定しつつ、各国言語の障壁を超えたつながりを形成していっていた。

東京オリンピックでのエスペラント採用を求める声があったことは、国威発揚と外客厚遇との絶妙なバランスが、ともすると崩れてしまいそうであったということでもあろう。英語やフランス語といった全くの「外国語」を使うことは、国際性を追求することである。だが、英米やフランスが中心の「国際性」のもとでは、日本のような「東洋」の国々は下位に位置づけられ、もっぱらコントロールされる側になる。オリンピック開催国に選ばれた日本は、「東洋」でありながら「西洋」に最も近いというイメージを獲得するのであるが、実際には、旅費、会期、競技場、聖火といった問題においてＩＯＣのコントロール下に置かれていた。一方で東京オリンピック計画の底流には、紀元二六〇〇年を記念したいという日本の文化的独自性を強調する考えがあり、その立場からすると、西洋的な価値観を押し付けてくるＩＯＣは、受け入れがたいものであったといえる。

テレビジョン開発

東京オリンピックで、日本の技術力を対外的に誇示しようという考えから重視されたのが、情報通信技術の充実、特にテレビジョン放送の実施、海外放送の充実、国際中継放送の整備であった(『ラヂオの日本』二四巻三号、一頁)。

浜松高等工業学校の高柳健次郎(たかやなぎけんじろう)は、テレビジョン研究の第一人者として、もともと日本放送協会から少なくない額の研究費を受け取って、テレビジョン開発を進めていた。東京オリンピック開催が決定した直後から高柳の日本放送協会入りをめぐって折衝が繰り広げられ、一九三六年九月、高柳が同協会の技術研究所に招かれることが発表された。ベルリン大会では、仲介フィルム式（普通のフィルムカメラで撮像したフィルムをすばやく現像し、スキャナーで画像化して放送する方式）で、一日約八時間の放送が行われたので（大日本体育協会、一九三七、四三八頁）、東京大会でもベルリン大会以上のテレビジョン放送が行われなければならないと考えられていた（中西、一九三七）。鮮明な映像であったとは思えないが、ベルリン市内に二五の会場が設けられ一六万二二二八人が入場したといわれており（*Official Report Berlin 1936, Vol.1*, p.343）、日本の技術者を刺激するには十分であったといえる。当時の新聞は、東京オリンピックのテレビ放送を「少くとも東京市内、うまく行けば全国の各家庭へ」（『東京朝日新聞』一九三六・九・六）などと報じていた。高柳が『文藝春秋』に書いているところによれば、世界へのテレビジョン放送はさすがに技術的にも経済的にも難しいと言わざるをえないものの、「今度オリムピックが来る事になり是非或程度の放送を行はねば国家の面目として不可い（いけな）」という認識があった（高柳、一九三六）。

なお、ナチスが総力をあげて開催したベルリン大会では、ラジオ放送の設備も最新のものが整えられ、日本でも、人々は、遠くベルリンから届けられる放送に耳を傾けた。その中には、競技の実況放送のみならず、約二〇ヵ国の代表の挨拶を放送するような国際色豊かな放送も含まれていたし、録音放送も実施された。放送技術全般の進歩が顕著に感じられたのがベルリン大会だった。

日本放送協会の技術研究所では、高柳を嘱託として招聘するとともに、逓信省と連携しながら、一九〇名以上の技術者を動員、約三〇〇万円の研究費を投じてテレビジョン放送の開発にあたった。浜松高等工業学校に依頼して製作されたテレビジョンの中継放送用自動車も、高柳の技術研究所入りと同時に納入された（日本放送協会、二〇〇一a、一三七―一三八頁）。東京芝浦電気などの民間メーカーも、普及型受像機の開発を急いだ（『無線資料』

一巻七号、二七頁）。

一九三八年三月にテレビ調査委員会で議決された「オリンピック東京大会に於けるテレビジョン放送施設大綱（案）」によると、東京オリンピックでは東京、大阪、名古屋の三都市でテレビジョン放送を行い、公開テレビジョン受像所を東京管内に四〇ヵ所、大阪管内に三〇ヵ所、名古屋管内に二〇ヵ所程度設置することが予定されていた（『ラヂオの日本』二六巻六号、四七―四八頁）。

(6) オリンピックの返上へ

返上説の台頭

オリンピックは、このように民間も協力して準備が進み、期待も高まっていたのだが、本章でみてきたように、すでに招致段階から東京オリンピック実現を遮るような動きは少なからずあった。会期や競技場予定地を確定させることはできず、小さなことではあったが、聖火リレーや大会のポスターに関する方針も二転三転していた[17]。

さらに、ベルリンのＩＯＣ総会で東京での第一二回オリンピック競技大会の開催が決定してから一年足らず、ワルシャワのＩＯＣ総会で札幌での冬季大会開催が決定してから一ヵ月という、一九三七年七月に、日中戦争が始まっていた。はじめ日中戦争は、短期間で収束するとみられていたが、一九三七年八月には陸軍が現役将校のオリンピック馬術選手の準備中止を発表、同年九月には、日中戦争勃発前からオリンピック開催に反対していた河野一郎（こうのいちろう）が衆議院予算委員会で、オリンピック中止を唱えた。海外では、東京オリンピックのボイコットを呼びかける動きもみられ、オリンピック中止説は、国内外で広がっていた（永井、一九三九、四〇―四四頁）。

「東洋初」は、日本にとってもIOCにとっても説得力を持つもので、それゆえオリンピック招致運動は成功したといえる。こうした考えは、日本がアジアの中で握っていた主導権を強化することへと結びつくものであった。だが、当初は、そうした覇権意識が問題視されることはなく、懸念されたのは距離（費用と時間）や気候といった実際的な問題であった。日本の政治的外交的態度を理由とした反東京オリンピックの動きが加速するのは日中戦争開始後であった。

ただ日中戦争が始まった後も、組織としてのIOCは、日中戦争の是非は不問とし、東京オリンピック開催を事実上容認した。一九三八年三月のカイロ総会では、中国のIOC委員王正廷（ワンジョンティン）の開催地変更を希望する声明が読み上げられたが、開催地変更が正面から議論されることはなかった（同前、二九頁）。オリンピックを平和運動と捉えるならば、戦争をしている日本にオリンピック開催の資格があるとされたことは信じがたい。しかし、政治とスポーツの分離を大原則とするIOCは、開催国の政治的態度や政策をほぼ不問としてきた。ベルリン大会の時にもボイコットの動きがあったが、結局抑え込まれた。とりわけ、カイロ総会では、アメリカのブランデージIOC委員やダニエル・フェリス体育協会（AAU）主事、IOC会長のラツールが、戦争とスポーツとは別物だとし、東京大会を強く主張していたようである（『東京朝日新聞』一九三八・三・一三）。

「内向き」と「外向き」の対立

一九四〇年東京オリンピックは、国威発揚の紀元二六〇〇年イベントという内向き志向と外国人が集う国際スポーツ・イベントという外向き志向の二面性を持っていた。この二つは、大勢の外国人がやってきて日本の文化や技術、日本人の生活を正しく理解し賞賛してくれるからこそ国威発揚につながるといった具合に、ある時には共存しうるものであった。だが、当然のことながら対立・緊張関係にもなりうる。

オリンピックを国際的なイベントとする立場からすると、日本独自の論理を振りかざして大会を組織していくのは受け入れがたく、逆に国威発揚の紀元二六〇〇年イベントという点を重視する立場からすると、IOCや他国に過度に配慮するような行動はとりたくない。日本の傀儡(かいらい)国家である満洲国の東京オリンピック参加がこれまでのオリンピックや極東選手権と同様に認められそうになかったことも、東京オリンピックの不安材料となっていた（山川、一九三六、八六頁）。実施競技の選定過程では、フェンシング（第一回大会より行われてきたオリンピックの「伝統」競技）は日本の剣道を毒するので実施の必要なしとの見解もあった（「体協提出案」[JACAR: B04012504700: 24-28]）。開催が近づくにつれて、内向き志向と外向き志向の対立・緊張関係が浮き彫りになってきたといえるだろう。また、一九四〇年東京オリンピックが実現しなかったのは、招致段階から計画がその場しのぎの場当たり的なものになってしまっていて、そもそも準備が円滑に進んでいなかったことが大きな要因になっていた。その場しのぎの対応が繰り返されたのは、東京オリンピックが突き詰めれば相反する二面性、理念的葛藤をもともと抱えていたからでもある。

地方にとっての東京オリンピック

地方においても、東京オリンピックと関わろうという動きは少なからずみられたことも、その後の日本におけるオリンピックの展開を考えるうえでは重要である。東京オリンピックが決定すると、オリンピックをきっかけに観光リゾートの整備をしたり、合宿所誘致に乗り出したり、新聞社が見学旅行団の組織を行ったりする地域がでてきた。冬季大会は、結局は札幌に決定したが、その開催地決定プロセスでは長野や日光市が名乗りを挙げていた。これは、一九三〇年代の半ばまでには、東京だけでなく地方においてもオリンピック理解が進んでいたということを意味する。一九三二年ロサンゼルス大会や一九三六年ベルリン大会では、地方紙も含めて報道が膨張していった（浜田、二〇一六、第八章）。その先に、各地におけるオリンピックとの関わりが生まれたのである。オリンピックと自分たちの地域を関係させようという動きが、この時点で、各地でみられたことは、一九六四年につながる。

注

（1） 極東選手権は、キリスト教青年会（ＹＭＣＡ）の主導で始まった国際競技会で、第一回大会は一九一三年にフィリピンのマニラで開催された。第八回大会（一九二七年）までは二年に一回、その後の第九回大会は一九三〇年、第一〇回大会は一九三四年に開催された。参加国はフィリピン、中国、日本であったが、第九回大会にはインド、第一〇回大会には蘭領インドも参加している。日本では第三回大会（一九一七年）が東京、第六回大会（一九二三年）が大阪で開催されていたが、一九三〇年の第九回大会は、これまでの二回の日本で開催された極東選手権とはやや様子が異なっていた。日本で初めての大がかりな国際競技会として展開していたといってよく、大会ポスターや大会歌が一般から懸賞募集され、ラジオ中継が行われたほか、大会関連の展覧会や講演会が三越で開催された（大日本体育協会編、［一九三〇］）。ヒューブナー（二〇一六＝二〇一七）は、永田は、極東選手権に触発されて、東京オリンピック開催の相談を山本に持ちかけたとしている（一一二〇頁）。

（2） メキシコ、ペルーにはＩＯＣ委員がいたようであるが、選手派遣はなかった。

（3） ロサンゼルス大会に中国を代表して出場した劉長春（リウチャンチュン）は、元々日本側が満洲国代表として出場させようとしていた選手であった。劉のオリンピック参加に関しては何（二〇〇〇）、Morris（1999）を参照。

（4） 冬季オリンピックは、一九四〇年の第五回大会開催を前にして、いくつかの問題を抱えていた。まず、アマチュア規定をめぐる国際スキー連盟とＩＯＣとの対立から、冬季オリンピックの主要競技であるスキーが実施されない可能性が高かった。また、オスロ（ノルウェー）が、夏季大会開催国に冬季大会開催の優先権を与えるという憲章にうたわれた原則を不服とし、一九四〇年冬季大会のオスロでの開催を主張していた。冬のスポーツの先進国であるノルウェーの言い分は部分的に受け入れられ、一九三七年のＩＯＣワルシャワ総会では、一九四〇年冬季大会の札幌開催決定とともに、憲章の冬季大会開催地に関する条項の改正を翌年の総会の議事とすることが決まり、一九三八年のＩＯＣカイロ総会でこの条項が改訂された（永井、一九三九、二八―二九、三七七―三七九頁）。

(5) 東京市は、埋立地を有効活用しようとしていた。東京市は一九三五年二月に、国内外の新聞記者に対してオリンピック総合競技場建設試案を発表している。『東京朝日新聞』(一九三五・二・二二)によると、この案では、一五万人収容のスタジアムのほか、水泳場、馬術場、テニス競技場、体育館、武道館、野球場などが全て月島埋立七号地に建設される予定となっていた。

(6) 『東京朝日新聞』(一九三六・一二・二二)によると、東京市では、組織委員会とは別に独自に候補地を調査していて、競技場は一九ヵ所、選手村は一二ヵ所も候補になっていた。

(7) 東京市の一九三六年度の歳出額は、約二億一〇二八万円である(東京市、一九四一、五三四頁)。後述する帝国ホテル新館の総工費予算が三五〇万円であった。

(8) ラツールIOC会長は副島に対し、主競技場が外苑以外の場所になるようであれば、自分も東京大会取消論に賛成すると述べていた(副島道正「報告書」昭和一二年七月三〇日 [JACAR: B04012505200: 3])。

(9) 筆者が以前に発表した論文(浜田、二〇一〇)で、各セレモニーが始まった時期に関して一部不正確なところがあった点については本書において改めた。

(10) その聖火リレーが通った地域を、後にナチス・ドイツは、侵略していく。

(11) 組織委員会の報告書には、宮崎県からは阿蘇山の聖火を用いるよう陳情があったと書かれているが(永井、一九三九、三六二頁)、正しくは高千穂峰だろう。

(12) ただし『東京朝日新聞』(一九三七・四・二二)は、国内における聖火リレーは別としてギリシャからの聖火リレーは採用しないことになったと報じている。

(13) 長野は、県内で候補地を一本化できず、四ヵ所が別々に立候補した。

(14) 川奈ホテルの開業は、一九三六年一二月である。『静岡民友新聞』(一九三六・八・九)によると、ホテル支配人は、東京オリンピックの際の合宿地として、五〇(メートル)ないし一〇〇(メートル)のプール、テニスコート、「トラックフィールド」の建設への意欲を示している。プールの建設が重視されたのは、静岡県が水泳選手を多数輩出する県であったことも理由として考えられるだろう。

(15) 本文中に示した例のほかにも、英会話関係の図書で、しばしば、オリンピックへの言及がある(黒田、一九三八・アーサ秋山、一九三八・井上英会話スクール、一九三七)。

(16) もっとも、エスペラントとオリンピックを結びつけようという動きは、日本固有のものではなく、ベルリン大会でも、国際エスペラント協会がエスペラントの採用を呼びかけていたという。なお、日本のエスペランチストたちは、一九四〇年に万国エスペラント大会を東京で開くことを考えていた。ただし、それは経費の観点から現実的とはいえなかったようである（『La Revuo Orienta』一七巻一〇号、一頁）。

（17）大会ポスターについては本文では触れなかったが、ポスターは、一九三七年六月末締切で一度目の募集をかけたが佳作すらなく再公募となった。同年九月二四日締め切りの二度目の公募では当選作品が選ばれたものの、神武天皇を描いたポスターであったため内務省図書検閲課より意見がつき、発行禁止となった。結局、洋画家の和田三造（わださんぞう）に依頼されて制作が行われたが、和田のポスターの正式採用が決定したのは一九三八年五月のことであった。この経緯については、竹内（二〇〇九）に詳しい。

第3章 〈東京オリンピック〉の残像

一九三八年七月一五日、政府はオリンピック東京大会を取止める決定をしたことを発表した。政府の決定は、戦争遂行に関係のない土木建築工事を禁止する閣議決定（六月二三日）をうけ、この状態で万国博覧会やオリンピックの開催はできないとするものであった（閣議決定「昭和一三年ニ於ケル重要物資ノ需給計画改訂ニ関スル件」、石川、一九七五所収）。一九六四年の東京オリンピックの原型が戦前の幻の東京オリンピックにあったこと（一九四〇年と一九六四年の二つの東京オリンピックの同型性）は、すでに多くの研究が指摘するところである（吉見、一九九八・石坂、二〇〇四など）。また、この二つのオリンピックに関しては、「戦争によって中断したオリンピックが、戦後の平和のなかで実現した」といった紋切り型の語りがある。

こうした見方が大きく誤っているわけではない。しかし、一般によく見られる「戦争によってオリンピックが否定された」というイメージは、実態とはややかけ離れている。一九四〇年東京オリンピックの計画は、オリンピック返上後も完全に葬られたわけではなく、姿を若干変えたり縮小したりしながら、細々と受け継がれていった。そこには、「東洋」で初めての国際スポーツの祭典を待ち望んでいた人々が、様々な制約があるにもかかわらず可能な範囲で自らの夢を実現させようとしていた姿がある。オリンピックという国際的で華やかなスポーツの祭典がもっていた諸要素が、戦時体制に適合するかたちで生き延びたのである。そのことが、戦後すぐにオリンピックをめぐる動きが再開されたことにつながっていったといえるだろう。本章では、一九三八年七月のオリンピック返上から一九四五年八月の日本の敗戦までの時期について、〈東京オリンピック〉の残像をみていく。

(1) オリンピックには参加したい

オリンピック返上の発表

一九三八年七月一五日、オリンピック返上に関する政府の意向として、厚生大臣木戸幸一(きどこういち)が発表した談話には、次のようにある。

今や支那事変の推移は長期戦の備を一層堅くするがために物心両面に亘り益々国家の総力を挙げて事変の目的達成に一路邁進するを要する情勢にあるので、遂にこの際オリンピツク大会の開催も之を取止むるを妥当なりとするに至つたのである。

申す迄もなく近時国民体力の向上を図ることが喫緊の要務とせられてゐる際に当つて、オリンピツク大会を取止めることが総ての体育運動を軽視するものであるかの如き感を国民に与ふることがあつては甚だ遺憾に存ずるのであつて、此時局下に於て国民は愈々剛健なる身体と質実なる気風を錬成する為に非常時に相応しい国民体育に努められんことを切望するものである。

この意味からしても明後年の紀元二千六百年には奉祝の熱誠を披瀝〔ひれき〕して挙国的国民体育大会を開催したい

と希望してゐるのであり、オリンピツク大会に就ても来るべき和平の日に再び之を招致して我国民の意気を中外に示したいものであると念願すると同時に、その際には重ねて海外友邦の一層の友誼(ゆうぎ)と協力を切望する次第である。(永井、一九三九、四五頁)

日中戦争に総力を挙げて取り組む必要が出てきたため、オリンピックは返上することにしたが、政府は、体育を軽視しているわけではない。挙国的国民体育大会を開催したいし、戦争が終われば東京オリンピックを再招致したい、という内容である。東京オリンピック返上は、海外の新聞では、おおむね、日本が日中戦争の長期化を覚悟した、オリンピックを開催する資金的物質的余裕を失い国民が疲弊してしまったことを示す出来事として報じられていた(「宇垣外務大臣宛若杉総領事電報」昭和一三年七月十五日、「オリムピツク開催取止めの新聞報道に関する件」昭和一三年七月一六日、「宇垣外務大臣宛村井公使電報」昭和一三年七月一九日[JACAR: B04012507100: 63-64, 68-70, 84])。しかしこの時点で、木戸は「体育運動」の尊重とオリンピック再招致の希望を表明していたのである。このことは、注目に値しよう。

オリンピック再招致の方針

日本のオリンピック関係者には、日中戦争が長期化し東京でのオリンピック開催がなくなったからといって、オリンピックそのものを否定する考えは全くなかった。東京オリンピックに対しては、交戦国でオリンピックを開催することに否定的な立場をとるフィンランドやイギリスを中心にボイコットの動きが起こった。しかし、日本に対する国際世論の悪化とは裏腹にＩＯＣの幹部たちには、東京大会を強制的に中止させる考えはなかった。一九三八年三月のカイロ総会でＩＯＣが日本に強く求めたことは、東京でオリンピックを開催できないのであれば、他の開催地を選ぶ必要があるから早めに返上するようにということにすぎなかった。東京大会中止の決断は日本に委ねられていたわけである。前章で確認したように、日本には東京オリンピックを待望する雰囲気が各方面でかなりあり、大会に向けた準備も進行中で、しかも日中戦争はそう長くは続かないという見方もあったから、返上の決断はなかなかできずにいた。

皮肉なことに返上に向けて重要な働きをしたのは、東京大会招致と準備に尽力したＩＯＣ委員の副島道正であった。田原淳子の研究によると、ＩＯＣアーカイブス所蔵の書簡や当時の新聞記事から総合的に判断して、副島は、仮に東京大会を開催できないとなれば、一刻も早くこれを返上し、第一二回オリンピック大会を別の場所（ヘルシンキ、ロンドン、ローマのいずれか）で必ず開催できるようにしなければならないとの立場で、首相の近衛文麿や閣僚らに対して、組織委員会を強力に支援するのか、それとも大会を返上するのかと迫っていた（Tahara. 1992）。返上時期が遅れることによって国際的信用を失ってしまうことを恐れてもいたようである。東京大会の返上は、オリンピック運動を途絶えさせないことを重視する日本のＩＯＣ委員によって決断されたといってよい。

ＩＯＣ委員への挨拶

オリンピック再招致の方針は政府ももっていたくらいであるから、招致準備過程で主導的役割を果たしてきた東京市には、オリンピック再招致の希望がかなり強くあった。ＩＯＣ委員の副島と徳川家達も、ラツールＩＯＣ会長にオリンピック返上決定を知らせた電報の中で一九四四年大会開催の希望を申し出ていることから、再招致の方針は、オリンピック関係者の間でかなり強固なものであったと考えられる（Telegram from Tokugawa and Soyeshima to Billet-Latour, 16 July, 1938 [OSC: CIO-JO-1940S-TOKYO-COJO_SD3]）[1]。

一九三八年七月二〇日、ヘルシンキが第一二回オリンピック大会開催地に正式に決定すると[2]、東京市長小橋一太は、ヘルシンキ市長、ＩＯＣ本部、ＩＯＣ委員に電報を出した。七月二三日には、東京市オリンピック委員会理事会を開催し、近い将来におけるオリンピック再招致を見据えて、委員会の存続を決定した。七月二八日には、在外各大公使に対し「本市は将来オリンピック大会は是非共之を本市に於て開催致度所存に有之平和克復を待ち之が実現を期すべく関係各方面の協力を得招致運動に着手致すべく候間今後共変らざる御支援賜度」（東京市役所、一九三九、二二八頁）などと挨拶状を送った。

そして、九月二二日には、各国ＩＯＣ委員に対し、次の挨拶状を送付した。

オリンピック招致に関する本市年来の熱望に対し御賛同を賜はり第十二回オリンピック大会が本市に於て開催せらるゝことに決定してより本市は名誉ある開催都市としてオリンピック大会各競技場施設、オリンピック村施設・観客運輸施設其の他に関し万遺漏（ばんいろう）なきを期し着々諸般の準備を進めつゝありしが偶々支那事変の突発に遭ひ今般遂に政府の勧告に従ひ事変下の故を以て東京大会を中止することゝなりたるは既往オリンピック招致の経過を顧み感慨無量真に遺憾に堪へざる処にしてこゝに従来示されたる貴下の深甚なる御好意に対し厚く御礼申上ぐる次第なり。

第十二回オリンピック大会は返上の止むなきに立至りたりと雖（いえども）東京市は既に次期大会は之を必ず本市に招致せんと決意し直にその運動に着手可致貴下の変らざる御支援により是非共東京大会の実現を見んことを希望して止まざるものなり。（同前、二三〇―二三一頁）

返上したばかりであるにもかかわらず、東京市は、早くもオリンピック再招致に向けた布石を打ち始めたのである。ＩＯＣ会長ラツールからは、オリンピック返上に関して次のような返事がきた。東京市の報告書には書簡の写真とその日本語訳が掲載されている。

余が貴市の為に為したる処は唯極東に於てオリンピック理想が普及さるゝと同時に偉大なる貴市に於て開

催さる、オリンピック大会が日本スポーツに多大の貢献をなすべしとの見解及び日本がスポーツに与へたる功績を高く評価するが故に過ぎず貴下の御厚意寔(まこと)に感銘に堪へざる所に候

貴市が一九四〇年の大会を拋棄せざるを得ざりし現情勢に対しては衷心より同情の意を表する次第に候得共其の処置誠に宜敷(よろしき)を得たるは貴国の愛国的及オリンピック的精神の高き標準を世界に証するものに候

余は一九三六年以来オリンピック大会に対する東京市の助力を忘れ得ざると共に他日貴下と一堂に会しオリンピック大会を開催せんことを衷心希望致居候（同前、二三二頁）

東京大会が返上されたからといってＩＯＣ会長と東京市との関係が悪化したわけではなかった。むしろ、ラツールは、日本のスポーツやオリンピックへの態度を称え、将来の東京でのオリンピック開催を希望している(3)。ＩＯＣ首脳部は、「オリンピックを開催すること」に意義を見出す傾向があり、一九三九年九月にヨーロッパで戦争が始まると、米国のＩＯＣ委員ブランデージは、ラツール会長と何度も連絡を取りながら、戦争状態にある国でのオリンピック開催が可能かどうか、小規模でもアメリカなどで大会を開催すべきかを検討している（Letter from Avery Brundage to Baillet-Latour, Oct 20, 1939; Telegram from Brundage to Baillet-Latour, Sep. 10, 1939 [OSC: C-J04-1940_001_SD1]）。東京大会返上がＩＯＣに与えた影響は少なかったはずであるが、返上の決断を速やかに行った（一九四〇年大会開催の可能性をつなげた）ことが、ＩＯＣには好印象だったのである。

東京大会は、オリンピックの理想がアジアに到達することの象徴として、オリンピック運動全体にとっても意義のあるものであった。また、日本のオリンピック関係者の東京大会への情熱は、ＩＯＣの中で非常に高く評価されていた。実務的な面でも、ベルリン大会から引継いだ文書、国際競技連盟との往復文書、東京大会準備のために作成された文書が、一括してヘルシンキ大会組織委員会へと送付された（永井、一九三九、四五頁）。

図3-1　『オリンピック精神』
（永井松三編『オリンピック精神』第12回オリンピック東京大会組織委員会，1938年）

再招致を目指す動き

オリンピック再招致に向けた動きは、返上直後に一時的にみられたものではなく、一九四〇年頃まで確認できる。一九三八年一二月、組織委員会は、『オリンピック精神』という六〇ページからなる冊子を発行した（図3—1）。この冊子は、組織委員会報告書によると、三万部印刷され、全国の小中学校に配布されたようである（永井、一九三九、四五頁）。そこには、「オリンピック精神の髄たるものは実に肉体と精神とが共に栄光を併せ持つ点にある。肉体は精神と共に訓練され、両者融合して最高に到達せねばならぬ。日本人は今や物心共に国家大事の秋に訓練的生活を営んでゐる、任終れば我々は軈て再び東京オリンピック招致に尽力するであらう」（永井、一九三八、二八頁）とある。前章で述べた通り、組織委員会では、国内向けの宣伝方針を「オリンピツク精神の発揚、意義の徹底、国民の之に対する態度に付ての指導、国民の協力的気運の促進等を図ること」（永井、一九三九、三三五頁）と定めていた(4)。オリンピックは返上されたにもかかわらず、オリンピック精神の国民への浸透を図ることだけは続けられたのである。

一九三九年四月には、ブランデージが、IOCロンドン総会に向かう途中に日本に立ち寄り、東京市、外務省、鉄道省国際観光局によって歓待された（Collins, 2007, p.168；『東京朝日新聞』一九三九・四・一四）。ブランデージは、一九五二年から一九七二年までＩＯＣ会長を務め、戦後日本の国際スポーツへの復帰と一九六四年東京オリンピック実現の鍵を握る。彼は、政治とスポーツの分離をいつも主張し、一九三六年ベルリン大会では、ボイコットすべきであるという世論が高まる中でもアメリカ選手団のベルリン派遣を推進した。戦後はアパルトヘイトを行う南アフリカをオリンピックから排除することにも反対し、一九六八年メキシコ大会で人種差別反対のデモンストレーションを行った選手たちも、オリンピックに政治を持ち込んでいると激しく非難した。政治から距離を置く姿勢は、場合によっては、差別や独裁国家の容認につながる。反ユダヤ思想の持ち主でナチスの政治体制にも好意的であった、有色人種への差別を黙認し女性のオリンピック参加にも嫌悪感を示していたというのがブランデージの評価である（ボイコフ、二〇一六＝二〇一八、八四―一四八頁）。日本のオリンピック関係者は、このブランデージを味方につけていた。東洋美術のコレクターでもあったブランデージは、一九四〇年東京大会および札幌冬季大会の強力な支持者であり、東京大会返上後も戦後も、親日の立場を崩していない[5]。

第一二回東京大会オリンピック組織委員会事務局は、残務処理を終えて一九三九年一月末に解散した（『東京朝日新聞』一九三九・一・二七、二・一）。しかし大日本体育協会では、一九三九年一二月の理事会で、「将来再び東京にオリンピックを招致するため」に「二六〇〇年記念」としてオリンピック委員会を設置し、競技科学施設の研究、海外宣伝、競技技術の研究調査を行うことを決定している（『体育日本』一八巻二号、八九―九〇頁）。一九三七年一一月に大日本体育協会会長に就任していた下村宏（しもむらひろし）（号は海南（かいなん））は、太平洋戦争も始まり大日本体育協会が官民一体の大日本体育会に改組された一九四二年四月になっても、「オリンピック東京大会も強化されたる機構の下に遺憾なく遂行され」（下村、一九四二、三頁）るであろうと述べている[6]。

ヘルシンキ大会への選手派遣

オリンピックの返上が、オリンピックの精神そのものの否定ではなかったことは、返上後も、体育関係者の間で、ヘルシンキで開催されることとなった第一二回大会への参加や、同大会に向けた選手強化策が議論されていたことからも明らかである。

『オリンピック』一九三八年九月号に掲載された「時局下に体協はどう動く」という座談会で、郷隆体育協会常務理事は「時局の許す範囲に於て原則としてヘルシンキ大会に成るべく多数の選手を派遣させようと云ふのは体育協会の方針に決まつて居る」(一六巻九号、二一頁)と明言している。座談会では、国民体位向上や東京オリンピックに代わる東洋大会などが話題となる一方で、ヘルシンキ大会参加の方針をいつ正式に発表するか、東京大会に向けて行われていた選手強化事業を今後どうするか、といったことが話し合われている。

一九三九年一月に大日本体育協会と厚生省体育官、外務省書記官、それに東京朝日新聞社、東京日日新聞社、読売新聞社、同盟通信社の運動部長が参加して開催された「時の問題を検討する」座談会でも、郷は、ヘルシンキ大会について「飽くまで参加しなければいかんし、出来るだけ余計な選手を送らなければいかん」(『体育日本』一七巻二号、三〇頁)と述べている。外務省書記官の小川昇も、これに同意し、アメリカ辺りの雑誌では、林間学校の小学生のあばら骨が出た体操の写真を掲載し、日本は国力が疲弊し子供が痩せ衰えているなどと報じているが、こうした宣伝を打破するために、オリンピックに日本から潑剌(はつらつ)とした若者を出す必要がある、と述べている(同前、三二頁)。

体育関係者は、時局下でのヘルシンキへの選手派遣に理解を示さない勢力が一部にいることを認識していた。体育関係者は、オリンピックに「国民体育向上」や「対外的文化宣伝」といった国策上の大義があることを訴えることによって、オリンピックへの選手派遣を進めようとした。現実には、東京オリンピック返上をきっかけとして、日本の体育関係者は、スポーツ的なものから体育的なもの、国際的なものから国内的なものへと活動内容の転換を迫られていく。大日本体育協会でも、次節で詳しく述べるように、「国民精神作興大会」を開催する。しかし、厚生大臣がオリンピックを取りやめることが「総ての体育運動を軽視するものであるかの如き感」（永井、一九三九、四五頁）を国民に与えるのではないかと懸念を表明していたことからもわかるように、東京大会返上後も、国民体力増強とオリンピック開催とは、必ずしも理念的に対立する関係にあったわけではない。東京オリンピックが返上されたからといって、体育協会の関係者も東京市の関係者も、即座にオリンピックから距離をとるということにはならなかったのである。

(2) 「聖火」から「聖矛」へ

「競技スポーツ」よりも「国民体位の向上」

「国民体位向上」に挙国一致で取り組むべきだという機運は、東京オリンピック返上によって、急速に高まりをみせた。一握りの選手が好成績を残すのを目標として競技の指導やオリンピックの準備を行ってきた大日本体育協会や競技団体では、ヘルシンキ大会参加を視野に入れつつも、多かれ少なかれ「国民体位の向上」という時局の方針に沿って、事業内容を変更するよう迫られた。大日本体育協会機関誌は、東京がオリンピック開催地として正式に立候補して間もない一九三三年の一月に、『アスレチックス』から『オリンピック』に改題していたが、オリンピック返上後の一九三八年一〇月に、さらに『体育日本』へと改題した。(7)『オリンピック』から『体育日本』

への改題は、大日本体育協会がオリンピックへの参加を模索しつつも、競技スポーツを重視する従来の姿勢から、「国民体育」の推進へと転換したことを象徴的に示している。

このような状況において、東京大会返上から間もない一九三八年八月九日、日本陸上競技連盟が「東京大会返上後の対策」の一つとして発表したのが、日独伊防共一周年記念の「神火マラソン」計画である。第2章で述べたように、東京オリンピックの準備段階では、聖火リレーをめぐって様々な計画がだされて議論されていたが、正式な方針が決定する前に、オリピックの返上が決まった。しかし、オリンピックの聖火リレーを模倣するような行事が、返上後に提案されたのである。「伊勢神宮より明治神宮に至る四百余マイルのコースで御神火をリレーで運び沿道府県の青年団、中学生、女学生を小区間に分ちて衛士となして伴走せしめ戦勝祈願と共に人間運動の根本たる『走』を再認識せしめる」(『東京朝日新聞』一九三八・八・一〇)という当初の計画は、厚生省の注意によって、「聖火」ではなく「戦勝祈願を表徴する〝矛〟」を用いて実施されることになった(『東京朝日新聞』一九三八・九・六)(8)。

聖矛継走と国民精神作興体育大会

「聖矛継走」は、一九三八年一一月四日から六日まで、日本陸上競技連盟主催、文部省・厚生省後援で行われた。伊勢神宮に最初の矛を奉納した後、リレーはスタートし、三重の結城神社、愛知の熱田神宮、静岡の三島神社、神奈川の鶴岡八幡宮、東京の靖国神社、明治神宮に一本ずつ矛を奉納し戦勝を祈願した。明治神宮に奉納される最後の矛は、外苑競技場で秩父宮が出席して行われていた国民精神作興体育大会の閉会式の演出にも使われた。国民精神作興体育大会は、オリンピック返上後の時局に沿った「国民体育」のイベントとして大日本体育協会が主催したもので、聖矛継走は、この体育大会を神聖化する儀式となった。継走は、約一キロを一区間とし、先導二名、矛を持つ正選士一名、副選士二名、約三〇名の衛団で進められ（『読売新聞』一九三八・一〇・二二）、三重、愛知、静岡、神奈川、東京の一府四県総行程五二〇キロに、一万五千人が動員された（『名古屋新聞』一九三八・一一・五）。また、伊勢神宮出発の模様は、第二放送で全国に実況中継された（同前）。「聖矛継走」は、一九三八年二月に創刊された国策グラフ雑誌『写真週報』の表紙も飾っている（四〇号）。

聖矛継走は、競技や競争ではなく、神社に矛を奉納する儀式で、時局に相応しい日本的なものとして創りだされた。聖矛継走では、走る速度が定められていたほか、聖矛の受け渡しの儀礼の際には集団で一同敬礼後、「よろしくお願いいたします」「ご苦労様でした」の挨拶をかわすこと、各神社の祈願は約三〇分、一揖、二拝、二拍手、二拝、一揖の参拝方式で行うことが決められていた（『読売新聞』一九三八・一〇・二二）。継走を極度に形式化することに特別な意味が見出され、矛の神聖性が強調されたのである。矛を持って走る選士は、学生のほか、各地域の体育主事、学校長、教育部長、第三師団大佐等であった（『名古屋新聞』一九三八・一一・五）。選士や衛団には女学生もいたが多くは青年男子で、競走経験者から選ばれたようである（『東京朝日新聞』一九三八・九・六）。聖矛継走は、礼儀正しさや集団的な規律を重視し共同体を強化するイベントで、そこで重要な役割を担わされたのは、戦時下の模範的な「銃後青年」（『名古屋新聞』一九三八・一一・五）であったといえる。

図3―2は、『名古屋新聞』に掲載された聖矛継走に関する記事の一つである。右上の写真は、走者の代表（正選士）が熱田神宮で聖矛を神官に手渡す場面、右中の写真は、聖矛の引き継ぎに際して二人の正選士が恭しくお辞儀をしている場面、右下の写真は、招魂社において戦死者に黙祷後、聖矛と走者らが玉串のお祓いを受けている場面を映している。また、左上の写真は、中京高等女学校の生徒が衛団を務めていた時の聖矛継走の隊列である。恭しく神式に執り行われている儀礼と秩序立った走者の集団が、視覚的に表象されているのである。見出し

図3-2　『名古屋新聞』の聖矛継走に関する記事

（『名古屋新聞』1938年11月5日，朝刊5頁．聖矛継走の記事のすぐ隣では，翌日から少年少女オリンピックが始まることが報じられている．）

には、「選士の頬も感激に律動　武運祈る聖なる使命」（同前）とあり、感情的である。もう一つの見出しにある「菊花」とは、聖矛継走の舞台に、皇室のシンボルである菊の花が咲いていたこと、あるいは、皇室の紋章があったことを示しているといえるだろう。全体として、このイベントの意義（武運祈願、戦勝祈願）は、神官や聖矛や菊花といった象徴的なヒトやモノにより、神聖さを付与されていた。そして、右中央の聖矛の受け渡しの写真が示しているように、聖矛継走では、複数の人、複数の共同体が、協力しあうことに意味があった。同日の別頁に記載された聖矛継走の記事は、村での聖矛継走の受け入れの様子を次のように表現している。

　津市外上野村で松明に点火され、二条の火光が晩秋の夜空に尾を曳いて流れた、引継場所には高張提灯の光りに日章旗が部隊本部のやうに浮かんでゐた「おーい火が見えた、きたようだ」「おーい」と双方から嬉しい呼び合ひだ、正選士から矛が渡されると「よろしくお願ひ致します」「御苦労様でした」この簡単な応答の中には国民のガッシと組んだ結合がみられた、村と村との間に輝かしいスポーツマン・シップが誕生していくのだつた。（同前）

通過地点となる共同体は、各共同体の責任で、戦勝祈願の聖矛を次の共同体へとリレーする。各共同体がそれぞれの役目を果たすことによって、国家的な目標が達成される。このことが、『名古屋新聞』の聖矛継走の報道では、表現されていたといえる。これを目にした読者は、たとえ、自分の住む地域が聖矛継走のルートに含まれていなくても、各共同体のもつ国家的責任について認識したと考えられる。

オリンピックを想起させる聖矛継走

聖矛継走は、時局に呼応した「全体主義に則ったスポーツ」として賞賛されたが、明らかにオリンピックを想起させるイベントであった。聖矛継走の最終日、国民精神作興体育大会の閉会式に持ち込まれた矛は、金栗四三（一九一二年のストックホルム大会に出場したマラソン選手）から、孫基禎（ソンギジョン）（一九三六年ベルリン大会マラソン優勝者、当時朝鮮は日本の植民地であったため、日本代表としてオリンピックに出場）へと手渡された。この時の様子について、下村は、『体育日本』に次のように書いている。

孫選手入場して我等の前を過ぎるとき
感極まつて涙とゞめもあえない
さらに一周して金栗選手矛を手にするのとき
再び涙滂沱（ぼうだ）として流れた
そして、かつて海外の大会において

わが選手が優勝し日章旗が掲げられ
君ヶ代の奏せらるゝのときを想像した
想像したゞけで三たび涙が頬を伝はつた
（『体育日本』一六巻一二号、八頁）

聖矛継走それ自体は、神社に矛を奉納する極めて日本的な行事、あるいは、無数の人々の集団への献身を促すイベントとして意味づけられていた。だが、クライマックスで上演されたのが、日本のオリンピックでの活躍の物語であることは明らかであった。朝鮮半島出身の孫が最後に登場したことは、「日本」が朝鮮人をも含みこんだ「帝国」であることを、一層強調する。[9] また、聖矛継走の企画には、厚生省の注意で神火が戦勝祈願を表徴する矛に変更されたという経緯があったとはいえ、夜間は、先導が松明を掲げ、火を使った幻想的な光景が展開していた。聖矛継走の主催者側には、そのモデルをベルリン・オリンピックの聖火リレーに求めるという意識が強くあったと考えられる。『名古屋新聞』も、聖矛継走は、「その着想がベルリン・オリンピックにおけるアテネ―ベルリン間聖火リレーに由来する借物であったとしても、陸連が取りあげた結果のものは極めて日本的のものに消化された」（一九三八・一一・八）としている。ただ、その由来が大きく問題視されることはなく、地域の共同体意識を強化し、日本国民の精神を総動員するための理想的イベントとして各方面の支持を獲得したのである。[10]

聖矛継走は、聖火をリレーするというベルリン・オリンピックから始まった西洋の形式を引き継いだものであった。だが、「聖火」は、聖矛という日本的な伝統を象徴するものへと持ち替えられ、「継走」という形式の中で、日本の国家創造神話、礼儀正しさや集団的な規律が表象された。同時に、聖矛継走は、各地域社会の責任で、国家的に神聖なものを隣接する地域社会へと次々に継受していくものであり、共同体間の信頼関係、さらには国家全体の聖化された共同性の上に成り立っていた。それは、ベルリン大会の形式を引き継ぎつつも、聖火リレー（聖矛継走）の意味内容を転換するものであった。あるいは、礼儀正しさや集団性を日本の伝統として強調した結果、極度の形式化が進んだという点において、意味によって形式が若干修正されたともいえるだろう。聖矛継走は、幻となった東京オリンピックを記憶したものであったと考えられるが、そこでは、形式が模倣される一方、意味の読替えがなされていたといえる。

(3) よみがえる〈オリンピック〉

聖火・継走の流行

聖矛継走以降、オリンピック聖火リレーの形式的模倣が頻繁に行われるようになった。「矛」が採用されたのは国民精神作興大会の時だけで、ほとんどの場合で「火」が使われた。速さを競う競走とは異なり、秩序だった集団的結合を重視する「継走」も、流行した。

特に明治神宮大会等の体育イベントでは、オリンピックの聖火を模倣したような演出が欠かせないものになっていった。明治神宮大会では、一九三七年の第九回大会閉会式で、「正面スタンド前に並べられた篝火(かがりび)があかあかと点火」（宮木、一九三八、一七頁）されたようだが、この時はまだ、それほど篝火の演出が社会的なインパクトをもっていたとは考えられない。大会報告書には、「従来やりつぱなしの感ありし終了時に、今回は特に厳粛なる閉会式を挙行」したことは、「国民精神作興の現はれ」（同前、二一―二三頁）等の記述がみられるが、新聞紙面では、この閉会式の模様は、ほとんど報道されていない。また、この時には、まだそれをリレーする発想はなかったと推察される。

しかし、東京オリンピック返上と国民精神作興体育大会の開催を経て、明治神宮大会におけるオリンピックの聖火を形式的に模倣するかのような演出は、大掛かりなものに変化した。一九三九年の第一〇回大会の閉会式では、大会総裁秩父宮が出席するなか、金栗や、今大会のマラソンで優勝した呉東祐（朝鮮）、一万メートルで優勝した村社講平など二〇名の長距離選手によって、明治神宮の神火がスタジアムに運びいれられ、約三〇〇名が掲げる松明に点火された（厚生省、一九四〇、四八頁）(11)。新聞も、聖火の演出を中心に報道していて、『東京朝日新聞』は、「戦ひのあとに聖火燦」（一九三九・一一・四）、『読売新聞』は、「聖火は映す尊き御姿」（一九三九・一一・四）という見出しで、両紙とも、沢山の松明が燃えている幻想的な閉会式の写真を掲載している。

聖火リレーを形式的に模倣した演出は、国際競技大会でも採用された。一九三九年九月一日から九月三日にかけて新京で開催された日満華交歓競技大会では、日本選手団が運んできた明治神宮の発火具によって新京神社で火が起こされ、その火と、前年満洲各地の霊廟からリレーで集められ新京神社で燃え続けていた火とが合わせられて、中国チームの持ってきた孔子廟の聖木に灯された。その火は、競技場の聖火台に「興亜の光」（松澤、一九三九、九頁）として点じられ、大会期間中燃やされ続けた(12)。日満華交歓競技大会では、日本選手団の出発前に、皇居遥拝、国歌斉唱、秩父宮下賜の大日章旗を捧持しての結団宣言が、オリンピック時と同様に行われており、体育関係者のオリンピックに対する認識が大会運営にもそのまま持ち込まれたと考えられる（同前）。

聖火リレーの形式的模倣イベントには、新聞社の事業として開催されたものもあった。朝日新聞九州支社と日本観光連盟九州支部の共催で行われた御神火九州継走は、青年たちが集団で足並みをそろえて走り、神社に神火を奉献してまわるという、聖矛継走とよく似たイベントであった（図3―3）。一九三九年二月一一日（紀元節）に高千穂峰山頂で国威宣揚、武運長久、敵国降伏の大祈願祭を実施し、一四日間かけて各地の官国幣社に参拝し

図3-3　御神火九州継走の様子
（『御神火九州継走大会記念写真帖』朝日新聞社，1939年，19頁［朝日新聞大阪社史編修センター所蔵］）

ながら九州を一周した。九州一周を駆け巡った神火は、最終日に霧島神宮に奉納されている。神火は、沿道の官国幣社以外の神社にも分火され、さらに希望家庭にも再分火された（『アサヒ・スポーツ』一七巻五号、一九―二〇頁・一七巻六号、二〇―二二頁）。

出雲大社の聖火がニューヨーク万博へ

体育イベントではないが、一九三九年春のニューヨーク万博へは、ミス・ニッポンの月本暎子（つきもとあきこ）によって、出雲大社の神火が日米親善の聖火として運ばれた。『読売新聞』では、ニューヨーク博覧会協会東京事務長藤田国之助が、その意義を次のように説明している。

> わが国神代からの聖火が、このやうに現代にまでそのまゝの発火様式を残して伝へられてゐるところに、神国日本の大きな意義があるのです。そして

この重大時局に、日本の真の姿を世界各国にはっきりと認識させる重要な役割をもつ国際親善使節の手に、この聖火が握られ、はじめて海を渡るといふところに今回の意義があるので、単に物珍らしい宣伝手段のためやオリンピックの模倣程度に考へて騒ぎたてることは躊躇(ちうちょ)しなければならぬことだと思ひます。海を越え、地球を廻つて行く聖火、これはわが神国日本が世界にしめす八紘一宇の精神を象徴したものでなければなりません。（一九三九・五・四）

藤田は、今回のニューヨーク万博へ聖火を運ぶことがオリンピックの模倣であることを否定している。だが、ここでわざわざ「オリンピックの模倣ではない」と宣言しなければならないほど、一般に「聖火」は「オリンピック」を連想させるものであったのだろう。藤田は、出雲大社の聖火を用いて、神国日本の八紘一宇の精神を世界に示すとしている。東京オリンピックの聖火リレーが国外から実施されていたとしたら、ギリシャの火が用いられたはずであり、国内から実施されていたとしても、国内で採火された火が海外にもたらされることはなかった。このように考えると、ニューヨーク万博に出雲大社の聖火を持っていったことは、東京オリンピックの聖火リレーという枠組みでは到底実現できなかった、高次元の対外宣伝を試みたものだと理解することもできよう。

ただ、このイベントは、外に向けた国威の発揚というよりは、出雲大社の聖火が「日米親善の焔」（『写真週報』六六号）と名付けられていたことからわかるように当時の日米関係の緊張緩和を目的としていた。出雲大社のある島根の新聞『松陽新報』によると、月本は、過去に五回も渡米経験があって語学にも堪能であり、東京での式典にはジョセフ・グルー米国大使らが出席、サンフランシスコやニューヨークでも月本と聖火は大歓迎をうけた（『松陽新報』一九三九・五・四、五・一〇、五・二七、六・三）。このイベントは、おおむね日本側の思惑通りに進み、『ニューヨーク・タイムズ』も、出雲大社は日本最古で縁結びの神様として有名であり、一万一〇〇〇(マイル)もの距離をミス日本によって運ばれてきた聖火は日米両国の平和と友好の歴史が一五〇〇年間燃えている出雲大社の火のように輝かしく永遠に続くようにという日本国民の気持ちの象徴であると報道している（*The New York Times*, 1939.6.2-3）（図3―4）。

島根県では、出雲大社でニューヨーク万博のためにおこされたのと同じ聖火が、地元小学校長のリレーによって、日御碕(ひのみさき)神社、須佐神社、熊野大社、神魂(かもす)神社、護国神社、佐太(さだ)神社、美保神社と運ばれていった。昼夜兼行で約二〇〇キロもの聖火継走であったという（『松陽新報』一九三九・五・八―九、『シマネ文化』五巻五号、三六―三七頁）。一方の聖火は、「日米親善」を掲げてニューヨークに向かい、もう一方の聖火は、島根県内の神社を「皇軍の武運長久」を祈願してローカルにリレーされていったのである。後者のほうは、島根県体育協会の計画であり、体育イベントの中での聖火リレーの模倣と理解できるだろう。

紀元二六〇〇年の聖火リレー

東京オリンピックが開催されるはずであった一九四〇年には、各地で紀元二六〇〇年を記念する催しが行われた。この紀元二六〇〇年記念の催しでも、「聖火」や「継走」が、行事の重要な要素となった。

一九四〇年二月には、京城日報社が伊勢皇大神宮聖火奉遷継走を行った。これは、伊勢神宮の聖火と火鑽具(ひきりぐ)を、釜山から京城（ソウル）までの五五九キロを一週間かけて青年団代表の手で運び、朝鮮神宮に奉納するもので、『京城日報』は、沿道の住民が総出になって聖火を迎え入れる様子を連日報じた（一九四〇・二・四―一〇）。図3―5のように、聖火と日の丸を掲げて走る青年に向かって朝鮮の人々がひざまずいている写真もある。聖火は、二月九日に朝鮮神宮に到着した後、紀元節（二一日）まで燃やされ、希望者にも頒火された。「内鮮一体」の思想が、聖火リレーのかたちで表現されたのである（浜田、二〇一五）。

JAPANESE "FLAME OF FRIENDSHIP" DELIVERED AT WORLD'S FAIR

Miss Akiko Tsukimoto as "Miss Japan" presenting symbol to Grover Whalen at yesterday's ceremonies on the exposition grounds. Standing with Mr. Whalen are Kensuke Horinouchi, Japanese Ambassador to the United States; Mayor La Guardia and Consul General Kaname Wakasugi.

図3-4　ニューヨーク万博に届けられた出雲大社の聖火
（*The New York Times*, 1939.6.3, p.6）

図3-5　『京城日報』の伊勢皇大神宮聖火奉遷継走
（『京城日報』1940年2月6日，朝刊7頁）

一九四〇年五月には、名古屋新聞社が、天皇の橿原神宮参拝の際に神前に供える祭器の窯入れの古儀を行い、その中で、熱田神宮の神火のリレーを実施した（『名古屋新聞』一九四〇・五・二九―三〇）。一九四〇年六月には、日本、満洲、中国、フィリピン、ハワイが参加して、前年の日満華交歓競技大会よりも大きな規模の国際的なスポーツ・イベントとして紀元二六〇〇年奉祝東亜競技大会が東京と関西で行われた[13]。これは、一九四〇年東京オリンピックの代替として位置づけられた国際競技会であった。この東亜競技大会でも、閉会式の演出に火が使われた。その模様は新聞でも写真つきで報道され、ニュース映画にも収録されている（『東京朝日新聞』一九四〇・六・一〇、『読売新聞』一九四〇・六・一〇、「日本ニュース」一号、一九四〇年六月一一日）。

一一月初旬の神宮大会（紀元二六〇〇年奉祝明治神宮国民体育大会）でも、閉会式で同様の演出および報道がみられた（図3―6）。また開会式にあわせて、二〇日間にわたる奉祝継走が行われた。青森、樺太、秋田、茨城、福井、新潟、鹿児島、沖縄、宮崎、長崎、徳島、高知、愛知、島根、和歌山、台湾、朝鮮（釜山）、関東州（大連）を出発点とし、朝鮮・台湾総督、北海道庁長官、各府県知事の書いた奉祝文が、各地の住民で組織された「奉祝継走隊」のリレーで外苑競技場まで運ばれたという（厚生省、一九四一、五六三―五九五頁・「日本ニュース」二一号、一九四〇年一〇月三〇日）。他にも一九四〇年一一月二七日から一二月六日には、神宮大会の一部として、宮崎・畝傍間駅伝競走が行われた。これは、神武東征のコースを駅伝するというイベントで、宮崎県の八紘台広場でスタート前の式典が行われた（同前、五五二―五六三頁）[14]。第5章で詳述するように、八紘台広場は、紀元二六〇〇年記念事業で整備された場所であり、一九六四年東京オリンピックで聖火リレーの式典が行われる場所である。

他にも一九四〇年一一月一三日には、明治神宮外苑競技場で紀元二六〇〇年東京市奉祝会が開催された。「日本ニュース」は、この開会式の冒頭において、「橿原神宮からお迎えした御神火」が「国旗掲揚塔下の篝火に遷

聖火に拜す尊き御姿

十萬の萬歲 神苑に谺す

體育祭典

〝産報〟こそ本然の姿

生みの親の感慨

假出所の恩典

〝菊の佳節〟を彩る

法服に

図3-6　『読売新聞』の紀元2600年奉祝明治神宮国民体育大会閉会式報道

(『読売新聞』1940年11月4日，朝刊3頁．神宮大会は1940年も外苑競技場で開催された．閉会式には三笠宮が出席していた．皇族が出席して聖火が燃えつづけ，外苑競技場では「聖地」とよぶにふさわしい光景が繰り広げられていたといえよう．)

火された」と報じている。このニュース映画によれば、その後、二六〇〇羽の鳩が放たれ、参加者の一斉体操が行われた。東京市主催で外苑競技場が会場ということもあって、どこかオリンピックを彷彿させる式典の内容となっている（「日本ニュース」二二四号、一九四〇年一一月二〇日）。

聖火リレーの消滅

ここまでみてきたように、一九四〇年東京オリンピックの返上以降、聖火リレーを模倣するかのようなイベントが一種の流行となった。マス・メディアでは、聖火リレーの模倣イベントが日本の伝統に由来することがはじめのうちはよく語られたが、その背後には、それらがオリンピックの聖火リレーに由来するものであるとの意識があった可能性が高い。返上後のオリンピックの聖火リレーの形式的な模倣は、日本と西洋との文化的な連続性と、日本の国家的伝統の両方を体現していたといえる。だからこそ、これらのイベントは、国民のなかに存在していた様々な立場からオリンピック東京大会開催を待ち望む気持ちを戦時下のイデオロギーに沿うかたちで吸収し、一定の盛り上がりをみせたのである[15]。

聖火リレーの形式的模倣は、太平洋戦争が始まった頃を境に行われなくなった。一九四一年の神宮大会の報告書には、「従来ともすれば一部で外国の模倣であると言はれてゐた華麗な閉会式を日本化する為に、前年大会には日没後『光』を利用して絢爛たるものであつたが研究の成果『光』を用ひざることとし、日没時の壮厳さの裡に閉会式を終ること」（厚生省、一九四二、二五四頁）としたとある。だが、聖火リレーは、戦後再開された体育イベントにすぐに再登場した。このことについては、第5章で取り上げる。

返上後の「オリンピック」

〈東京オリンピック〉を彷彿とさせたのは、聖火リレーの模倣イベントだけではなかった。スポーツ競技会としては、日満華交歓競技大会や東亜競技大会が、東京オリンピックの代わりとなる国際競技会として位置づけられていた。他にも、小規模ながら「オリンピック」の名称を冠した子どもの競技会も催された。

名古屋市では、一九三七年一一月、わかもと本舗栄養と育児の会が「第二の国民の体位向上を念願として」（『名古屋新聞』一九三七・一一・一二）、第一回名古屋市少年少女オリンピック大会を開催、新愛知新聞社と名古屋新聞社が後援した。この大会は、一九三九年一一月に開かれた第三回大会まで続いた。

似た催しとして、一九三九年五月二七日（海軍記念日）には、大阪毎日新聞社神戸支局主催で国際学童オリンピックが開かれた（図3―7）。国際学童オリンピックには、三一ヵ国の神戸在住の子供が参加し、五輪旗掲揚、国別入場行進などが行われた。その様子は、「返上された〝東京オリンピックの壮観〟をそのまゝに繰りひろげるこの催し」（『大阪毎日新聞』一九三九・五・二六）、「返上した東京大会の夢」を「小型ながらも現実化」（『体育日本』一七巻七号、三二頁）などと表現された。

一九三二年ロサンゼルス大会の頃から、日本の新聞社は、オリンピックの際に、派遣費や応援歌の募集、選手の歓送会・講演会などを企画・開催するようになった。こうした新聞社によって作り出されたイベントは、日本の人々に、日本にいながらにしてオリンピックと深く関わる体験を提供していた。一九四〇年の東京オリンピック開催が決定すると、時事新報社は、上野公園でオリンピック博覧会を開催した（『時事新報』一九三六・一〇・一八）。函館日日新聞社は、東京オリンピックの団体観戦の計画を発表、四年後に向けて観戦費用の積み立てを行う読者を募集した（函館日日新聞社、一九三八、七一―七三頁）。日頃からスポーツを報道しスポーツ競技会を主催・後援していた新聞社は、東京オリンピックにも熱い視線を注いでいた。その新聞社もまた、東京オリンピックを諦めきれず、「時局」に沿う範囲で「オリンピック」を実現しようとしていたのである。[16]

國際學童 オリンピック

多彩の『お國色』

幼き胸・祖國の名譽に躍つて

港都に美し・交歡競技

【上】國旗かざして選手入場【下】日本代表と外人代表の握手

図3-7 『大阪毎日新聞』の国際学童オリンピック

(『大阪毎日新聞』1939年5月28日，夕刊2頁)

「民族の祭典」「美の祭典」の公開

東京大会返上後に、オリンピックをよみがえらせたものとしては、他に、ベルリン大会記録映画がある。ベルリン大会の記録映画「オリンピア」は、今日でもドキュメンタリー映画の名作として、よく知られている。監督は、レニ・リーフェンシュタールで、彼女の指揮下で、多数のカメラマンとスタッフが働いた。リーフェンシュタールは、臨場感あふれる映像を撮影するため、組織委員会や競技団体と交渉して、スタジアム内にカメラマンが入って撮影を行うための溝や高所から撮影を行うためのタワーを設けること、空からの映像をとるために気球を打ち上げることなどを認めさせた。望遠レンズを使って、選手のクローズ・アップも撮影された。また、照明や天候の関係で本番の映像が撮影できなかったものは、選手や一般の人々の協力で、後日、収録が行われた。こうして撮影されたフィルムは、一三〇万フィート（約四〇〇キロ）の長さとなり、その編集には二年近くかかった。記録映画は「民族の祭典」「美の祭典」の二部作からなる計四時間弱の超長編作品として完成し、一九三八年四月二〇日、アドルフ・ヒトラーの誕生日にドイツで公開が始まった。(17)

「オリンピア」に関しては、大会後、かなりの間を置いて公開される映画には需要はないのではないかといった懸念があったようである。(18)しかし、蓋をあけてみれば、ドイツ人は、オリンピックを美しく再現した映画に酔いしれるばかりであった。これは、日本においても同様であった。映画は、日本では、一九四〇年の八月に「民族の祭典」が、一二月に「美の祭典」が一般公開された。坂上（二〇一二）によると、「オリンピア」の配給契約は一九三八年七月にはすでに成立していたが、輸入映画に規制が課されていたことから当局から輸入許可が出たのは、一九四〇年四月のことであった。制作が長期に及んだことに加えて輸入にも手間取ったことから日本での公開はさらに遅れ、結果として東京でのオリンピック開催が予定されていた一九四〇年に公開されることになった。そして「民族の祭典」「美の祭典」は、多数の観客を動員した大ヒット映画となった。「民族の祭典」は、八月末までに、公開から約一ヵ月の東京で三五万、そのほかの地域は公開からまだ二週間であったが京阪神で五五万、名古屋で一〇万、静岡、新潟、福岡、大連、新京などを含めると一〇〇万人を遥かに超える観客を集めた（『キネマ旬報』七二九号、八六頁）。戦時下の映画雑誌統制の結果うまれた『映画旬報』の一九四〇年度優秀映画選衡（いわゆるキネマ旬報ベストテン）で、「民族の祭典」は外国映画第一位、美の祭典は第五位にランクインした（『映画旬報』四号、八頁）。

よみがえるオリンピックの記憶

「民族の祭典」「美の祭典」では、日本選手（朝鮮出身の孫・南昇竜（ナムスンヨン）選手を含む）が比較的多く登場し、特に棒高

図3-8　「民族の祭典」の公開
（『キネマ旬報』1940年5月1日号，9頁）

跳でアメリカ選手と日本選手が接戦を繰り広げる場面、三段跳とマラソンの表彰式で日の丸が揚がり、君が代が流れる場面も捉えている。これを見て、四年前の感激を思い出したという人は少なくなかった（坂上、二〇一二）。「四年前」と「実際の現在」と「ありえたかもしれない現在」を重ね合わせるような言説が、新聞や雑誌、そして都市空間の中でみられたのである。

映画の公開に際しては、「一九四〇年オリムピアはスクリーンで御覧下さい」（『キネマ旬報』七一四号）といった宣伝文句が用いられた（図3―8）。京都の圓山公園におけるオリンピアの夕べには、ベルリンの陸上一万メートルに出場した村社講平が登壇し、大阪そごうで開催されたオリンピア展には前畑秀子が来場した（『東和商事合資会社社史』）(19)。『読売新聞』には、戦地にいるベルリン大会の優勝者、田島直人（たじまなおと）の手記が掲載された。田島は、戦地でオリンピア・フィルムを見ることができないことを残念がるとともに、四年前のベルリンでリーフェンシュタールが編集中のフィルムを見た思い出を語っている。手記の最後には、次のようにある。

あれから四年にならうとしてゐる。六十余ヶ国の若人がグリユネワルトの丘に醸し出した溌剌としてゐるが、その中に得も云はれぬ和かさをたゝへた雰囲気は場面一杯に溢れ観る者を五（ママ）年前のベルリンに快くひきこんでしまふだらう。それにしても今日の世界は何と変つた姿を呈してゐることか。あの時、祖国の名誉を双肩に担ひつつも和気藹々（わきあいあい）の裡（うち）に平和の戦を闘つた若人が今は銃を執つて敵と味方に別れてしまつた。我が鈴木聞多君を始めとしてこのフイルムに現れて今は亡き人達も数多いことだらう。世界に再び健全な平和が訪れて第二の民族の祭典が開かれる日を待つこと切である。（『読売新聞』一九四〇・六・一四）[20]

かつてのオリンピック選手たちが、今は戦場にいる。そして幾人かは戦死してしまった。四年前を懐かしく思い出し現状を嘆くことは、観客の個人レベルでなされていたのではない。その感情は、映画の外側（新聞や雑誌）で語られることによって、映画を観た者はもちろん映画をまだ観ていない者にも波及し、広く社会的に共有されていったといえる。

同じく一九四〇年、『文学界』の九月号には、「オリンポスの果実」という小説が掲載された（田中、一九四〇）。一九三二年ロサンゼルス・オリンピックの漕艇に出場した田中英光（たなかひでみつ）による自伝的小説である。小説では、ロサンゼルスに向かう途中の船内で、同乗していた高跳びの女子選手に主人公が抱いた恋心が延々と綴られていて、かつてのオリンピック選手たちが建前では国民の期待を背負って国家を代表して戦う使命感に燃えつつも内実は私的な感情・欲求に支配されていたこと、その選手たちが今は戦地に散らばり命を落とした者もいることが提示される。「オリンポスの果実」が一九四〇年に発表されたことは偶然の要素が強かったようであるが[21]、この作品が「民族の祭典」「美の祭典」と同時期に世に出たことによって、四年前、あるいは八年前に国民が一緒になって熱中したオリンピック、そして一九四〇年に開催されるはずであった東京オリンピックの残像が浮かび上がってきたといえる。

注

（1）副島と徳川の電報には一九四四年大会という具体的な時期が示されているが、これは、二人が、これまでには戦争が終結してオリンピックが開催できるだろうという楽観的見方をしていたことを示唆している。

（2）ＩＯＣは東京オリンピック返上に向けた日本国内の動きをかなり正確に把握し、一九四〇年大会のヘルシンキ開催の可能性を探っていた。それゆえ、東京大会返上からほとんど日数をあけず、一九四〇年大会のヘルシンキ開催が正式に発表されたのである（Collins, 2007, pp.165-166）。

（3）ただ、ラツールの東京大会に対する対応および評価について分析した中村（二〇〇九）によると、ラツールは、組織委員会の準備が遅れ、オリンピックの従来の慣習からの逸脱もみられることに、かなり苛立ちをみせていたようでもある。

（4）オリンピックに対する理解を高めようという動きは、東京大会決定直後から行われ、文部大臣平生釟三郎（ひらおはちさぶろう）は一九三六年九月三日に「オリムピツク東京開催と我国民の覚悟」と題した講演をラジオで行い（平生、一九三六）、一〇月には文部省のオリンピック教育のパンフレットの配布も始まったようである（『東京朝日新聞』一九三六・一〇・四）。組織委員会では、その後決定した宣伝方針に基づき、様々な国内向けの刊行物を発行するという計画を立てていたが、そのほとんどが計画倒れに終わったようである。

（5）一九四〇年の札幌大会については、アメリカの冬季スポーツ界では札幌支持が多数派であるとの書簡が、ブランデージからＩＯＣラツール会長へと送られている（Letter from Avery Brundage to Baillet-Latour, April 27, 1937 [OSC: C_J05_1940_001_SD5]）。

（6）本文では、ヘルシンキ大会参加や東京オリンピック再招致の動きを中心に述べたが、東京オリンピック関連の建設計画の中には最後まで遂行されたものが少なくなかったことも一九四〇年大会の遺産を考える上では重要である。大日本体育協会では、東京府、東京市、埼玉県に対し、芝浦自転車競技場、中央体育館、戸田競漕場の建設を陳情した（大日本体育会、一九四六、八七—八八頁）。東京市中央体育館は神田駿河台に東京オリンピックにあわせて新設されバスケットボールと体操の会場となる予定であった（東京市役所、一九三九、一二三—一二六頁）。この体育館の建設計画は、大会返上で一度は宙吊りとなるが、のちに工事が開始され、一九四一年三月に完成した。体育館は岸清一の相続人からの寄付によって建てられたことから、「岸記念体育会館」と名付けられた（大日本体育会、一九四六、六六—六八頁）。戸田漕艇場も、一九四〇年一〇月に完成した（戸田市、一九八七、三八一—四〇一頁）。芝浦自転車競技場は、大学生の勤労奉仕により建設が途中まで行われていたが、結局完成しなかったようである。
(7) この改題が、読者から新しいタイトルを募るという民主的方法によって行われたことは、何とも皮肉である（『オリンピック』一六巻九号、三三頁）。
(8) 矛は、神事において神を招くためにもつ宗教具の一つである。
(9) 孫がベルリン大会での優勝により、日本と朝鮮民族それぞれの英雄となり、それゆえ朝鮮の代表として日本の植民地政策の網の目のなかに組み込まれ「内鮮一体」の象徴としての役割を担わされていたことについては、金（二〇一七）の第七章で詳しく論じられている。
(10) 他にも『東京日日新聞』（一九三八・一一・八）は、「戦勝祈願聖矛継走は終始『走る』ことの意識を沿道に宣揚すると共に、敬神愛国の念を鼓吹することに多大の効果を奏したと評することが出来る、従つてこの成功を基礎として二千六百年祝典には日向から橿原へ、東京へのコースを選び『走る』もの、総動員を企画化すべきである」と評価した。
(11) 村社は、ベルリン大会に出場し陸上五〇〇〇メートルと一万メートルで四位に入っている。小さな身体で奮闘する姿が喝采を受けたとされ、ベルリン大会で活躍した日本選手を代表する選手の一人である。
(12) 高嶋（二〇一二）によると、日満華競技大会の聖火は三ヵ国がそれぞれ準備することになっていたが、満洲国が聖火を日本から運ぶよう強く要請したという（五四頁）。
(13) 東亜競技大会については、小澤（二〇〇九）、高嶋（二〇一二）といった研究がある。
(14) 紀元二六〇〇年奉祝明治神宮国民体育大会で実施された奉祝継走と宮崎・畝傍間大駅伝競走については、高嶋（二〇一二）に詳しい。
(15) ただし、戦時下の聖火リレーの形式的模倣の多くは、国内や地域社会のイベントとして行われ、全てのマス・メディアがこれらのイベントを大々的に報道したわけでもない。国民精神総動員という意図があったとはいえ、これらのイベントに組み込まれなかった層が地域によっては存在したと考えられる。例えば、御神火九州継走は、朝日新聞九州支社の主催事業で、図3—3にあるように、『御神火九州継走大会記念写真帖』からは、各地で神火が大勢の人々に迎えられていたことがわかる。また、『大阪朝日新聞』の地方面（北九州版、福岡版、長崎版、佐賀版、大分版、熊本版、宮崎版、鹿児島沖縄版）は、歓迎準備から地元神社での儀式の様子まで、御神火継走関連のニュースを大きく扱っている。しかし、『東京朝日新聞』での扱いは小さく、九州以外に住み朝日新聞以外の新聞を購読する人々に御神火九州継走はほとんど知られていなかっただろう。聖矛継走についても、

『体育日本』には、宇治山田から東京までの沿道各地が継走を熱狂的に歓迎していたのに対して、東京の人々が冷淡であったとある（川崎、一九三八）。

(16)　ここに挙げたもののほかに、一九四一年一月に、大日本体育協会主催、名古屋新聞社後援で「美と力の展覧会」が開催されている（『名古屋新聞』一九四一・一・九）。

(17)　映画の撮影及び編集上の工夫については瀬川（二〇〇一）、レイ・ミュラー監督「レニ」（一九九三年公開）に詳しい。

(18)　リーフェンシュタールの回想には、記憶違いの部分が少なからずあると考えられているが、彼女は、『回想』のなかで、数年かけて編集するというアイデアに宣伝大臣ヨーゼフ・ゲッベルスなどがあきれ返っていたと書いている（リーフェンシュタール、一九九五、三六四―三六七頁）。また、ベルリン大会前後にドイツに在住していた伊藤太郎も、ベルリン大会の記録映画は、人々は長くても一ヵ月もすれば見られると思っていたが、一向に完成しないので、「ヒトラーの後援がなくなった」「フィルムが盗まれた」などの様々な噂が立ったと述べている（伊藤、一九四〇）。

(19)　映画を配給した東和商事には、一九四〇年六月開催の東亜競技大会と連携して「民族の祭典」の宣伝を行う計画があった。東亜競技大会は実際には観客が少なく「民族の祭典」の宣伝に用いることはできなかったはずだが、東亜競技大会の際には、各国選手を集めて「民族の祭典」が上映されたという（高嶋、二〇一二、八二―八五頁）。

(20)　田島は、その後、中国の戦地で映画を鑑賞する機会を得たようである。その感想は、一九四一年一月一三日の『読売新聞』に手記のかたちで掲載されている。また田島の手記で言及されている鈴木聞多（すずきぶんた）（一九三九年七月に中国で戦死）の兄が「民族の祭典」の試写会に招かれ弟をスクリーンの中に見つけて感激したという記事は、『東京朝日新聞』（一九四〇・五・七）にある。

(21)　田中は、一九三八年七月に応召されて中国戦線に送られ一九四〇年一月に帰還、横浜護謨（ゴム）製造株式会社京城支店に勤めた。一九四〇年三月下旬に社用で上京した際に、応召前から書き続けていた小説「杏の実」を持って、かねてから文通をしていた太宰治を訪ねた。この小説「杏の実」が、太宰によって「オリンポスの果実」と名付けられ、太宰の紹介で『文学界』に掲載されたのだった（島田、一九六五）。

第4章　戦後の国際社会への復帰とスポーツ

一九四五年八月、日本は敗戦をむかえた。オリンピックは、一九四〇年、一九四四年の両大会が中止となり、一九四八年にサンモリッツで冬季大会、ロンドンで夏季大会が開催された。オリンピックは、一二年間中断していたことになる。

結果から先に述べると、日本は一九四八年大会への参加は認められず、日本のオリンピック復帰は一九五二年大会である。一九五二年の二月にオスロで開催された冬季大会では、日本からの参加は一三選手にとどまっており、本格的な日本のオリンピック復帰は夏のヘルシンキ大会であった。オリンピック復帰とほぼ同時に、東京オリンピック開催に向けた動きもみられるようになる。オリンピック東京再招致の希望は、サンフランシスコ講和条約発効直後の一九五二年五月に公式に表明され、ヘルシンキ大会の開幕が目前に迫った同年七月二日、正式に招聘状がＩＯＣ本部に提出された。

日本は、一九三六年から一九五二年までの間、オリンピックに一度も参加しなかったが、この一六年間が、オリンピックに関して全くの空白期間であったわけではない。一九三六年ベルリン大会終了後、東京オリンピックの準備が各方面を巻き込んで進められていたこと、東京オリンピック返上後もオリンピック再招致に向けた動きはみられオリンピックを彷彿とさせるようなイベントがそれなりに多くあったことは、すでにみてきた通りである。オリンピックをめぐる動きは、一九四〇年代に入るとほとんどみられなくなるが、戦争が終わるとすぐに、浮上してくる。占領下で国際スポーツへの復帰が模索され、一九六四年の東京オリンピック開催に向けた基礎が固められるのである。

本章では、一九四五年八月の敗戦から、一九五九年五月にＩＯＣミュンヘン総会でオリンピック東京開催が決定するまでを対象に、日本の国際スポーツおよびオリンピックに関係する動きをみていく。

(*1*)　戦後のスポーツ

競技会の再開

戦後の焼け野原ではスポーツやオリンピックのことを考える人などいなかったのではないかと思えるが、戦時中に中断していたスポーツが再開されるまで、それほど長い時間はかからなかった。甲子園野球（全国中等学校優勝野球大会・全国選抜中等学校野球大会）は、実質的に一九四一年の夏の大会から中断していたが、「玉音放送」からちょうど一年となる一九四六年八月一五日に、夏の大会が開幕した。国民体育大会も、一九四五年の年末に大日本体育会理事の会合で発案され、一九四六年の八月九日から一一日にかけて夏季大会（水泳）、一一月一日から三日にかけて秋季大会（陸上、バスケットボール、バレーボール、ハンドボールなどの二四種目）、一九四七年の一月二五、二六日に冬季大会（スケート）が開催され、選手役員あわせて七〇〇〇人以上が参加した。参加章のモチーフには、炬火（聖火）が採用され、炬火は第一回大会終了後に国民体育大会のシンボルマークになった（日本体育協会、一九九八）。オリンピック返上後に体育イベントの演出として欠かせない要素となっていた聖火が、戦後の国民体育大会のシンボルとして用いられたのである。

『朝日新聞』には、一九四五年八月二六日に、早くもオリンピックの記事が掲載されていて、一九四八年に次回オリンピック大会が開催されること、開催地はこれから投票で決まることを伝えている（図４―１）。一九四六年二月一六日には、小さくはあるが、次回のオリンピック開催地がロンドンに決定したという記事が載った。ただし、ＧＨＱのスポークスマンが日本とドイツの大会参加は許されないだろうとの声明を即座に出したと報じられたことからわかるように（『朝日新聞』一九四六・二・一九）、日本がこの大会に参加できるかは微妙なところであった。

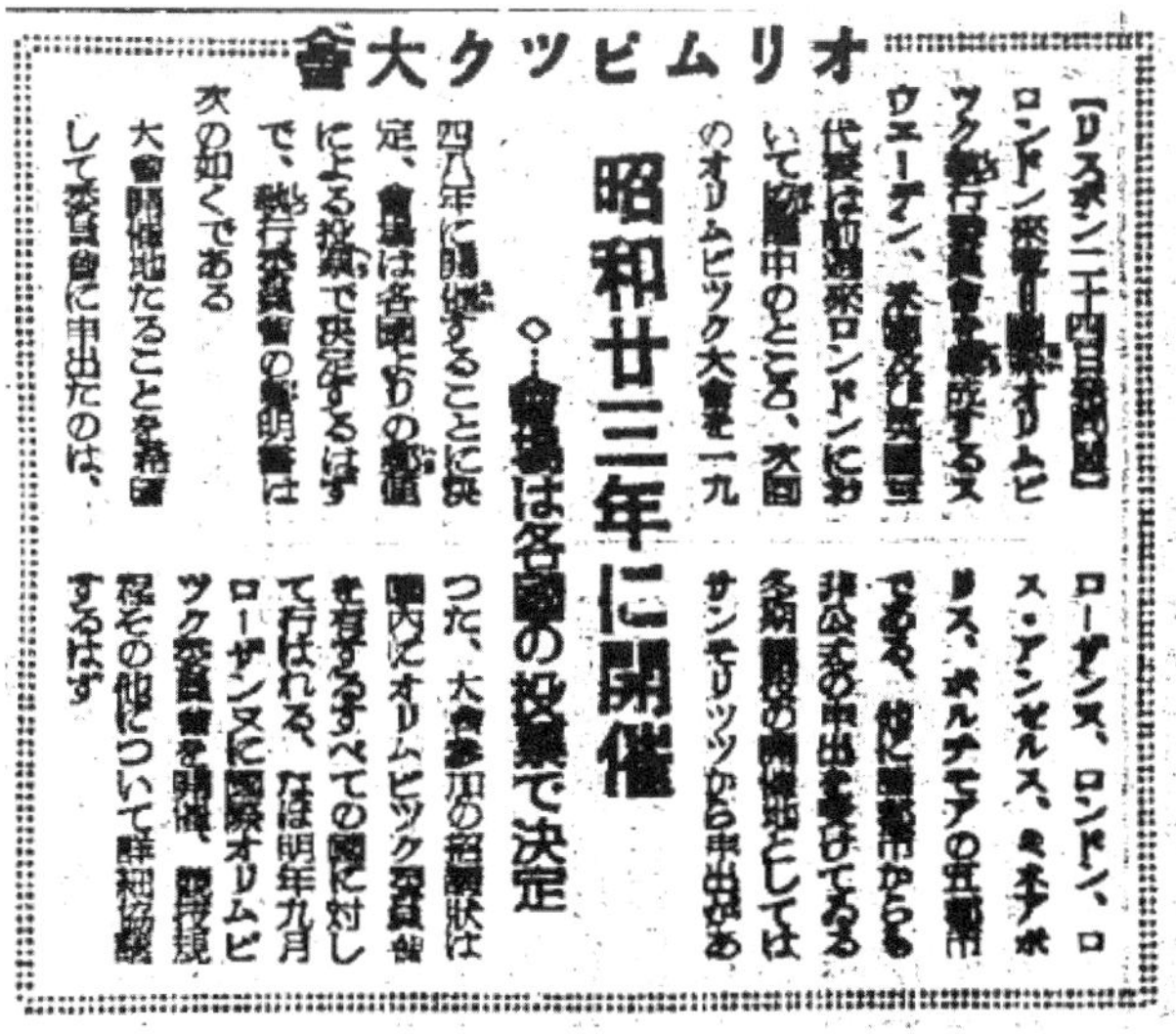
オリムピツク大會

昭和廿三年に開催

會場は各國の投票で決定

【リスボン二十四日發同盟】ロンドン來電＝國際オリムピツク執行委員會を構成するスウエーデン、米國及び英國の代表は前週來ロンドンにおいて會議中のところ、次回のオリムピツク大會を一九四八年に開催することに決定、會場は各國よりの申請による投票で決定するはずで、執行委員會の聲明書は次の如くである

大會開催地たることを希望して委員會に申出たのは、ローザンヌ、ロンドン、ロス・アンゼルス、ミネアポリス、ボルチモアの五都市であるが、他に數都市からも非公式の申出を受けてゐる、冬期競技の開催地としてはサンモリッツから申出があつた、大會參加の招請状は國内にオリムピツク委員會を有するすべての國に對して行はれる、なほ明年九月ローザンヌに國際オリムピツク委員會を開催、競技規程その他について詳細協議するはず

図4-1　敗戦直後のオリンピックに関する記事
（『朝日新聞』1945年8月26日，朝刊2頁）

ロンドン・オリンピックへの参加を模索

日本のスポーツ関係者は、一九四八年に開催されるはずのロンドン大会への参加を目指した。戦時中の大日本体育会は政府の外郭団体化されて独立を抑制されていたが、一九四六年一二月に、日本体育協会に改組

され民間団体となった（日本体育協会、一九五三、五三頁）。日本体育協会は、自らが日本を代表するオリンピック委員会（ＮＯＣ）であることを寄付行為に明文化し、ＩＯＣ委員永井松三を介してＣＩＥ（民間情報教育局）と交渉、一九四七年一月一五日には、オリンピック準備委員会を設立した（和所ほか、二〇一三）。

アメリカも、日本のロンドン大会参加には、おおむね好意的であった。日本のオリンピック参加に消極的であるという新聞記事もはじめは一部にはあったが（『朝日新聞』一九四六・一二・五）、後になると、一九四六年九月にＩＯＣ副会長に就任したブランデージも、アメリカの体育協会書記長のフェリスも、日本のオリンピック参加を支持したようである（『朝日新聞』一九四六・一二・二八、一九四七・二・一六―一七）。[1]特にブランデージは、日本がオリンピックを通して国際社会に戻ることを期待していた。

ブランデージが一九四七年四月にＣＩＥのラッセル・ダーギンに宛てて出した書簡には、次のようにある。[2]

オリンピックは、理屈の上ではその国に選手登録を行うＮＯＣさえあれば、すべてのアマチュアに開かれている。問題となっているのは、戦後すぐに敵国であった国が参加することの是非である。知っての通り、人間の本性として、世界にはとてつもない憎しみと恨みが充満している。お気づきのようにイギリス人のそれは非常に悪く、ドイツや日本が存在することによってオリンピック期間中にデモンストレーションが起これば、それは、関係者にとって非常に危険だろう。

しかし、もしドイツと日本がオリンピックに招待されれば、それは、彼らを国際社会に戻すことを促す、非常によい機会となる。アメリカの占領軍が招待状を日本に送るようにすすめ、イギリスの占領軍もそれを承認するのであれば、問題は解決するだろう。マッカーサーは、私の前任者、米国オリンピック委員会の前会長で、アマチュア・スポーツには非常に関心を持っている。（Letter from Avery Brundage to Russell L.

Durgin, April 25, 1947.［国会憲政：GHQ/SCAP CIE 5406（12）,"Olympics"］・著者訳）

ダグラス・マッカーサーは、アメリカのオリンピック委員会の会長を一九二七年から一九二八年まで務め、それを引き継いだのが、ブランデージであった。マッカーサーが会長職にあったのは、短期間であったが、彼は、一九二八年アムステルダム大会にアメリカ選手団の団長として参加していた（James, 1970, pp.325-331）。ブランデージが、国際スポーツに理解のあるマッカーサーの判断に期待し、日本のスポーツ関係者は戦争とは全く無関係であると考えていたことは、別のＣＩＥ文書からもわかる（Letter from H. T. Friermood to Don M. Typer, November 13, 1947.［国会憲政：GHQ/SCAP CIE 5406（12）,"Olympics"］）。結局、ＩＯＣ内での日本やドイツに対する悪感情は強く、ロンドン大会組織委員会は、日本をロンドン大会に招こうとはしなかった(3)。ブランデージ書簡にあるような戦争のしこりはまだ根強く存在していたということである。

ＩＯＣ委員のネットワーク

ＩＯＣ委員同士は、戦前において非常に強固に結びつき、その時々の国家間の関係から自由なところがあった。いわば、政治から離れた「スポーツマン」同士のグローバルな連帯があったのである。ラツールＩＯＣ会長やアメリカのＩＯＣ委員ウィリアム・ガーランドは、来日した際にはわざわざ、故ＩＯＣ委員岸清一の墓参りをしている（東京市役所、一九三九、四一頁・『東京朝日新聞』一九三七・四・二〇）。一九三八年七月に日本がオリンピックを返上することになった時、副島道正はＩＯＣ委員の辞任を申し出たが、ラツールは副島の立場を理解し、丁寧な言葉で慰留していた（Letters from Baillet-Latour to Michimasa Soyeshima, 19 August and 7 September, 1938［OSC: CIO-JO-1940S-TOKYO-COJO_SD3］）。前章で述べた大会返上後のブランデージの来日も、一見、不可思議にみえるが、こうしたＩＯＣ委員のつながりの中で実現したものである。

戦後もＩＯＣ委員のパイプは確かに機能していたが、戦前と比べるとやや細っていた。ＩＯＣの中で信頼を得ていた嘉納治五郎は、一九三八年五月、カイロ総会から帰国する途中に氷川丸の船上で死亡した。徳川家達は一九三八年七月の東京大会返上の時点ですでに病床にあり、一九三九年六月のＩＯＣロンドン総会で辞任した（一九四〇年六月に死亡）。かわってロンドン総会で日本からＩＯＣに新たに加わったのが、東京大会組織委員会事務総長であった永井と高石真五郎（大阪毎日新聞社取締役会長）である。副島も、日本の新聞では東京返上の責任をとって徳川とともにロンドン総会で辞任したと報じられていたが、ＩＯＣ委員のリストには一九四八年の時点でも残り続けていた。だがその副島も病気となり一九四八年一〇月には死去している。

いずれにしても、日本がオリンピックへの参加を模索し始めた時点でＩＯＣ委員として活動できる状態にあったのは、一九三九年六月というＩＯＣの活動が戦争で停止する直前にＩＯＣ委員に就任した永井と高石であり、しかも高石は公職追放となっていたので実質的には永井一人だった。

ロンドンには行けないが…

ブランデージらの働きかけにもかかわらず一九四八年ロンドン大会への日本の参加は叶わなかったが、日本では、ちょうどオリンピックとほぼ同じ日程で、「オリンピック・デー」と水泳と陸上の日本選手権が開催された。

ロンドン大会の開幕を翌日に控えて、七月二八日に明治神宮外苑競技場で開催された「オリンピック・デー」では、元オリンピック選手約四〇名と競技団体の代表約五〇〇名が入場行進を行い、安井誠一郎東京都知事や東龍太郎体育協会会長が挨拶、ジークフリート・エドストロームＩＯＣ会長の祝辞朗読、ロンドン大会への祝電の発表、前オリンピック委員や選手の表彰、マスゲームが行われた。会場にはオリンピック旗が高く掲揚されたという（『読売新聞』一九四八・七・二九、『朝日新聞』一九四八・七・二九）。出場できなかったオリンピックへの未練を大いに感じさせるイベント内容である。[4]「オリンピック・デー」は、決して多くの参加者を集めたわけではなかったと思われるが、新聞でそれなりのスペースを割いて「ロンドン偲ぶ」などと見出しが掲げられていたこと、ラジオで実況放送が行われたことから、外苑競技場に集まった人以外にメディアを通して「オリンピック・デー」を体験した人が相当数存在したと考えられる。さらに、ロンドン大会の会期中に開催された日本の競技会とその報道を通じて、過去のオリンピックの記憶は、日本社会のなかに鮮やかによみがえってきた。神宮プールで行われた水泳の日本選手権では、八月六日に一五〇〇メートル自由形決勝で、古橋広之進(ふるはしひろのしん)が一八分三七秒〇で優勝、橋爪四郎(はしづめしろう)も一八分三七秒八の好記録を出した。古橋の記録は、ロンドン大会の優勝タイム(一九分一八秒五)はもとより当時の世界記録を二一秒八も短縮する記録である。八日には、古橋が再び、四〇〇メートル自由形で、四分三三秒四の「世界新記録」を出した。一五日の日本陸上競技選手権でも、女子走幅跳と男子三段跳でオリンピック優勝記録を上回る好記録が出た(『朝日新聞』一九四八・八・一六)。

　こうした選手たちの活躍は、日本の希望として受け止められると同時に、「ロンドン・オリンピックに出場できていれば……」との思いを多くの人々に抱かせるものであった。古橋、橋爪が一五〇〇メートルで「世界新記録」を出した翌々日、『朝日新聞』の天声人語には、「何一つ世界に誇るもの丶ない日本にとつて、世界より一歩先を歩いてるのはこれだけで胸のすく思いである」「(オリンピックに:引用者注)日本が参加できなかつたのは残念ではあつたが、またオリンピックからも惜しまれるようにありたいものだ」とある(一九四八・八・八)。古橋や橋爪がロンドン大会に出場できなかったことが悔やまれる一方で、いち早く国際競技に復帰したいという思いが募るのであった。なお、日本水泳連盟会長の田畑政治(たばたまさじ)は、古橋、橋爪の世界新記録を公認してくれないかと国際水泳連盟(FINA)に掛け合ったが、国際水泳連盟に日本が非加盟であることから、記録の公認はなされなかった

（Letter from R. M. Ritter to M. Tabata, October 27, 1948, ［国会憲政：GHQ/SCAP CIE 5724（28），"Swimming"］）。

⑵　水泳による日米親善

国際競技への復帰

ロンドン大会後、国際競技に復帰する機会は、間もなくやってきた。元々ＧＨＱの大勢は、日本をスポーツ界に戻すことには協力的であったのである。時期こそ明言できなかったものの、日本を国際スポーツに早く復帰させることが、平和で文化的な国際関係の構築に寄与するという認識はほぼ共有されていたといえる。

実はロンドン大会への選手派遣が不可となった後も、日本体育協会は、同時期に開催されるＩＯＣロンドン総会に永井を出席させようと模索を続けていた。日本体育協会議事録を検討している和所泰史らの研究によると、資金調達に関する懸念はあったものの、ＧＨＱは渡航許可を与えようとしていた（和所ほか、二〇一三）。ＣＩＥ文書にもこの経緯は記されており、その内容は、ＧＨＱが日本を国際スポーツに復帰させようとしていたこと、永井の渡航許可についてもブランデージからマッカーサーへの働きかけがなされそれが功を奏した可能性があることをうかがわせるものとなっている（Document dated July 15, 1948, ［国会憲政：GHQ/SCAP CIE 5406（12），"Olympics"］）。

一九四八年のＩＯＣロンドン総会への永井の参加は結局実現しなかった。和所ほか（二〇一三）によると、資金調達の目途はつきそうであったが、イギリスが日本人の入国を拒んだことが、その大きな理由だったようである。翌一九四九年のＩＯＣローマ総会には、永井が出席できた。ローマ渡航に際しても資金調達の可否が問題であったが、ハワイの日系人野球チーム「アサヒ」のオーナーであった米谷克己(こめたにかつみ)の協力によって、永井の渡欧が可能となった（足立、二〇二一・和所ほか、二〇一三）[5]。このローマ総会で、IOCは国際競技団体に対し、日本の各競技団体の加盟を受け入れるよう勧告をした。一九四九年四月二九日のことである。一九五二年ヘルシンキ大会への日本の参加についての判断はなされなかったものの、日本の国際スポーツ界への復帰が決まったのである（『羅府新報』一九四九・五・一六）。

一九四九年六月一五日、日本水泳連盟の国際水泳連盟への復帰が正式に許可され、一九四九年中にレスリング、自転車、一九五〇年に入ってからテニス、体操、スケート、陸上、サッカー、ハンドボール、バスケットボール、ボクシング、ウェイトリフティング、ホッケー、フェンシング、一九五一年に入ってからスキー、漕艇、ヨット、馬術、射撃と続いた（日本体育協会、一九五三、五四頁）。復帰のインパクトが最も大きかったのは、ロンドン大会を大幅に上回る記録を古橋らが連発していた水泳である。

ハワイやサンパウロから水泳選手招聘の希望

永井のIOCローマ総会出席を支援したハワイの日系人コミュニティからは、早速、水泳選手招聘の申し出があった。『羅府新報』（一九四九・六・二二―二三）によると、日本の国際水泳連盟復帰の直後に、日本水泳連盟の田畑会長に宛てて、ハワイ大学の三宅博士から、その年の八月に水泳選手をロサンゼルスで開催される全米水泳選手権とハワイで開催される国際水上競技大会に招待したいという手紙が届いた。水泳選手の招聘は、前年の夏からハワイの日系人の間で計画されていたものであった。

水泳選手招聘の希望は、サンパウロからもほぼ同時に寄せられた（『羅府新報』一九四九・六・二二）。こちらはサンパウロのスポーツ局長が昨年末から日本選手を招待したがっている旨を、現地に住む日本人でサンパウロ水泳連盟のコーチをしている佐藤貫一が、訪日した知人を介して伝えてきた。[6] 日本は、かつてブラジルともスポーツ交流を盛んにしており、水泳ではベルリン大会で優勝した二選手（葉室鉄夫と遊佐正憲）が一九四〇年に訪問していた。[7] そうした戦前にあった交流を再開させたいという希望であったといえる（「日本水上競技連盟宛佐藤貫一書簡」一九四九年六月一日［国会憲政：GHQ/SCAP CIE 5724 (28). "Swimming"］）。

まずは全米水泳選手権

先に現実味を帯びてきたのは、アメリカ遠征の方である。日本が国際水泳連盟に復帰したことにより、残された問題は、渡航資金だけとなった。アメリカ水泳連盟や南カリフォルニア水泳連盟も日本選手を歓迎していたが、規約上、日本選手の渡航費用を支出することはできなかった（『羅府新報』一九四九・六・二三）。一九三二年ロサンゼルス大会の際には、日本で大規模な派遣費募集運動が行われたが、敗戦間もない日本では、資金が集まるはずがなかった。加えて占領体制下では、日本人の海外渡航費用は、日本国外の機関や個人によって完全な後援を受けなければならない、とされていた（竹前＝中村、一九九六、一三〇頁）。

そこで行われたのが渡航先のロサンゼルスで一般から寄付を募ることであった。日本水泳連盟会長の田畑は、「沈滞している日本人の気持ちを明るくして奮起を促したい」とし、水泳選手の派遣がスポーツ界だけではなく、学界や産業界にも奮起を促すことになると訴えた（『羅府新報』一九四九・六・二四）。田畑はロサンゼルス大会の水上（水泳）の総監督であったから、田畑のことをよく覚えている日系人もいたかもしれない。寄付の募集は、ロサンゼルスでは、七月一日から八月二四日にかけて行われた。[8] 最終的に三二五五ドルが集まり（『羅府新報』一九四九・八・二六）、古橋・橋爪を含めて六選手の渡米が実現した。団長は、戦前に大日本体育協会のベルリン大会調査団の一員としてベルリンに赴き、東京大会決定の放送ではラツールＩＯＣ会長や米国のガーランドＩＯＣ

委員の通訳を務めていた、松本瀧蔵（まつもとたきぞう）である（永井、一九三九、三五七頁・業務局報道部、一九三六、四六頁）。衆議院議員で片山哲内閣では外務政務次官をしていた松本は、アメリカ育ちで、永井のＩＯＣローマ総会派遣に際した資金集めでも仲介をしていたし（和所ほか、二〇一三、三四頁）、今回の水泳選手渡米では、ＧＨＱとの交渉を担当していた（『羅府新報』一九四九・八・六）。

日系人の歓迎

日本の水泳選手がロサンゼルスにやってきて競技会に参加することは、現地の日系人社会にとっては特別な意味をもっていた。なぜなら、ロサンゼルスの日系人たちには、一九三二年のロサンゼルス・オリンピックの際に、日本選手を熱烈に歓迎した経験があったからである。当時の排日的雰囲気の中で、日本の選手たちが水泳を中心に多種目で優勝するなどして活躍したことは、ロサンゼルスの日系人たちに勇気を与えた。二世の教育が問題となる中で、二世が母国に対する親近感と誇りを初めて抱く機会となったのがオリンピックであった（Yamamoto, 2000）。その母国の選手たちが、またロサンゼルスにやってくるのである。

『羅府新報』には、一九三二年ロサンゼルス大会当時のことに関して、寄付者が「馬術の西中尉が優勝し君が代を聴いた当時の感激は未だ忘れません」（一九四九・七・二）と話しているという記事がある。(9) 日本チームの監督としてやってきた清川正二（きよかわまさじ）は、ロサンゼルス大会の背泳二〇〇メートルの優勝者であり、取材のためにやってきた朝日新聞運動部長の織田幹雄も、ロサンゼルス大会の時の日本選手団の主将であった。(10) 一七年前を彷彿させるような要素が、この戦後初のスポーツ選手の海外遠征には沢山あったのである。国境をまたいだナショナリズムが、再び盛り上がりをみせる素地は整っていた。

もちろん、一九三二年ロサンゼルス大会の時とは、日系人社会の置かれていた状況は異なっていた。増田直子の研究によると、西海岸に帰還した日系人たちは自らの生活再建に懸命であったが、全米水泳選手権への日本選手の参加、そして、ほぼ同時期に戦後初めて開催された「二世ウィーク」を通して、日系人社会の復興を実感し、特に水泳選手権では自分たちが日米親善に貢献できるとの思いを強めていた。それは日米両国の期待にこたえるものであった。一九三二年のロサンゼルス大会時には、日本の選手団が移民を見下すようなところがあったが、戦後は、日系人が日本の選手たちを支援し、そのことを日本本土が深く感謝するようになっていた（増田、二〇〇九）。

日本での報道

日本にとって、全米水泳選手権への古橋らの派遣は、戦後初の国際競技への挑戦であった。古橋らの実力は、すでに日本での大会の成績で証明されていた。ロンドン・オリンピックへの出場は実現しなかったが、いよいよ日本選手がその強さを世界に示す日が訪れたのである。

日本選手たちは、期待通りの泳ぎをした。一五〇〇メートルでは、予選から古橋と橋爪が世界新記録を出し、三位までを日本選手が独占した。二〇〇メートルでは濱口喜博（はまぐちよしひろ）が優勝、四〇〇メートルでは古橋が世界新記録で優勝、橋爪が二位で、四位までを日本選手が占めた。八〇〇メートルも、一五〇〇メートルと同様、古橋、橋爪、田中純夫（たなかすみお）の順番で三位までを独占し、八〇〇メートルリレーも日本チームが世界新記録で優勝した。

地元ロサンゼルスの日系新聞『羅府新報』が連日大きく取り上げたのはもちろんのこと（図4―2）、日本の新聞も、招待の正式決定、渡航前の司令部訪問、出発、そしてロサンゼルスでの大会の模様から帰国までを大々的に報道した。特に現地ロサンゼルスからは、国際電話を使って選手たちの感想を連日掲載した（図4―3）。『朝日新聞社史』によると、朝日の三本社（東京・大阪・西部）が大会期間の四日間に発行した号外は、一社平均十

第一万三千七百七十號　（土曜日）　羅府新報　一千九百四十九年八月二十日　（三）

日本水泳選手渡米記念特集號

超人的活躍示した 水上日本え凱歌上る

世界新記録

△千五百米自由型（八月十六日）十八分十九秒　古橋廣之進

△四百米自由型（八月十七日）四分卅三秒三　古橋廣之進

△八百米リレー（八月十七日）八分四十五秒四　濱口、丸山、村山、古橋

△八百米自由型（八月十九日）九分卅五秒七　古橋廣之進

水の使節を迎えた 私の喜びと感想　銀杏生

全米水泳大会写真画報

図4-2　『羅府新報』の「日本水泳選手渡米」の特集記事

（『羅府新報』1949年8月20日，朝刊3頁）

朝日新聞

千五百に驚異の世界新記録

全米水上選手権大会第一日

古橋18分19秒

橋爪も18分35秒7

決勝は七名で

キッパス監督も驚嘆

こゝに驚倒の大記録

国際電話に聞く大記録

審判も大あわて

急ピッチの泳法で勝利

きょう映画第一報

華南の政府軍総崩れ

マ元帥　正式に拒絶

年度内に一部期待

千五百にラップ比較

展望

協和銀行

The New York Times

図4-3　『朝日新聞』の全米水泳選手権初日の報道

（『朝日新聞』1949年8月18日，朝刊1頁）

数回にものぼった（朝日新聞百年史編修委員会、一九九四、八七頁）。

日本の新聞社にとって、全米水泳選手権は、戦後初めての海外からの大きな報道であった。戦後はジャーナリストといえども国外に渡航することは容易ではなく、戦後最初の日本人記者として毎日新聞社東京本社欧米部長の高田市太郎が渡米したのは、一九四八年一〇月であった（毎日新聞社史編纂委員会、一九五二、四六〇—四六一頁）。織田は、アメリカ体育協会の招待で一九四九年七月に渡米、さらにアメリカの陸上選手に同行して北欧に行き、一九五二年に開催が予定されているヘルシンキ・オリンピックの会場等を視察してアメリカに戻り、社の指示で全米水泳選手権の取材に従事した（織田、一九五〇）。織田の出国は、ＧＨＱにいたウィリアム・ニューフェルド（パリ大会のやり投げで五位に入った選手）と織田が親しかったことから実現したことであった。なお、この時の資金は朝日新聞社が出し、その日本円をドルで受け取るのにはおそらく松本瀧蔵（渡米水泳選手団の団長）が協力していた（織田、一九七七、一五二—一五五頁・日本陸上競技連盟七十年史編集委員会、一九九五、四〇九頁）[11]。

全米選手権には、朝日新聞社の織田のほか、毎日新聞社、読売新聞社、中部日本新聞社の特派員が集まった（『羅府新報』一九四九・八・一九）。毎日新聞社は、スイスで開かれたＭＲＡ世界大会に出席した高橋信三（大阪本社編集総務）と藤本勝（東京本社欧米部）が、帰路にロサンゼルスで全米選手権の報道に従事した（毎日新聞社史編纂委員会、一九五二、四六二頁）。読売新聞社は、運動部員の浅田斐彦をロサンゼルスへと派遣した（読売新聞一〇〇年史編集委員会、一九七六、五三三頁）。ＮＨＫは、ラジオ・コーポレーション・オブ・アメリカ（ＲＣＡ）の協力を得て、競技の日本への実況中継を行った（『朝日新聞』一九四九・八・一四）。放送を担当したのは、サンフランシスコで開廷中の東京ローズ裁判（前線のアメリカ兵に向けた英語放送を担当していたとして戦後、反逆罪に問われたアイバ・トグリ・ダキノの裁判）に証人として呼ばれていた技術部長の田辺義敏とロックフェラー財団の招きで放送事情視察のために渡米中であった大阪放送局放送部長の島浦精二(しまうらせいじ)であった(日本放送協会a、二〇〇一、二五一頁)。島浦は、一九三二年ロサンゼルス大会にアナウンサーとして派遣され、「実感放送」を行った人物である。

何らかの名目がなければ全米選手権の取材もかなわなかったことは、主要新聞社やNHKの例からうかがえるが、メディアのこの取材にかける意気込みは相当なものであったといえる。大会のニュース映画も、空輸され即時公開された。戦後初の国際競技会が戦前と大きく異なっていた点は、航空機の時代に突入していたことであろう。選手たちは、羽田から、彼ら自身初めて、旅客機で移動をした。人間の移動もニュースの移動も、占領下では不自由であったが、スピードだけは加速していたのである。

GHQの意図

水泳選手が日米親善に果たした役割は、GHQからも高く評価された。そもそも、この遠征が実現した背景には、GHQが、この遠征の意義を認め支援したことがあった(松本、一九四九)。日本人の海外渡航は、占領初期は、制限されていた。旅券を発給する政府機関が廃止され、外国為替制度も存在しなかったからである。しかし、GHQは、日本の民主化にとって他の民主主義的な人々と交流を行うことが重要であると考え、一九四七年の間、検討を重ね、一九四八年三月には、関係部局に、文化的目的のための人的交流が開始されると通告した(竹前=中村、一九九六、一二九—一三二頁)。GHQでは、この頃から、積極的に日本人を海外に送り、国際交流をさせる方針をとっていて、水泳選手の派遣はその試験的位置づけであったと考えられる。

マッカーサーは、出発前に選手団を指令部に招き、「初めて海外に出るチームであり、全国民使節としての重たい使命がかけられたことではあるけれ共、その為に固くなつてしまうことはスポーツマンとして最もいけないことだ。何時もと変りなく泳いで来るよう、君達はスポーツマンとしての点、技術の点において、日本青年の有する最高のものを代表するものであることを疑わないで期待している」（松本、一九四九、一〇頁）と激励した。そして、全米選手権が終ると、「日本の水泳選手団の活躍は見事なものである、その行動は選手団がその代表とする新らしい民主国家にふさわしい立派なものであつた」と声明を発表した（『羅府新報』一九四九・八・二〇）。敗戦後の日本人の米国訪問は、この時までに五〇〇名を数えるまでになっていたがオブザーバー扱いであり、国際的に他国民と同等の資格を認められて競技会に参加したことは、画期的な出来事として受け止められた（同前）。

そして『朝日新聞』によれば、古橋自身が、次のように語っていた。

自分が敗戦国民として渡米するときどんなふうに迎えられるだろうかと出発するまで心配した、ところがこゝに来てみると、だれもかれも親切で快く迎えてくれてこんなうれしいことはなかつた、本当にスポーツは国境を越えて人間と人間を心から結んでくれる、国際親善というものもスポーツを通じてやるのが一番効果的だと思う（『朝日新聞』一九四九・八・二二）

選手団の渡米前まで、この遠征が本当に成功するかは不透明であった。古橋は、敗戦国民としての渡米が不安で仕方がなかったのである。しかし、この遠征によって、スポーツ交流の有効性が証明されたのだった。少なくともメディアは、このようにこの出来事を意味づけていた。

野球、水泳、レスリング、アメリカ、ブラジル…

水泳選手の第一回目の遠征が、国際親善の点からも有意義であったと評価されたのをうけて、似たような企画が次々と実行に移される。アメリカのプロ野球チーム、サンフランシスコ・シールズの訪日の計画は、水泳選手の渡米中から『羅府新報』では度々報じられていたが、一九四九年一〇月、実際に一行は来日し各地を転戦した。

水泳では、一九五〇年三月、古橋・橋爪ら一年前にロサンゼルスに遠征した四選手が、今度はブラジルに遠征した。選手たちを率いたのは、一九四〇年にブラジルを選手として訪問した遊佐で、在伯日本人は各地で寄付金を集め、選手達を大歓迎した（『伯剌西爾時報』一九五〇・二・一一〜五・一五）。当時の日本の水泳選手は冬季にはプールでの練習はしておらず、この時期の遠征は選手のコンディションを度外視したものであったが、選手一行は、ブラジル各地を転戦しただけではなく、ペルーやアルゼンチンの日本人移民の希望にこたえて、これらの国も訪問した（『伯剌西爾時報』一九五〇・三・一七、三・二二）。なお『羅府新報』（一九五〇・三・二八）によると、ブラジルには日本が戦争に勝ったとまだ信じている日本人（戦勝組、「頑迷派」）がおり、遊佐監督がその人たちの吊し上げにあったという。『伯剌西爾時報』はこうした対立はでっちあげであるとしているが、真相は定かではない（一九五〇・三・二〇―二一）。

一九五〇年八月には、アメリカの水泳選手団（一五名）が来日して日米対抗水上競技大会が開催された。アメリカの水泳選手たちは、一ヵ月間日本に滞在し、東京の神宮プールのほか、大阪、八幡、呉、名古屋で大会が開かれた。日本―ハワイ―アメリカ本土の間の水泳選手の往来は一九二六年から始まっていて、一九三一年と一九三五年には、日本水上競技連盟主催で日米水上対抗競技大会が行われていた（松澤、一九四九）。日米対抗水上競技大会は、戦前にあった交流の復活だったといえる。

レスリングにも同じような流れがあった。レスリングは、八田一朗が中心となって一九三〇年代に盛んに対外試合を行っていたが、一九三九年一〇月にオーストラリアとフィリピンが参加した汎太平洋選手権大会を最後に国際試合は開かれず、その後は「外来スポーツ」として禁止されてしまった。しかし戦争が終わると、一九五〇年七月に朝日新聞社後援で米国チームが来日、一九五一年二月に日本選手が渡米、同年七月に今度は読売新聞社後援で米国チームが来日、同年一二月に日本選手が渡米、と日米間の交流を深めていった（八田、一九五三、一四—三一・日本レスリング協会八〇年史編纂委員会、二〇一二、三三一—六五頁)。

一九五〇年五月、コペンハーゲンでIOC総会が開催され、ここで日本のヘルシンキ大会参加問題が議論されることになった。日本のIOC委員は、高石は公職追放がまだ解けず、前年のローマ総会に出席した永井は病気になっていた。そこでGHQはブランデージに対し、二人の代わりに体育協会会長の東が総会に出席できるよう手続きをとるようアドバイス、IOCでは、エドストローム会長、アメリカのブランデージとジョン・ガーランド(ウィリアム・ガーランドの息子)が日本の復帰に尽くした(Letter from Douglas MacArthur to Avery Bruadage, 4 March, 1950. [国会憲政:MMA-3 R40]・東、一九五三、四五—四六頁)。

一九六四年東京オリンピック招致運動につながる人脈

占領期のスポーツの交流は、在外邦人のスポーツ熱と日本との一体感を高めた。実は、このことが東京オリンピックの招致運動にもつながっていく。

一九四九年に全米水泳選手権に派遣された日本選手たちの宿泊先には、最初はホテルがあてられることになっていたが、選手到着の約二週間前に、急遽、選手を宿泊させる一般家庭が募集された(『羅府新報』一九四九・八・一)。これに手を挙げたのが、日系二世のフレッド和田勇(わだいさむ)である。和田は、選手たちを自宅に泊め世話をし、選手に「僅(わずか)十日足らずの滞在でしたが親以上に面倒みてくれた和田氏と奥さんのことが一番印象に残っています」(『羅府新報』一九四九・八・二三)とまで言わせるほど信頼関係を築いた。

選手たちは翌一九五〇年にブラジルに行く際にもロサンゼルスに一泊するが、この時にも、彼らは和田の家に泊まった(『羅府新報』一九五〇・三・四)。前述の通り、一九五〇年の夏には、アメリカの水泳選手たちが来日したが、この時、アメリカ選手団の渡航費用のドルを集めることができるか否かが問題となった。和田は、日本水泳連盟に、一万ドル（アメリカ選手団の渡航費用の半分以上を賄うことのできる額）を寄付すると申し出た（A Plan Drafted for Receiving the American Swimming Team and Conducting Meets and Tour for the Visitors, 20 June, 1950. [国会憲政：GHQ/SCAP CIE 5724 (28), "Swimming"]）。そしてこの和田が、一九六四年招致運動の際に、非常に重要な役割を果たすのである。和田にとって、一九四九年の水泳選手のロサンゼルス訪問は、東京オリンピック招致に関わる原点となったといってよい。

後述するように、中南米のＩＯＣ委員の支持も、東京オリンピック招致運動では鍵を握った。ブラジルの日系人が招致運動に具体的にどのように関わったかははっきりしないが、『日伯毎日新聞』（一九五九・六・一三）には、東京大会が決まったミュンヘン総会から帰国したブラジルのＩＯＣ委員フェラーレ・ドス・サントスをコロニヤの陸上ベテランと文化協会書記長が訪問したとあることから、ブラジルの日本人コミュニティからサントス委員へも何らかの働きかけがあったと考えられる。ブラジルでは一九五〇年に日本の水泳選手を迎えた後、今度は翌一九五一年に陸上選手を招聘する計画を発表している（『伯剌西爾時報』一九五〇・五・二六）[12]。この一九五一年の陸上選手招聘が実現したかについて筆者は確認できていないが、その後、選手の往来がかなりあったことは確かで、『羅府新報』（一九六四・九・二二）の記事によると、一九五〇年に水泳選手の世話をしたサンパウロ市在住の吉田光雄は、その後一九六四年大会までに、体操、バレーボール、バスケットボール、陸上などの二〇〇人以上の来伯日本選手の面倒をみたという。戦後再開されたスポーツ交流が一九六四年東京オリンピック実現に、直接的・間接的に関わったのである。

(3) 子供たちに語られる「オリンピック」

国民のオリンピックに対する理解

スポーツを通した国際交流にくわえ、戦後日本におけるオリンピックの展開を考えるうえで重要なのは、子供たちに向けた「オリンピック」に関する語りの増加であろう。前節で取り上げたスポーツを通した国際交流は、国外に向けた東京オリンピック招致運動の基盤整備であった。一方、国内では、人々のオリンピックに対する理解を促進し、結果として東京オリンピック招致の機運を高めるような動きが一九四〇年代後半頃からみられる。特に児童向けの読み物でオリンピックを取り上げられることが目立つ。

国民に向けて、とりわけ子供を対象としてオリンピックをわかりやすく説明することは〈幻〉の東京オリンピックの準備段階でも計画されていた。一九四〇年大会の組織委員会では「少年オリンピック読本」や「国民オリンピック読本」の配布を計画していた。事務局作成素案では、「少年オリンピック読本」を五万部、「国民オリンピック読本」を二万部作成して頒布するとなっている。（永井、一九三九、三四三頁）。これらは、第3章で取り上げた『オリンピック精神』（図3―1）（返上後の一九三八年一二月に発行）に近いものと考えられる。

戦後間もなく刊行されたオリンピックの解説書としては、青木喬『オリンピック物語（学友文庫）』（青木、一九四八）、織田幹雄『オリンピック物語』（織田、一九四八）、野口源三郎『オリンピック（教育文庫）』（野口、一九五一）、鈴木良徳『オリンピックの話（中学生全集）』（鈴木、一九五一）、大島鎌吉『オリンピック物語（小学生学習文庫）』（大島、一九五一）、鈴木良徳『オリンピック読本』（鈴木、一九五二）などがある。日本体育協会が組織的に計画・刊行したものではないが、執筆者の多くは、体育関係者で、小中学生を対象としたものが多い。子供向け雑誌でも、オリンピック関連の記事は、多く掲載されている（『こども朝日』一〇巻三号、八―九頁・『少年クラブ』三五巻九号、一二二―一二三頁・『小学三年生』四巻五号、一五―一七頁など）。

教科書の中の戦前オリンピック美談

学校教育で使われることから最も影響力が大きかったと考えられるのが、教科書に掲載されたオリンピック関連の話である。戦後の国語教科書には、オリンピック関連の読み物がかなり登場している。教科書図書館所蔵の小学校国語教科書の戦後から一九六五年までに刊行されたものをすべて閲覧し、オリンピック関連の読み物を調べ上げてまとめたのが、表4―1である。すべてではないにせよ、大半が、戦前のオリンピックの美談を主題とするかそれに言及しているものとなっている。特に登場頻度が高いのは「友情のメダル」（一九三六年ベルリン大会時に棒高跳で二位と三位に入った西田修平（にしだしゅうへい）と大江季雄（おおえすえお）が、メダルを半分に割ってくっつけた話）と「人馬ともにや「勝利をすてて」（一九三二年ロサンゼルス大会時に馬術の城戸俊三（きどしゅんぞう）が馬を労わって途中棄権した話）である。

これらの話は、戦前のオリンピックをもとにしてはいるものの、戦後に新たに語り直されたストーリーであり、戦前には全くみられなかったものもある。例えば「友情のメダル」の場合、一九三六年ベルリン大会当時の新聞報道は、筆者が東京三紙（『東京朝日』『東京日日』『読売』）を確認した限りでは主に棒高跳の競技面での優秀さから日本に賞讃の声が集まっていることを強調している。大江選手が西田選手に二位を譲ったことを「友情」と表現したり、メダルを半分ずつに分けることにしたと記述したりした記事はあるが、「友情の記念としてのメダル」に焦点を当てた記事はベルリン大会当時はなかった。大江が西田に順位を譲った経緯や理由が詳細に説明されることもなかった。

しかし、戦後の教科書では、次に挙げる双葉（二葉）の五年国語教科書の例のように、メダルを半分ずつつなぎ合わせたことが美しい友情の表れとして語られている。

こんどは、日本人同志で二位三位の争いをしなければならなくなりました。この時です。とつぜん、大江選手はかんとくのところへ走って行き、次ぎのようなことを言ったのです。

「かんとく、すみませんが、この競技はやめさせてください。西田さんは、私の大先ぱいです。ふだんから、西田さんの実力は、私たちのよく知っているところです。日本人同志で二位三位を争っても、しかたがありません。それよりも、西田さんに二等をあげて、私を三等にしてください。」

すると、そこへ西田選手もかけて来て、

「いいえ、それはいけません。大江選手はわかくて、まだまだ、しょう来のある人です。きょうなども、私よりまだ元気です。だまっていても、二位になる人です。二位は、大江君にあげてください。」

とゆずりません。（中略）

かんとくもこまってしまいました。それでさっそくしん判員のところへ行って、このことを話しました。間もなくラウド・スピーカーが、場内にひびきわたってきました。試合中止、試合中止、競技が中止されたのです。

けれども、この場内アナウンスに聞きいっていた満場の観客たちが、たちまち、あらしのようなはく手をおくり始めました。試合中止の理由が、二選手の美しい友情によるものだったからです。ふたりが、もう一度そこへ出て競技するよりも、もっともっと深い感げきが、みんなの心をゆすぶりました。（中略）

「大江君、そのメダルを、ぼくにかしたまえ。」

表しょう台をおりた西田選手は、大江選手の手をしっかりとにぎって言いました。（中略）西田は銀、大江は銅をもらいました。その二このメダルを、それぞれ二つにわってつぎ合わせ、それをふたりのむねにかざろうと西田選手が言うのです。

「なにも、そんなことをしなくったって。」

大江選手は先ぱいの友情に、はにかみながら言いました。

「いや、ちがう。きょうの友情の印に、世界でめずらしいメダルを作って、ぼくのむねにかざっておきたいのだ。」

西田選手はあくまでがんばりました。こうして二つのメダルは、ま二つに切りはなされ、銀と銅、銅と銀の二つのメダルにつぎ合わされました。この二選手の、世界にかがやかした人間としてのりっぱさは、長くみんなの記おくに残るでしょう。（巽、一九五三、七四―七八頁）。

小学校国語教科書の「友情のメダル」には、いくつかのバージョンがあり、順位決定やメダル分割の経緯や理由の説明が抜け落ちていたり、大江が先輩西田に二位を譲ったのではなく、審判員と相談のうえ、試技数で（四メートル二五を一回目で跳んだ西田を二位、三回目で跳んだ大江を三位というように）順位を決定したという説明を行ったりしているものもある（東京書籍「友情のメダル」、信濃教育会「記念のメダル」）。ただ、ベルリン大会当時はほとんど注目されていなかった「友情のメダル」物語が、戦後、友情による譲り合いを美化して肥大化していったものであることは間違いない。国会図書館デジタルコレクションに収録されている最も古い「友情のメダル」は、『少年クラブ』一九四七年一一月号に掲載されたもので、これは、アムステルダムで日本人として初めて優勝し戦後スポーツ界を牽引していた朝日新聞の織田幹雄によって書かれている（織田、一九四七）[13]。「友情のメダル」の話は、その後、小学校教科書、中学校教科書、そして子供向けの雑誌や図書で好んで取り上げられていった（小学校教科書での採用は、表4―1を参照。学校図書の中学一年国語教科書でも取り上げられている。その他、『六年の学習』七巻四号、八八―九一頁・鈴木＝佐々木、一九五三、四四―五〇頁・永見、一九五六など）。

これらの教材が、学校現場でどのように活用されたかは、推測の域をでない。しかし、学校でオリンピックの話が行われる機会は、それなりに多くあったと考えられる。鈴木良徳は、近代オリンピックの復活が決まった六月二三日（オリンピックデー）には、日本全国の小中高校で朝礼の時間にオリンピックのお話が行われている、と書いている（鈴木、一九五一、一五七頁）。こうした教科書をはじめとする読み物を通して、児童たちは、オリンピックというものを知り、それへの理解を深めていったといえるだろう。オリンピックは、戦後の教材で取り上げるのにふさわしい題材であるとされた。

ヘルシンキ大会への小学生記者の派遣

教科書での扱いからもうかがえるが、戦後、オリンピックは、子供向けのイベント――より踏み込んでいうならば、子供に「夢」を与え、子供の「国際感覚」を養うイベント――として位置づけられるようになっていた。『小学生朝日新聞』は、「森永母をたたえる会」と協力して、二人の小学六年生（男女一名ずつ）を一九五二年のヘルシンキ大会に「記者」として派遣した（図4―4）。

二人は、文部省、厚生省の後援のもと「森永母をたたえる会」が行った「私のお母さん」の作文と図画のコンクールの入選者から選ばれた（『小学生朝日新聞』一九五二・四・六）。『小学生朝日新聞』は、「オリンピックのいちばん大きな意味は、世界じゅうが、なかよく手をつないで平和にくらすということです。今年をよいきかいにして、世界じゅうが平和になることをいのりましょう」（一九五二・七・二七）とし、二人の小学生が「豆記者」

出　版　社	検定済年／使用開始年度	学年	タ　イ　ト　ル
学校図書	S35/36	6	五輪の旗
学校図書	S39/40	6	五輪の旗
三省堂	S35/36	4	オリンピックの心
三省堂	S35/36	4	つなぎ合わせたメダル
教育出版	S28/29	6	オリンピック物語
教育出版	S35/36	5	東京オリンピック決定の日
教育出版	S35/37	5	オリンピックの歴史
双葉	S27/28	5	友情のメダル
双葉	S30/31	5	友情のあく手
双葉	S30/31	5	感げきの放送
双葉	S30/31	5	見物人よ　さわがないで
双葉	S30/31	5	オリンピックの旗の下に
双葉	S35/36	5	オリンピックの歴史
信濃教育会	S30/31	5	オリンピックのおかから
信濃教育会	S30/31	5	記念のメダル
信濃教育会	S35/36	5	オリンピックのおかから
信濃教育会	S35/36	5	記念のメダル
信濃教育会	S39/40	5	オリンピックのおか
信濃教育会	S39/40	5	記念のメダル

＊著者作成．オリンピックが主題となっている物語のみを対象としている．

表4-1　小学国語教科書オリンピック関連読み物一覧

出　版　社	検定済年／使用開始年度	学年	タ　イ　ト　ル
光村	S28/29	6	人馬ともに
光村	S28/29	6	オリンピックの思い出
光村	S29/30	6	人馬ともに
光村	S29/30	6	オリンピックの思い出
光村	S35/36	6	ひるがえれ、五輪の旗
光村	S39/40	4	オリンピックの旗
光村	S39/40	6	明るい世界を
光村	S39/40	6	スポーツと生活
東京書籍	S24/25	6	友情のメダル
東京書籍	S27/28	6	友情のメダル
東京書籍	S30/31	5	友情のメダル
日本書籍	S35/36	5	オリンピックの由来
大阪書籍	S27/28	6	五輪の旗
大阪書籍	S27/28	6	日章旗をかざして
大阪書籍	S27/29	5	ビルゲルの思い出
大阪書籍	S35/36	6	オリンピックの話
中教出版	S26/27	5	オリンピックの話
中教出版	S26/27	5	友情のメダル
学校図書	S26/27	6	一つの新記録を作るにも
学校図書	S27/28	5	オリンピック物語
学校図書	S29/30	5	勝利をすてて
学校図書	S29/30	6	五輪の旗
学校図書	S31/32	5	勝利をすてて
学校図書	S31/32	6	五輪の旗

（きょうぎ）が行われることを思うと、はるばるとおいとおい、この地に来たうれしさで、いっぱいになる。

オリンピック村をおとずれる
十六日ヘルシンキに着いてすぐさまオリンピック村へ行って日本選手と会った三人。右から走幅とびの田島選手。杉山、西田、大谷の三記者。三段とびの山本選手＝小久保特派員が写してヘルシンキ→東京間空輸（くうゆ）

たりました。
杉山　あまり寒くはないわ。フィンランドのこどもたちはみんな元気そうですね。さび

図4-4　オリンピック選手村を訪れた豆記者
（『小学生朝日新聞』1952年7月27日，1頁）

としてヘルシンキやオリンピックに参加した日本選手たちの様子を伝える記事を掲載した。

ヘルシンキ大会と日本の小学生

一方、『毎日小学生新聞』は、ヘルシンキ大会にあわせて「オリンピック選手を励ます文」を募集し、約二三〇〇通の応募作品から三〇〇通を選んで、ヘルシンキへ送った。そのうちの一つ、群馬県の小学六年生、金子博一が書いたものを紹介しよう。

　二年ばかり前にオリンピアの映画を見ました。村社選手ががんばって、がんばって、走りつづけました。みんな名を知らないので、胸の日の丸で、ただ「日本がんばれー日本がんばれー」とそれはそれは大声たてて応えんしました。マラソンで孫選手がゆう勝しました。孫選手が台にあがると、君が代の音楽に合わせて、日の丸の旗が高くあがったのが今もはっきり目に浮かびます。そのときは、みんな、なみだが、ほおを伝わったのを覚えています。

　夕やみのせまるグランドで、西田選手とアメリカ選手の高とびの決勝に、おしくもやぶれたときは、みんな歯をくいしばって残念がりました。

わたしはこの映画で「日の丸の旗はいいなあ」と、つくづく思い日の丸を胸につけてがんばる日本人の、とうとく思われた事はありません。

日本人を代表されて出場されたオリンピック選手の皆様。皆さんもあのオリンピアの映画を見た事でしょう。ねえ選手の皆さん。皆さんが今度はオリンピックの主人公としてがんばるのですね。

オリンピック選手の皆様。故国日本では、わたしたち何千万の少年少女が、皆様の御健とうを、それはそれは待っているのです。わたしたちの心も、遠くヘルシンキへとんでいます。

どうか、お元気で、うんとうんと、がんばってください。―日本のために―そして世界中がスポーツで結ばれて仲よくなるために。

フィンランドの少年少女の方々にもよろしく伝えてね。ではくれぐれもお体を大切に。がんばってね―

オリンピック選手の皆様へ（『毎日小学生新聞』一九五二・七・二〇）

戦後すぐには、国旗に対する否定的感情もあったという調査結果もあるが（『朝日新聞』一九五〇・二・二七）、上記の手紙から、小学生たちがベルリン・オリンピックの記録映画を集団で鑑賞し、日の丸をつけた選手と一体化し、彼らの活躍に素直に感動していたことがうかがえる。敗戦により失われたナショナル・プライドが、過去のオリンピックを回想することによって、あるいは古橋などのスポーツ選手の活躍を見ることによって、この頃までには回復していたということであろうか。戦後初めて実際のオリンピックを見る小学生たちは、スポーツを通して、日本人としての誇りを確認しようとしていたといえる。孫基禎は朝鮮半島の出身で戦後は「日本人」ではなく、しかもその朝鮮半島では戦争が続いていたというのが現実であったが、高く評価された小学生の模範的作文に、孫が日本を代表して日本国旗を掲げていることに感動したとあることが当時の日本人の心性を示しているともいえるだろう。

(4)　東京オリンピックを再び

東京大会招致運動の開始

一九五二年五月、東京都知事安井が、第一七回大会（一九六〇年大会）東京招致を表明し、都議会も東京招致に関する決議案を満場一致で可決した。七月には、東京都が正式にＩＯＣ本部に招請状を提出した。第一七回の招致は難しいことは日本側も理解していた。一九五五年四月、日本を視察に訪れたブランデージＩＯＣ会長は、離日に際して次のように述べた。

第一七回大会の開催決定は、きたるべきパリ総会で行われるが、率直に言って東京は無理であろう。なぜならば、オリンピック参加国の過半数はヨーロッパにあり、第一六回大会のメルボルンに続いて第一七回大会が東京ということになれば、これらの国は地理的な問題と、それから生ずる派遣費用の点で承知しないと思われるからである。むしろ、東京は第一八回大会開催都市に立候補してはどうか。それならば大いに勝算があると思う。だからといって、私は一九六〇年を断念せよといっているのではない。一九六四年をかちとるためには、パリ総会で全力を傾けて一九六〇年開催の意思があることを全ＩＯＣ委員に知らせることが必要である。（オリンピック東京大会組織委員会、一九六六、三五頁）

地理的な問題と派遣費用という二〇年ほど前に聞かれたのと同じことが、再び懸念材料として挙げられていたのである。[14]六月に開かれたＩＯＣパリ総会では、第一七回大会の開催地としてローマが選ばれ、ブランデージの予測通り東京は招致に失敗した。東京は、ただちに一九六四年に開催される第一八回大会の招致を目標とした。

第一八回大会招致のために、まずは一九五八年五月に開催されることになっていたアジア大会にあわせて、IOC総会を東京で開催することが目指された。一九五八年に予定されていた第五四回IOC総会の誘致に手を挙げていた他都市（デンマークのコペンハーゲン、パキスタンのカラチ）に辞退を懇願し、一九五六年一一月に、同総会の東京開催が決定した。

そして一九五八年五月一三日に、IOC東京総会がNHKホールで開幕し、その後行われたアジア大会で、日本に国際競技会の開催能力が十分にあることをIOC委員に印象づけた。さらに一九五九年四月には東京都知事選挙が行われ、IOC委員で日本体育協会会長の東が都知事となる。東京オリンピック実現に向けて、最強の首長を東京はもつことになったのである。

IOC委員への働きかけ

IOC委員の知事就任は東京にとって追い風となっただろうが、東京オリンピック開催は、最後まで不確定であったようである。招致委員会は、東京支持が伝えられているアジア地域のIOC委員に対しても、東京支持の確認をとる必要があるとして、一九五九年四月下旬から五月にかけて、高島文雄（たかしまふみお）（日本体育協会理事）をフィリピン、インド、トルコ、レバノン、イランに派遣した（「第一八回オリンピック大会東京招致に関する事務委託について」昭和三四年三月三一日〔都公文書館〕）。

また、東京オリンピック実現の鍵を握っていると招致委員会が考えていたのが、中南米諸国のIOC委員たち（メキシコ、キューバ、パナマ、アルゼンチン、ブラジル、チリ、コロンビア、ペルー、ヴェネズエラの計一一名）である。中南米には、一九五八年一一月から一九五九年一月に、レスリング協会の八田と都議会議員の北島義彦（きたじまよしひこ）が出かけ東京支持を訴えていたが、[15]一九五九年の三月二九日から五月四日にかけて、ロサンゼルスの和田が各国ＩＯＣ委員を訪問し、最後の招致活動を行った。和田は、「中南米諸国に在留する邦人間に勢力家として知られ、また同スポーツ界に相当の発言力と影響力をもつている」（「第一八回オリンピック大会東京招致に関する事務委託について」昭和三四年四月二二日［都公文書館］）ことから、この任務に適任とされたようである。和田の訪問都市は、メキシコ、ハバナ、カラカス、リオデジャネイロ、サンパウロ、ブエノスアイレス、サンティアゴ、リマ、パナマ、バランキアの各市で、東京支持のＩＯＣ委員が旅費を工面できずミュンヘン総会への出席を渋っている場合には、東京都が旅費を支給すると説き、総会への出席を依頼してまわった。[16]和田は訪問の結果、中南米からは一一票中九票、うまくいけば一〇票が東京に投じられるだろうと報告してきている。そして五月には、ミュンヘン総会にも、ロサンゼルスからわざわざ出向いた。なお、和田は私財を投じたといわれているが（高杉、一九九七・松岡、二〇一四）、全て私費で招致活動をしたわけではなく、美談化されたところもあるようである。中南米歴訪経費については東京都から一一九万六九〇四円（三三二五ドル）が和田に支払われている（「事務委託料処理方法の変更について」昭和三四年六月二三日、「委託結果の報告について（中南米出張報告書）」昭和三四年九月二日［都公文書館］）。もっとも、一九四九年の全米水泳選手権以来、和田が日本のスポーツ界に多大な貢献をしたことは疑いがない。[17]

ＩＯＣ総会には東京支持の委員に一人でも多く出席してもらう必要があった。オーストラリアのヒュー・ワイヤーＩＯＣ委員は、経済的理由からミュンヘン総会に行くことは困難だが、一部援助をうけられるならば出席すると伝えてきたため、東京都は、世界一周航空乗車券を交付、ワイヤーは東京を訪問して、その後、ミュンヘンへと向かった（「I．O．C．委員の接遇計画について」昭和三四年五月四日、「第一八回オリンピック大会東京招致使節団のミュンヘン招致本部に関する諸経費の支出について」昭和三四年四月二八日〔都公文書館〕)。中南米諸国のIOC委員に対して和田が旅費補助の申し出をしたことは先ほど述べたが、彼らを東京へ招待する計画(現地から東京への一等航空運賃、東京での滞在費、東京からミュンヘンへの一等航空運賃を東京都が負担する計画)もあった(「中南米関係IOC委員の東京招待について(依頼)」昭和三四年二月二八日〔都公文書館:MI04.4.9〕)。このほかヨーロッパのIOC委員に対しても、開催地が決定するIOCミュンヘン総会の直前まで、都議会議員がパリやローマ在住のIOC委員に東京支持を訴えてまわったり、大島鎌吉と織田幹雄が東欧、スペイン、ポルトガルに出向いたりした(「第一八回オリンピック大会の東京招致に関する事務委託について」昭和三四年五月一二日〔都公文書館〕・東京オリンピック準備委員会、一九五九、五九―六五頁)[18]。

IOCミュンヘン総会

結果的には五月のIOCミュンヘン総会で、東京は、五六票中三四票を獲得し、他の立候補都市――デトロイト、ウィーン、ブリュッセル――を大きく退けた。一九六四年東京オリンピックが決まったのである。ミュンヘン総会で招致演説を行った平沢和重(ひらさわかずしげ)は、演説のなかで、国民のオリンピックへの思いを次のように述べた[19]。

日本の青年はオリンピック競技について深い認識を持ち、渇仰の念を抱いております。と申しますのは、現在青年層にあります日本人は、オリンピック精神とオリンピック運動について、小学校時代から聞かされているのであります。

ここに日本の小学校六年生用の教科書があります。この教科書の七ページにわたって「五輪の旗」と題する話がのせられています。この話は、オリンピック競技の始まり、その基本理念と近代オリンピック競技の父クーベルタン男爵の生涯について述べているのですが、この話は次のような記述で始まっています。

「オリンピック、オリンピック。こう聞いただけでも、わたしたちの心はおどります。

全世界から、スポーツの選手が、それぞれの国旗をかざして集まるのです。すべての選手が、同じ規則に従い、同じ条件のもとに力を競うのです。遠くはなれた国の人々が、勝利を争いながら、なかよく親しみあうのです。オリンピックこそは、まことに、世界最大の平和の祭典ということができるでしょう。」

皆様、日本の義務教育制度は世界で最も徹底的なものだという評判であります。ということは、日本の子供たちはみな、オリンピック精神を体得し、クーベルタン男爵の功績を知っているということであります。（福島、一九八〇、一四三―一四四頁）

占領期からのスポーツを通じた国際交流は、戦前のオリンピックの延長線上に展開したものであった。第一二回大会返上後に各地を漂流していた東京オリンピックの〈残像〉は、戦争が終わるとすぐに、オリンピックやスポーツに再び熱中する人々の姿に変わっていった。占領期におけるスポーツでの日本の活躍は、日本人に大きな自信を取り戻させただけではなく、敗戦した母国を思う海外日本人も満足させた。子供たちに対しても、オリンピックは素晴らしいものとして語られ、オリンピックにおいて日本選手に同一化することは肯定されていく。このようにして国内外で、再び東京オリンピックに向けた動きが始まり、オリンピック復帰からわずか七年後に、東京招致成功となったのである。

注

（1）一九四七年二月一六、一七日の記事ではフェリスをアメリカのオリンピック委員としているが、彼はＩＯＣ委員ではない。

（2）ダーギンは、ＹＭＣＡで戦前日本のスポーツ界にかかわっていた人物である。ロサンゼルス、ベルリンでは日本体育協会顧問として選手団の指導に当たっていた（「第六四回組織委員会議事録」［日ス協］）。

（3）和所ほか（二〇一三）によると、ＧＨＱは一九四七年六月までに日本のロンドン大会参加は不可能との方針をほぼ確定し、日本体育協会に通知している。

（4）『読売新聞』（一九四八・七・二四）は、このイベントは世界各国で同時開催されるとしているが、一九四八年に始まった「オリンピック・デー」は、IOC創立記念日である六月二三日に行われるものなので、この情報は間違いである可能性が高い。

（5）『スポーツ』（サンパウロの日本人コミュニティ〈コロニヤ〉で刊行されていたスポーツ雑誌）によると、永井を後援するためにハワイの人々は募金で五〇〇〇ドルを集めたという（二巻四・五号、二〇頁［国会憲政］）。なお、織田幹雄の報告によると、ハワイではすでに一九四九年七月時点でヘルシンキ大会への選手派遣費の一部として一〇〇〇ドルが積み立ててあったという（織田、一九五〇、一八三頁）。

（6）佐藤は、東京農業大学を出てブラジルに渡った一世であった(http://www.nikkeyshimbun.jp/2003/030214-71colonia.html)。『羅府新報』（一九四九・六・二二）では佐藤は在留日本人会会長と書かれているが、他では確認できていない。佐藤は現地のブラジル人社会の水泳コーチをしていたことから、注（5）で言及した雑誌『スポーツ』にも、たびたび登場する（二巻二号、一五頁・二巻四・五号、四四頁［国会憲政］）。

（7）ブラジルへの日本選手の渡航としては、一九三三年に、日本人ブラジル移民二五周年を記念して、日本の陸上選手がブラジルをはじめとする南米諸国に遠征した（「体育並運動競技関係雑件　第三巻三九．南米オリンピック大会関係」［JACAR: B04012473300］）。その後一九三五年には水泳コーチ斎藤巍洋（東京日日新聞社社員）がブラジルの海軍体育協会に招かれて渡航し一年近く滞在（「体育並運動競技関係雑件　第四巻　二二．伯国ニ於ケル齋藤水泳コーチ関係」［JACAR: B04012476500］）、一九四〇年には斎藤が水泳選手二名（遊佐、葉室）を連れてブラジル遠征を行った（「体育並運動競技関係雑件　第七巻　二一．本邦、伯国水泳選手関係」［JACAR: B04012486000］）。

（8）寄付の呼びかけはアメリカ人（白人）にも行われたという（『羅府新報』一九四九・七・一八）。

（9）「西中尉」とは一九三二年ロサンゼルス大会の馬術大障害で優勝した西竹一（バロン西）のことである。西は硫黄島にて戦死した。

（10）清川と織田は戦後のスポーツ事情視察を目的に、アメリカ体育協会の招待を受けるかたちで、七月一〇日渡米していた（『羅府新報』一九四九・七・六）。

（11）郷土出身代議士としか織田（一九七七）には書かれていないが、日本陸上競技連盟七十年史編集委員会（一九九五）をみると、それは松本瀧蔵であることがわかる。

(12) 一九四九年頃のサンパウロの日本人コミュニティのスポーツ雑誌（前掲『スポーツ』〔国会憲政〕）からも、在サンパウロの日本人が日本のカリスマ的元陸上選手である南部忠平や織田にかなりな親近感を抱き、招聘の機運もあったことがわかる。

(13) 教科書での初出（東京書籍六年国語教科書）も織田が執筆したものである。

(14) ただ移動手段が飛行機となったことにより、日数的な問題は解消されるようになったといえるだろう。『観光』一九五一年八月号で弘田親輔は、飛行機が利用可能となったことによって、旅費が削減でき、日数もかからないので、社会人選手が海外の試合に出やすくなり、また応援団も沢山行くことができるようになっていると述べている（三八号、二五頁）。

(15) 八田と北島は、サンフランシスコ、ロサンゼルスを経由して、メキシコシティ、パナマ、リマ（ペルー）、サンティアゴ（チリ）、ブエノスアイレス（アルゼンチン）、サンパウロ（ブラジル）を訪問し、ＩＯＣ委員らと面会した。北島は旅行中に病に倒れ急いで帰国するも、羽田帰着後、わずか一時間で死亡してしまった（「故都議会議員に対する感謝状ならびに賞賜金の贈呈について」昭和三四年一月九日〔都公文書館〕）。なお八田は、一九五七年にイスタンブールで開かれた世界アマチュアレスリング選手権に団長として出かけた際にも、東京オリンピック実現に向けた調査の委託を受けている（「オリンピック大会招致に関する事務委託について」昭和三二年五月二一日〔都公文書館〕）。

(16) もう一つの候補都市デトロイトと比べて東京への選手派遣が高額になるといい、派遣費の補助を要求したＩＯＣ委員もいたようであるが、これに対しては、和田は断っている。

(17) 『読売新聞』（一九六〇・二・一一）によると、一九六〇年スコーバレー冬季オリンピックでは、和田によって日本食を選手たちに提供する「ジャパンセンター」が開設された。

(18) ヨーロッパのＩＯＣ委員に対しては、竹田恒徳日本体育協会会長代理と岩田幸彰ＪＯＣ委員も、一九五八年一一月に東京支持を要請するために出張している。

(19) 東京都からの公式代表としてミュンヘン総会に出席したのは、安井（前知事）と平沢（ジャパンタイムス主幹・ＮＨＫニュース解説委員）だった。元々は外務大臣官房総務参事官の北原秀雄が出席予定だったが、負傷したため、代理として平沢が出席し、演説を行った（「第五五回ＩＯＣ総会に出席すべき本都の公式代表について」昭和三四年五月四日〔都公文書館〕）。

第5章 〈幻の東京オリンピック〉の実現
――「世界の祭典」を開く日本――

一九六四年一〇月一〇日、第一八回オリンピック大会は、オリンピック史上初めてとなるアジア、東洋で開幕した。九三ヵ国から五一五二名の選手が参加し、東京は、これまでになく多くの外国人の姿で溢れかえった。その少し前に、競技施設が整備され、新しい首都高速道路や新幹線、モノレールなどが姿を現した。東京は、「世界の祭典」を開くにふさわしい都市として、生まれ変わったのである。大会期間中は、多くの人々が、テレビでオリンピックを観戦した。バレーボールの「東洋の魔女」、マラソンのアベベ・ビキラ、円谷幸吉（つぶらやこうきち）、体操のベラ・チャスラフスカ、柔道のアントン・ヘーシンクなど、誰もが知るスターたちが生まれた。東京に住んでいる人々やスポーツ・ファンだけではなく、日本中の国民の視線が東京に吸いつけられた一五日間であった。

これは、敗戦からの復興を象徴する出来事であった。だが、そこには戦争により中止となった〈幻〉の東京オリンピックの影がちらついていたともいえる。以下、本章では、一九四〇年東京オリンピックから引き継がれた要素に注目しつつ、一九六四年東京オリンピックについてみていきたい。

(1)　聖火は東京へ

国民体育大会、アジア大会の「聖火」

すでに述べたように、一九四〇年の東京オリンピックの際には灯されなかった聖火は、返上後、様々なかたちで戦時下のイベントに取り入れられリレーされていった。そして戦後はじまった国民体育大会では、炬火（聖火）が大会のシンボルマークとして採用された。

興味深いことに、国民体育大会では、一九四八年の第三回大会（福岡開催）から大会旗リレーが始まっている。大会旗リレーとは、前回大会の主競技場に掲揚されていた大会旗（大会のシンボルマークが描かれ、最初の頃は「聖炎旗」と呼ばれていた）を次回の主競技場まで人力で携行継走していくもので、その趣旨は「国体の精神を引継ぎ国体の限りなき発展を希い、多数の人々に国体に参加したことの誇りと走ることの喜びを知らせ、かつ沿道の人々に国体の意義を認識してもらうこと」（日本体育協会、一九九八、三四一頁）とされた（ここでの「国体」は、国民体育大会の略称）。記録に残っているだけでも、一九四九年の第四回東京国体以降は、「聖火リレー」（のちに「炬火リレー」と呼ばれる）も実施されるようになった（同前、三四一―三四二頁）[(1)]。

東京のオリンピック開催能力をはかる試金石ともなっていた一九五八年のアジア大会でも、過去のアジア大会と比べて壮大な聖火リレーが行われ、前回大会のマニラの会場で太陽光から採火した聖火が、沖縄を経由して鹿児島に入り、東京までリレーされた（『第三回アジア競技大会報告書』）。ヒューブナー（二〇一六＝二〇一七）によると、アジア大会では、一九五一年の第一回大会にてニューデリー内で聖火リレーが行われたが（インド独立のゆかりの地であるレッド・フォードからスタジアムまでリレーが行われた）、第二回大会ではＩＯＣがオリンピック以外での聖火リレーの実施をしないよう要請してきたため、実施されなかった。しかし日本は再交渉を行って、第三回大会で、これまでにないスケールの聖火リレーを実施した。そして一九六四年の東京オリンピックでも、ギリシャから運ばれた聖火が日本各地をリレーされ、国民のオリンピックに対する関心を喚起する役割を担った。

アジアの国々を通って来る聖火

東京オリンピックの聖火のたどったルートは、図5―1の通りである。聖火は、一九六四年八月二一日にオリンピアのヘラ神殿で採火され、アテネまでリレー、そこから、イスタンブール（トルコ）、ベイルート（レバノン）、テヘラン（イラン）、ラホール（パキスタン）、ニューデリー（インド）、ラングーン（ビルマ）、バンコク（タイ）、クアラルンプール（マレーシア）、マニラ（フィリピン）、香港、台北（中華民国）とアジアの都市を空路運ばれ、米軍の統治下にあった沖縄へと入った。(2)

国外では、基本的に、各訪問都市における空港から市庁舎（または各都市の希望する会場）、市庁舎で一泊したあと翌日再び空港へとリレーされ、一区間一―二キロに、正走者一名、副走者一名が割り当てられた（副走者は、自動車で同行した）（「国内聖火リレーの走者として参加する中学校および高等学校生徒の取扱方について」昭和三九年八月六日〔国公文書館〕）。ニューデリーでは、ＩＯＣの新たな加盟国であるネパールの代表者に分火された聖火が渡され、その聖火は、一度、カトマンズに運ばれて式典が行われた後、カルカッタで再び合火された。海外の各都市間の聖火輸送にあたっては、日本航空の特別機〝シティ・オブ・トウキョウ〟号が用いられた（オリンピック東京大会組織委員会、一九六六、二四九―二五二頁）。アジア各都市を聖火が通るという演出は、東京オリンピックをアジアのオリンピックとして意味づけるうえで不可欠であった。

六年前のアジア大会にならって聖火がまず沖縄に入ったことは、沖縄の人々にとって、非常に重要な意味をもっていた。沖縄の「祖国復帰」の希望は、スポーツ・イベントを通して度々、表現されてきた。沖縄体育協会は、一九五二年に日本体育協会の支部として仮承認され、国民体育大会には、同年の第七回大会から毎年選手を送り込んだ（沖縄県体育協会史編集委員会、一九九五、一〇七、六三一頁）[3]。一九五八年の東京でのアジア大会の時には、沖縄側からの働きかけで、聖火は沖縄本島を一周し、沖縄で唯一、日本語放送を行っていた琉球放送は、開会式の実況録音放送を行った（『琉球新報』一九五八・四・二六）（琉球放送企画部、一九六五、三七―三八頁）。そして確認できる限りでも一九六一年二月から、「オリンピックの聖火リレーを沖縄へ」との希望が日本体育協会へと繰り返し伝えられていた（『朝日新聞』一九六一・二・一五、一九六二・六・二二）（当間、一九六九、四八二頁）。「日本の最初の着陸地」を沖縄とすることは、一九六二年七月四日、第一回聖火リレー特別委員会で決定した（オリンピック東京大会組織委員会、一九六六、二四九頁）。

聖火が沖縄に入る一週間ほど前には、沖縄と本土との結びつきを大きく変える出来事もあった。一九六四年九月一日、沖縄と本土とを結ぶマイクロ回線の開通式が行われたのである。沖縄では、一九五〇年代末から一九六〇年代半ばにかけて放送の充実が進み、一九五九年一一月に沖縄テレビがテレビ放送、一九六〇年六月に琉球放送がテレビ放送、一九六〇年七月にラジオ沖縄がラジオ放送を開始していた（沖縄放送協会資料保存研究会、一九八二、年表一〇頁）。一九五九年一一月に沖縄でテレビ放送が始まって以来、沖縄のテレビ番組は、主に本土から飛行機で送られてくるフィルムと沖縄で制作される番組とで編成されていたが、マイクロ回線開通により、本土との距離感は一挙に縮まった。東京オリンピック時に沖縄テレビ・ラジオ沖縄の社長であった当間重剛（とうまじゅうごう）は、一九五六年一一月から一九五九年一一月まで琉球政府の行政主席であった人物であるが、沖縄体育協会の会長でもあり、オリンピック東京大会聖火沖縄リレー実行委員会の委員長を務めていた（当間、一九六九、四八二頁）。

当時の沖縄では法定の祝祭日以外の日に公共の場で日の丸を掲げることは禁じられていたにもかかわらず、オリンピック聖火リレーの通過に際して、米国民政府は、沿道や式典会場を日の丸で飾り付けることを黙認した。(4) 沖縄で復帰に向けた世論が高まる状況下で、『琉球新報』は、「聖火を日の丸で迎えよう運動」を呼びかけ、この期間の沖縄本島は、日の丸で溢れかえった（豊見山、二〇〇七）。

当初、聖火は、九月六日に那覇に到着し、二日間で島内を一周して、九月九日に沖縄を出発、同日、鴨池（鹿児島）、宮崎、千歳（北海道）の各空港に到着する予定であった。しかし、途中、香港での台風の影響で〝シティ・オブ・トウキョウ〟号及び代替機の破損や故障に遭遇したため、沖縄入りは一日遅れとなり、沖縄における後半のリレーは、分火によって行われた。(5) 九月九日から本土における聖火リレーを実施することが優先され、沖縄が犠牲となったのである。このことをめぐっては沖縄では不満も出ていたが（『琉球新報』一九六四・九・六）（当間、一九六九、四八三頁）、東京大会組織委員会では、沖縄で聖火リレーを予定通り全コース実施したことは、沖縄の人も非常に満足した対応であったと報告されている（「第六三回組織委員会議事録」昭和三九年九月九日［日ス協］）。善処したと胸をはる本土側と、切り捨てられたと感じる沖縄側とで、温度差があったといえる。

聖火は全国を駆け抜けた

沖縄を経て本土入りした聖火は、図5―1の通り、四コースに分けてリレーされた。(6) 第一コースは、鹿児島から、熊本、長崎、佐賀、福岡、山口、広島、島根、鳥取、兵庫、京都、福井、石川、富山、新潟、長野、山梨、神奈川を経て、東京に入った。第二コースは、宮崎、大分、愛媛、高知、徳島、香川、岡山、兵庫、大阪、和歌山、奈良、京都、滋賀、三重、岐阜、愛知、静岡、神奈川、東京と進んだ。そして、第三コースと第四コースは、

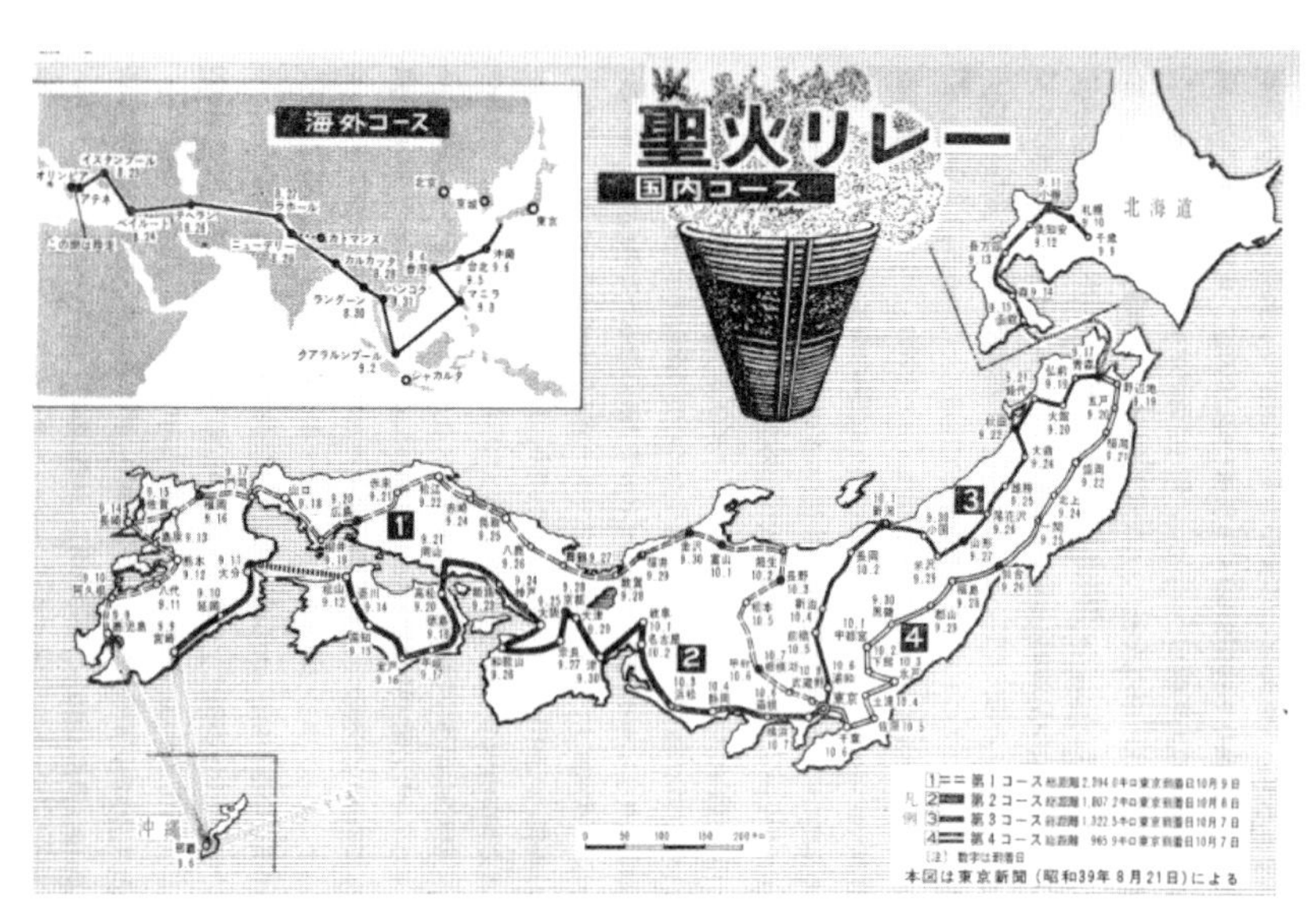

図5-1　東京オリンピックの聖火リレーコース
（『東京オリンピック』日本放送協会放送世論調査所，1967年，47頁）

札幌から函館を経て青森入りし、そこから、第三コースは、秋田、山形、新潟、群馬、埼玉、東京、第四コースは、岩手、宮城、福島、栃木、茨城、千葉、東京というルートをとった。

ＮＨＫ放送世論調査所の調査によれば、東京オリンピックの聖火リレーは、日本の各地で、実際のオリンピック以上の大事件として受け止められた。人々は、自分の住む土地にやってきた聖火リレーを通して、オリンピックを、マス・メディアの中の出来事としてではなく、身近な出来事として認識しはじめた。各地方紙は聖火が自分たちの地域を通過する様子を華やかに報じたことから、実際に聖火を目にしなかった人たちも、新聞紙面を通じてオリンピックを具体的に実感した。聖火が全国を駆け巡ることによって、ほとんどの人々にとって疑似環境のなかにしかなかったオリンピックが、現実世界に入り込んできたのである（日本放送協会放送世論調査所、一九六七）。

宮崎県の「平和の塔」と聖火リレー

一九六四年東京オリンピックの聖火リレーは、「平和の祭典」が日本にやってきたことを示す催しであったはずだが、一九四〇年に計画されていた東京オリンピックとそれが返上された後の聖火リレー模倣イベントを彷彿させる要素も、少なくなかった。

まず、聖火のルートに、一九四〇年東京オリンピックの痕跡がある。一九六四年の東京オリンピック聖火リレーの第二コースの起点は、宮崎県であった。第2章や第3章で述べたように、一九四〇年東京オリンピックの準備段階では、宮崎を起点として聖火リレーを実施する有力な案が存在し、それは返上後、御神火九州継走などに受け継がれた。これらは、紀元二六〇〇年を記念するオリンピックの聖火を「皇祖発祥の地」とされる宮崎から運びたい、あるいは「天孫降臨の地」である高千穂峰に特別な意味を見出すという考えに基づいていた。オリンピックは返上されたため一九四〇年すなわち紀元二六〇〇年に「聖火リレー」が宮崎で行われることはなかったが、宮崎県では、宮崎神宮の神域拡張を含め、紀元二六〇〇年を記念する様々な事業や行事が実施された。一九六四年東京オリンピック聖火リレーの「起点式典」が行われた「平和の塔」も、もとは紀元二六〇〇年を記念して建てられた建造物で、戦前は「八紘之基柱」と呼ばれていた。

八紘之基柱は、神武天皇が大和国に東征するまで住んでいたとされる皇宮屋の北方の丘に、宮崎県内の市町村のほか、各府県、台湾各州、朝鮮各道、満洲各省、中国出征中の各部隊、アメリカ、カナダ、シンガポール、ドイツ、フィリピン、ペルーなどから献石された石材を用いて建てられた巨大建造物である（宮崎県、二〇〇〇、三七一—三七六頁）。これを提唱したのは県知事の相川勝六であった。ただ、毎日新聞社が、世界各地の支局、通信部、特派員を動員し、献石や奉賛金の募集にあたっていた（『大阪毎日新聞』（宮崎版）一九四〇・一一・二六）。

一九三九年五月二〇日に起工式、一九四〇年一一月二五日に竣工式が行われ、最終的には、総工費六七万円、作業延べ人員六万人を超す大事業となったという（宮崎県、二〇〇〇、三七六—三七七頁）。一一月二七日からは紀元二六〇〇年記念の宮崎・畝傍間駅伝競走が行われたが、スタート前には塔の前（八紘台広場）で式典があった（『大阪毎日新聞』（宮崎版）一九四〇・一一・二六）。なお、塔を設計した日名子実三（ひなこじつぞう）は、八咫烏（やたがらす）を象った日本蹴球協会（現日本サッカー協会）のエンブレムをデザインしたことで知られる彫刻家である。彼は、一九三〇〜四〇年代には明治神宮大会の参加章をデザインしているし（高嶋、二〇一二、一五四—一五五頁）、一九四〇年東京大会のオリンピック・マーク（現在でいうエンブレム）の審査員でもあった（永井、一九三九、三三七頁）。

「八紘之基柱」は、戦後、「平和の塔」と名前を変え、その敷地も平和台公園と呼ばれるようになっていた。だが、「モノ」としての塔は、戦前期に国内外から集められた一七二〇個もの切石を使った建造物そのままであった。(8) しかし、その塔が、「平和」を象徴するオリンピック東京大会の聖火リレーの起点として選ばれたのである。東京オリンピックを二年後に控えた一九六二年から、宮崎県民体育大会で聖火リレーが実施されるようになり、その採火の場所に選ばれたのが、平和台であった（『宮崎日日新聞』一九六二・五・一九）。(9) こうした経緯をみると、平和台をオリンピック聖火リレーの起点とすることを宮崎県は熱望していたといえる。(10)

形式の踏襲

集団で足並みを揃えて聖火をリレーするという形式も、戦前の聖矛継走などの形式の踏襲であったといえるだろう。国内の聖火リレーでは、一区間一—二キロに、正走者（トーチを保持）一名、副走者（うち一名は予備トーチを保持）二名、随行者（オリンピックの小旗を保持）二〇名以内と規定された。リレー隊は、全員足をそろえて毎時一二キロで進み、正走者と副走者の間は一〇メートル、副走者と随走者の間は五メートル、随走者間は一・五メートルずつの間隔を保つことが求められた（前掲「国内聖火リレーの走者として参加する中学校および高等学校生徒の取扱方について」）。リレー要員に動員されたのは、沖縄で三四七三名、沖縄を除く四六都道府県で計九万六三一二名にのぼった（豊見山、二〇〇七、三〇頁・「オリンピック東京大会国内聖火リレーについて」昭和四〇年三月九日〔国公文書館〕）。国外リレーの総距離が七三三一キロ、八七〇区間で、参加走者総数が八七〇人にとどまっていたのと比べると、国内のリレーは、非常におおがかりなものであった。

「聖火リレー」のメディア表象

このようにルートや形式において戦前からの連続性がみられたとはいえ、一九六四年東京オリンピックの聖火リレーのなかに含まれていた軍国主義的・国家主義的要素は、一般のメディアのなかでは、ごく自然なこととして扱われていて、取り立てて問題視されることはなかったようである。

『アサヒグラフ』は、図5―2や図5―3のような写真とともに、オリンピックの聖火到着を、次のように報じている。

　聖火が、宮崎空港に着いたのは九日朝。まず宮崎神宮へ。神主からおごそかに安全祈願のノリトを受けて一服。緋(ひ)ばかまにうちかけ姿、花かんざしの聖火おとめ八人が、古式ゆかしい「浦安の舞」で歓迎する間、聖火は、夜神楽(かぐら)に使われる石ウスの上で燃えつづけた。夜に入ると神宮を出発して平和台へ。ここは神武天皇東征前の皇居とも伝えられるところ。台上にそびえる平和塔は戦前「八紘之基柱」といわれていたものだ。

（『アサヒグラフ』二一〇八号、五頁）

戦前との連続性を示唆するような式典の要素は、潜在的に含まれているというよりは、むしろ視覚的にも強調されていたといえる。平和の塔（八紘之基柱）の大写しの写真（図5―2）では、聖火をもつ女性たちは、「ギリシャ

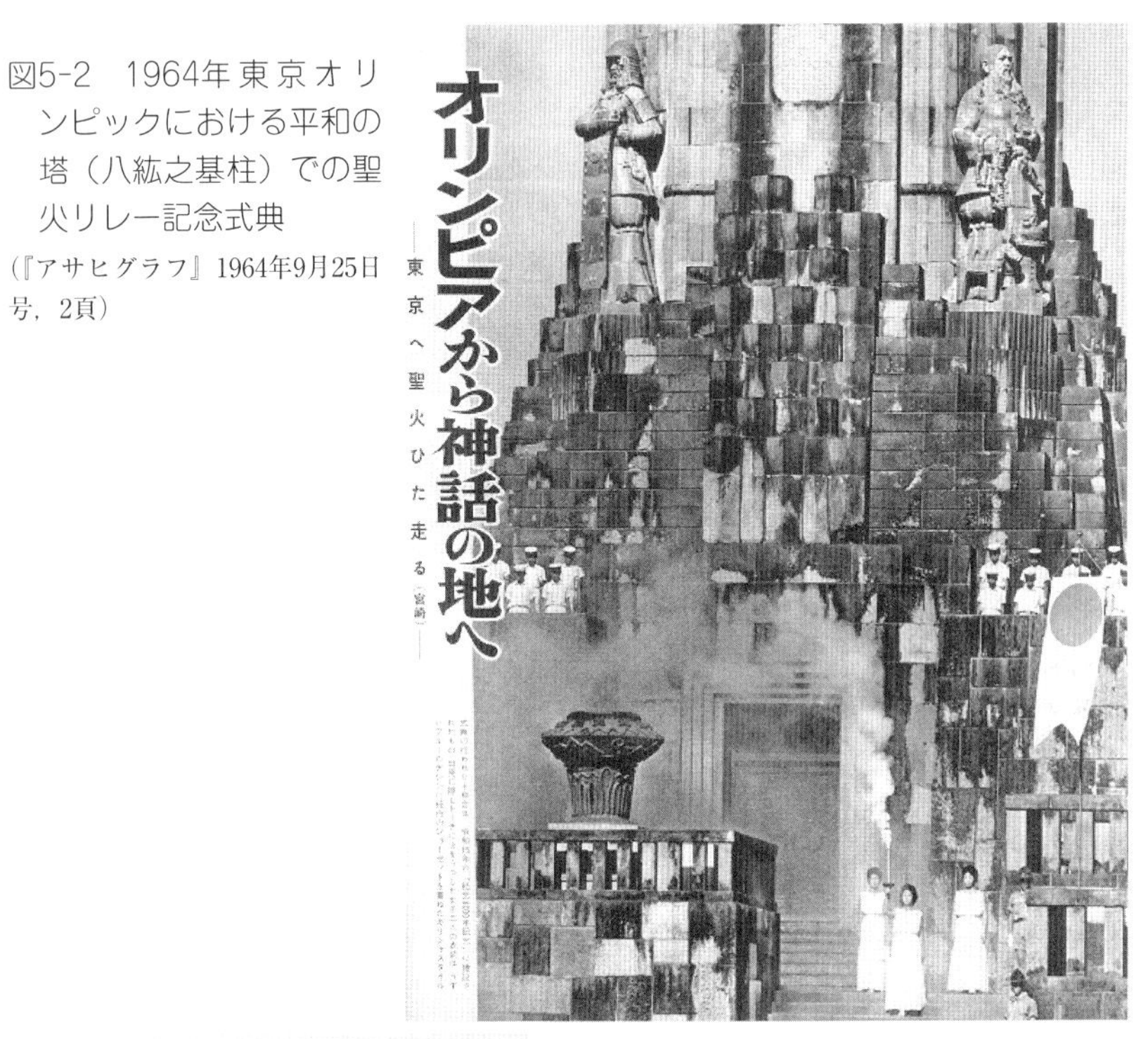

図5-2　1964年東京オリンピックにおける平和の塔（八紘之基柱）での聖火リレー記念式典
（『アサヒグラフ』1964年9月25日号，2頁）

図5-3　1964年東京オリンピック聖火ランナーの隊列
（『アサヒグラフ』1964年9月25日号，7頁）

スタイル」（同前、四頁）の衣装を身にまとっている。一方で、彼女たちの頭上には、東京オリンピックの大会旗があり、それは日の丸を連想させるものである。聖火台は、「火炎式縄文式土器をまね」（同前、五頁）ていた。そして、これら全てを見下ろすようにして聳え立っているのが、四メートルもの大きさの古代神話の神々の像である。「八紘之基柱」には、四方に、荒御魂（あらみたま）（武人）、奇御魂（くしみたま）（漁人）、幸御魂（さちみたま）（農人）、和御魂（にぎみたま）（工人）の像が置かれていた。このうち、武神である荒御魂は、戦後一九四六年一月に一度撤去されていたが、県議会でオリンピック聖火リレー起点候補を決議した直後の一九六二年一〇月に復元された（「平和の塔」の史実を考える会、一九九五）。『アサヒグラフ』の写真が捉えているのは、このオリンピックに合わせて復元された荒御魂（左）と和御魂（右）である。「平和台」での式典とはいえ、オリンピックの聖火は「武神」に見守られていたのである。

図5−4　『毎日グラフ』の表紙
（『毎日グラフ』1964年11月3日号）

図5―3も、隊列を組んで規則正しく走る青年の姿を捉えており、戦前の聖矛継走との連続性を示している。正走者、副走者、随行者という集団構成も、名称こそ変わっているものの正選士、副選士、衛団という聖矛継走の集団構成と一致するのだ。ただ、ここでは、軍国主義時代に作り出された形・形式だけが残存し、元々、そうした形式とセットになっていた軍国主義的意味は漂白されていたといえるだろう(11)。

アジアの主要都市、沖縄、そして日本の各地を駆け巡った聖火が東京オリンピックのシンボルであったことは、様々なメディアからわかる。東京オリンピックの前後、雑誌では、表紙や表紙をめくったすぐ後のページに聖火がよく登場した（図5―4）。記録映画（市川崑監督）も、オリンポスの丘で採火された聖火が日本へ向かうシーンから始まっている。聖火は、ギリシャからアジアの各都市を通過して沖縄、広島を経て、東京に入ってくる。[12] 聖火のギリシャから東京への移動は、現実とメディア表象の双方において、東京大会の物語の重要な構成要素であったのである。

原爆と聖火

聖火リレーのクライマックスは、一九六四年東京オリンピックが日本の戦後復興の証となることを示すものであった。聖火の最終走者の候補としてはじめに挙がっていたのは、古橋広之進、織田幹雄、田島直人など、かつて日本を代表してオリンピックや国際競技会で大活躍した選手たちであった（『週刊読売』二三巻一三号、九九頁・『週刊平凡』六巻一七号、四六頁・『週刊サンケイ』一三巻一〇号、二五頁）。しかし、最終的に選ばれたのは、早稲田大学に通う無名の陸上選手、坂井義則、一九四五年八月六日に広島県で生まれた青年であった。坂井が生まれたのは広島県三次で、広島市の中心（いわゆる爆心地）からは六〇キロほど離れているが、坂井は、ヒロシマの名とともに、「アトム・ボーイ」「原爆っ子」として国内外のメディアで描きだされていった（『朝日新聞』一九六四・八・一〇、『読売新聞』一九六四・八・一〇、八・二二、『毎日新聞』一九六四・八・一九、*The New York Times*, August 23, October 10, 1964）。

作家大江健三郎は、開会式での坂井の様子を次のように書いている。

> 聖火、たいまつをかかげた青年は、大きく堂どうたるストライドで、じつに美しく走る。そのように健康な体をもっていることが、じつに愉快でたまらないといった風に、楽しげに、ちょうど子供漫画で、ダッ、ダッ、

ダッ！　と説明がつけられるような走り方で、かれはフィールドを疾走し、火炎太鼓のあいだをぬけ、数しれない菊でかざられたグリンの階段をいっさんに駈けのぼってゆく。かれが聖火の最終ランナーに選ばれたとき、日本在住の米人ジャーナリストは、それが原爆を思いださせて不愉快だといった。そこで、われわれは、あらためて、かれが原爆投下の日、広島で生れた青年であることを意識したのだった。ぼくは、この春、広島で死んだひとりのハイ・ティーンの娘のことを思わずにはいられない。彼女もまた、この青年とほぼおなじ時刻、おなじ広島で生れたのだった。彼女は、おそらくは不思議な死の予感に急がされて早すぎる結婚をし、ひとりの健康な赤んぼうを残して、原爆症で死んだ。ヒロシマの悲惨を背後にひかえて、なお健康にみちあふれた広島生れの青年が、いっさんに聖火台に駈けのぼる光景に、ぼくは感動する。ぼくは愉快だ。（大江、一九六四、一一〇―一一一頁）

東京オリンピックの開会式は、戦争、そして原爆がもたらした惨禍を思い起こさせる演出であった（本書カバー写真参照）。しかし、その戦争を想起させる坂井の姿は、健康そのもので、戦争による破壊から見事に立ち上がった日本の国家を象徴するものであったのである。最終聖火ランナーが、戦争というものを知らない一九年間を生きてきた「原爆っ子」であったことは、国内外の人々にとって非常に印象的な事柄であった。本章第4節で再び検討するように、坂井の点火によって始まった一九六四年東京オリンピックは、確かに華やかな祭典であったが、その祭典は、忌まわしい戦争の記憶と対照させながら、見られることとなる。

(2) 祭典の準備

外国人の視線

一九六四年東京オリンピックを開くことによって、日本の社会と東京の街は、大きく変貌を遂げた。その原動力となっていたのが、「オリンピックは日本・東京を外国人に見せる機会である」という意識である。これは一九四〇年東京オリンピックの準備段階で、すでにみられたものである。

「外国人に日本、そして東京をどのように見せるか」といったときの「見せる」には、二種類があった。まず、オリンピックは大勢の外国人がやってきて、その目で日本と東京を見る機会になるのであるから、彼ら彼女らをどのようにもてなすべきか、もてなすことができるか、ということが意識される。

そもそもオリンピックに外国から選手や観客が大勢来てくれなければ大会は成功しないので、事前の宣伝活動も熱を帯びた。組織委員会や東京都では、英文のパンフレット、地図、映画などを自分たちで作成するとともに、日本紹介を行う英文誌に、実質上は広告といえる記事を掲載してもらっていた。[13] 報告書には書かれていないが、既存メディアに東京やオリンピックに関する記事を掲載してもらうのは無償ではなく金銭的な契約に基づいていた。[14] 日本の産業、文化、観光情報の国際発信については、〈幻〉の東京オリンピックの準備期間にも盛んに行われていたわけであるが、こうした状況は一九六〇年代にもあり、そこにオリンピックが組み込まれたといえる。

もう一つは、オリンピックが東京で開催されるとなると、メディアを通じて世界中の人々が日本という国を見るであろう、というものである。日本がロサンゼルス、ベルリン、ヘルシンキ、メルボルン、ローマを眺めたのと同じように、今度は世界各国が東京を観察するであろうという意識が高まっていく。こちらの場合も事前の準備が肝心で、最新の技術（特にテレビというメディア）を駆使して、オリンピックをできる限り世界の多くの人々に、できる限り鮮明に届けようという努力が行われた。

東京オリンピックでは、外の目が様々なレベルで意識されていた。一九五八年アジア大会でも、外国人接遇問題が論じられることはあったし（「『アジア競技大会に参加する外国人をあたたかく迎える運動』について」昭和三三年五月二日［国公文書館］）、東京はすでに様々な分野の国際会議の開催経験もあった（東京オリンピック準備委員会、一九五九、一〇五―一〇九頁）。だが、東京オリンピックは、これまでのものとは比較にならないほど規模が大きく、多くの日本人にとって「外の目」を意識した初めての経験となった。

米軍基地の返還

オリンピックに向けて東京の中心地の光景は、大きく変わった。それは一つには、米軍基地が返還されたことによる。吉見（二〇一五）は、オリンピック会場の多くが元軍用地であったことを指摘しているが、この指摘は、特にオリンピックの主要会場の一つとなった代々木について考える時に重要である。代々木の米軍家族住宅のあるエリア（ワシントンハイツ）は、戦前には練兵場があり、一九四〇年東京大会の際には主競技場の建築候補地として岸田日出刀が第一に挙げていた場所でもあった。この場所は、戦後はアメリカに接収され米軍の家族が居住していたが、オリンピックを前に日本に返還された。その跡地に選手村が置かれ、国立屋内総合競技場、放送センター、渋谷公会堂、岸記念体育館などが新しく建設されたのである。

もっとも、こうした代々木の「軍用地」から「競技場や文化施設」への衣替えは、招致段階から前提となっていたわけではない。招致段階の計画では、選手村は朝霞キャンプドレイクに作ることになっていた。だが、日米間の折衝のなかで、朝霞地区については条件付きの一時利用や一部地域に限った返還にとどまるが、ワシントンハイツであれば代替施設の提供と移転経費の負担を条件に全域返還してもらえることが明らかとなった。一九六一年五月のことである。組織委員会と東京都では、すでに選手村と競技場とをつなぐ道路計画も策定し対外的にも公表していたし、ワシントンハイツ返還後はその場所を森林公園にする都市計画もあったため、それを変更することには躊躇していた（「オリンピック東京大会の選手村を朝霞キャンプからワシントンハイツに変更することについての要望書について」昭和三六年一〇月二〇日〔都公文書館〕）。だが、当初の朝霞選手村案に固執することは大会運営に支障をきたすことにもなりかねないと判断し、同年一〇月には、選手村を代々木とすることを正式に決定した（オリンピック東京大会組織委員会、一九六五b、一五―二三頁・オリンピック東京大会組織委員会、一九六六、三一〇頁）。

ワシントンハイツの機能が調布に移転したことは皮肉であった。調布市は一九五九年九月、調布飛行場が早晩不要となり返還されることを見越して、この地に選手村を建設するよう要請していた（「オリンピック東京大会関係の陳情・請願について」昭和三四年一一月五日〔都公文書館〕）。だが、それはかなわなかった。東京オリンピックを機に、米軍は都心から姿を消し、郊外へと移転したのであった。

結果として代々木には、丹下健三の設計で、吊り屋根という独特の屋根形状をもった二つの体育館が出現した（図５―５）。水泳競技場となった国立屋内総合競技場主体育館とバスケットボール競技場となった附属体育館である。一九六四年七月に竣工した国立屋内総合競技場は、当時の日本の建築水準が意匠・構造・設備を有機的に統合できるレベルに達していることを世界に示した。この競技場は高い評価を獲得し、丹下には大会終了後にIOCからオリンピック功労賞が贈られた（豊川、二〇一六、六五―八一頁）。戦前、ベルリン大会競技施設を視察したうえで、この場所に東京オリンピック主競技場をつくることを強く主張していた岸田は、第一八回大会では、組織委員会の施設特別委員会委員長を務めていた。岸田は、自分の門下生の丹下が、このスペースに競技場をつくり名声を獲得していくのを感慨深い思いで見つめていたことだろう。

なお丹下はオリンピックが終わると、大阪万博の会場設計を手掛け、その後は、中東やアフリカの様々な施設や都市全体の設計計画に携わる。オリンピック・大阪万博という日本の高度成長を象徴する二大イベントで高い評価を獲得し、それを足掛かりとして、海外、特に「東洋」の発展途上国へと活動範囲を広げていったのである（同前）。

図5-5　代々木に建てられた国立屋内総合競技場
（『新建築』1964年10月，131-132頁）

駒沢オリンピック公園の整備

前回大会で主競技場がつくられる予定となっていた駒沢は、第一八回大会の主要会場の一つとなった。駒沢には、戦後に硬式野球場やバレーボール場、ホッケー場などが造られ、国民体育大会やアジア大会で利用されていた。だが、フィールドは土でスタンドも整備されていなかったことから、オリンピック東京大会決定後、オリンピック会場にふさわしい「国際的水準を有する運動公園」（東京都、一九六五、九〇頁）として、改めて計画を変更して整備されることとなった。

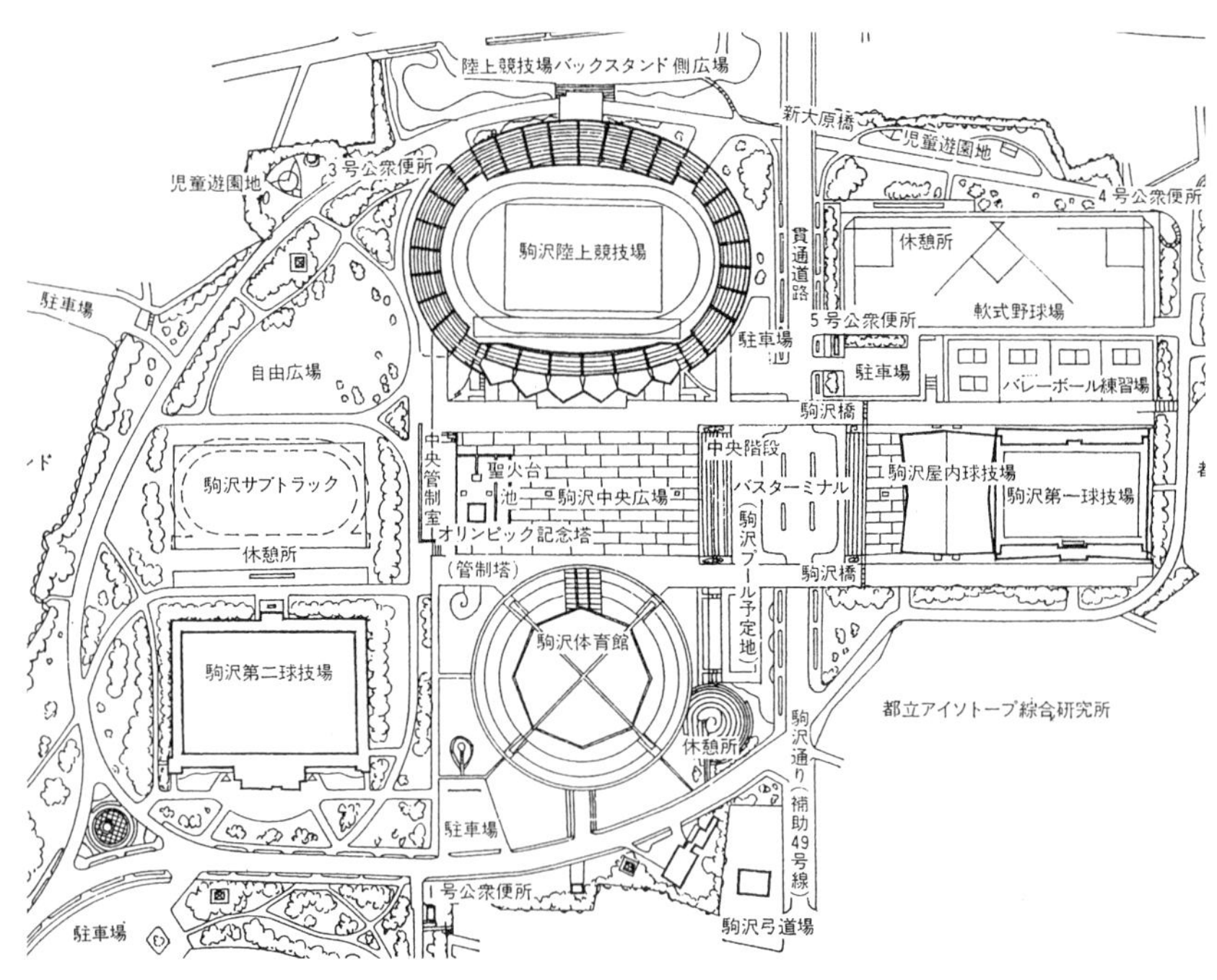

図5-6　1964年東京オリンピックに向けて整備された駒沢公園

（『第18回オリンピック競技大会東京都報告書』東京都，1965年，88頁．図2-3と見比べてほしい．広場を挟んで陸上競技場（サッカー場）と体育館（レスリング会場）がおかれた．広場のシンボルタワーとして，戦前は紀元二千六百年記念塔が計画されていたが，管制塔をかねた「オリンピック記念塔」ができた．）

結果的に、駒沢オリンピック公園は、〈幻の東京オリンピック〉の会場設計図と似たかたちになる（図5―6）。競技場の前には、中央広場がもうけられた。中央広場に建てられることになっていた紀元二千六百年記念塔は、一九六四年のオリンピックでは、「オリンピック記念塔」に名前をかえた。しかし、広大な広場の中に記念塔をおき全体を運動公園として整備するというコンセプトは、そのまま継承されている。全体的な配置は組織委員会施設特別委員会副委員長である高山英華（たかやまえいか）が仕切り、バレーボール、レスリング、サッカー、ホッケーが実施された。

外苑の国立競技場

外苑には、戦後に建てられた新しい競技場がすでにあった。外苑競技場は、一九四〇年東京大会の際に取り壊されそうになったわけであるが、結局、主競技場の駒澤移転の決定、大会自体の返上によって、そのままの形で維持される。そして、学徒出陣壮行会の会場になった。

戦後、この外苑競技場は壊され、一九五八年のアジア大会に向けて国立競技場がつくられた。完成当初の収容人数は五万人程度にすぎなかったが、オリンピックのために約七万一〇〇〇人収容のスタジアムへと改修され電光掲示板も大型のものが設置された（オリンピック東京大会組織委員会、一九六六、一一八頁・国立競技場、一九六九、七〇―七一頁）。東京オリンピックを開くのであれば一〇万人収容がふさわしいという意見が主流であったが、この敷地スペースは狭く、限界があった（オリンピック東京大会組織委員会、一九六五b、四頁・『第三回アジア競技大会報告書』四九―五〇頁）。この敷地問題は、一九四〇年大会の時から認識されていたことであり、それは一九六四年や二〇二〇年大会にも引き継がれていったといえる。

主競技場のほかにも、神宮外苑一帯が、大会のメイン会場として整備されていった（図5―7）。東京体育館は、一九五四年に世界レスリング選手権大会の際に建設され、アジア大会ではバスケットボールなどに使用されていた。ここは一九四〇年大会の組織委員会会長を務めていた徳川家達邸がかつてあった場所である。体育館に隣接して、アジア大会のために建設された水泳場もあった。はじめは一九六四年大会の水泳競技を明治神宮外苑で行う計画もあったが、観衆八〇〇〇人のプールしか建設できないし民家立ち退きも必要であるとして、新しくワシントンハイツ敷地にプール（国立屋内総合競技場主体育館）を建築することになった（「ワシントンハイツ内敷地利用計画の調整について（回答）」昭和三五年一月三〇日［都公文書館］）。東京体育館は、若干の改修が行われて体操と水球が行われた。

国立競技場に隣接した日本青年館は、明治神宮の造営を行った青年の勤労奉仕に対する皇太子の令旨（りょうじ）を記念し

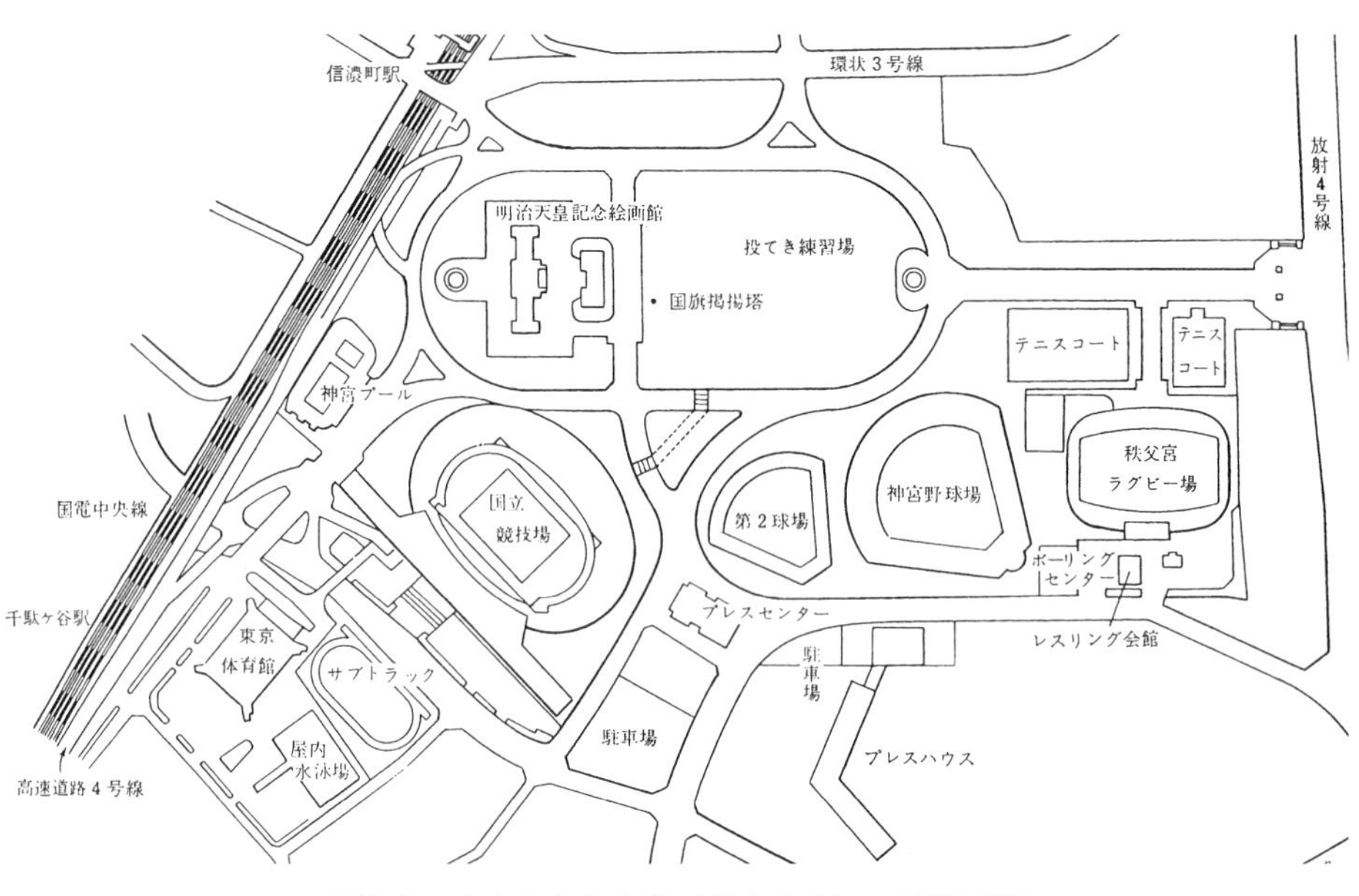

図5-7　東京大会主会場（神宮外苑）の施設配置
（『第18回オリンピック競技大会公式報告書　上』オリンピック東京大会組織委員会, 1966年, 115頁）

て、青年団からの寄付金によって一九二五年に完成した建物である。ここは、オリンピックではプレスセンターとして使われ、隣接して報道関係者の宿泊するプレスハウスが新しく建てられた。プレスハウスの用地のあたりには、元々は終戦後に建てられた都営住宅があり戦災者や引き揚げ者が多く住んでいた。二〇二〇年大会を前にした新国立競技場建設のために取り壊されて今は存在しない霞ヶ丘アパートも同じエリアにあったが、ここには神宮外苑一帯の整備のために立ち退きを要求された人々が多く入居していた。

神宮外苑の整備にあたっては、日本と西洋とをつなぐということが意識されていた。新しく登場した国立競技場のメインスタンドの壁画は、長谷川路可による壁画で、右側に栄光と美を象徴するギリシャ女神、左側に相撲に勝った瞬間の野見宿禰が描かれた。『読売新聞』の「編集手帳」（一九六四・一〇・二）では、「ノミノスクネと女神像が日本と西洋をつなぐ国民スポーツのちがった伝統の対流と調和を象徴している」と評された。大会期間をはさんで、国立競技場と東京体育館の間にある公園（明治公園）には近代オリンピックの創始者であるクーベルタンと、日本最初のＩＯＣ委員である嘉納治五郎のレリーフが相対して設置された（オリンピック東京大会組織委員会、一九六五b、三〇頁・「寄付申しこみについて」昭和三九年一二月一五日［都公文書館］）。

周辺会場

東京オリンピックの会場は、主に、神宮外苑、代々木、駒沢の三ヵ所であった。だが東京大会の実施競技は二〇競技にもおよんだ。競技会場の総数は三〇となったが、このうち神宮外苑、代々木、駒沢のいずれかに置かれたのは、一三にすぎない。フェンシングは早稲田大学記念会堂、ボクシングは後楽園アイスパレス、柔道は日本武道館、馬術競技は馬事公苑といずれも二三区内で行われた。これ以外の競技は、多摩か近隣の他県で実施されている（表5―1）。

一九四〇年東京大会の際に、競技会場や選手村を誘致しようとした地域はかなりの数にのぼっていた。もちろん、すでにみた神宮外苑、代々木、駒沢も、一九四〇年の有力な会場候補地として検討対象となっていた場所である。だが、この三地域以外にも、一九四〇年の時に会場予定地となっていたり、会場予定地として陳情が行われたりしていた場所のいくつかが、一九六四年の時に会場となった。

大宮（埼玉県）は、一九四〇年東京大会の際に、氷川神社外苑をオリンピック選手村、県立大宮公園を練習場とするよう陳情を行っていた（「オリンピック村練習場招致陳情書」昭和一一年九月［JACAR: B04012506200: 18-33］）。この場所が一九四〇年東京大会の選手村や競技会場として選ばれることはなかったが、一九六四年東京オリンピックでは、ここがサッカー会場となった。

競技会場名	競技名	収容人数(約)
東大検見川総合運動場	近代5種競技（クロスカントリー）	1,500
馬事公苑	馬術競技	2,600
軽井沢総合馬術競技場	馬術競技	1,500
朝霞射撃場	射撃	1,200
所沢クレー射撃場	射撃	1,300
横浜文化体育館	バレーボール	3,800
江ノ島ヨットハーバー	ヨット	—

出典）『第18回オリンピック競技大会公式報告書　上』オリンピック東京大会組織委員会，1966年，117頁

一九六四年の東京オリンピックでボート競技の会場となった戸田漕艇場も、一九四〇年東京大会にあわせて整備された施設であった。[15] 戸田漕艇場は、規模を縮小した設計へと変更されたものの一九四〇年大会返上後も工事が続けられ、一九四〇年一〇月に竣工式が行われた（戸田市、一九八七、三八一―四〇一頁）。一九六四年東京オリンピックの漕艇会場に関しては、山梨県から「風光明媚であって『フジヤマ日本』にあこがれるすべての外国役員・選手の旅情を慰めるに充分な適地である」として富士五湖を推す陳情もあった（「オリンピック東京大会漕艇競技招致に関する陳情書について」昭和三二年九月一一日、「第一八回オリンピック大会漕艇競技招致方要望について」昭和三二年九月一四日［都公文書館］）。だが、ボート競技は、戦前にも予定されていたのと同じ戸田の会場で行われた。馬事公苑も一九四〇年東京オリンピックの会場予定地で、ここが一九六四年大会でも会場となった。各地域にとっても戦前のオリンピック計画を実現させるといった意味合いが強くあったといえよう。

首都圏の交通整備

東京オリンピックは、東京が直面していた様々な都市問題を解決する機会としても位置づけられていた。その一つが、交通問題であ

表5-1 1964年東京オリンピック競技会場の一覧

競技会場名	競技名	収容人数(約)
国立競技場	開閉会式，陸上競技，サッカー，馬術競技	71,600
秩父宮ラグビー場	サッカー	17,600
東京体育館	体操競技	6,500
東京体育館屋内水泳場	水球	3,000
国立屋内総合競技場本館	水泳・飛込	11,300
国立屋内総合競技場別館	バスケットボール	4,000
渋谷公会堂	ウェイトリフティング	2,200
駒沢陸上競技場	サッカー	20,800
駒沢体育館	レスリング	3,900
駒沢バレーボールコート	バレーボール	3,900
駒沢第1ホッケー場	ホッケー	2,000
駒沢第2ホッケー場	ホッケー	3,400
駒沢第3ホッケー場	ホッケー	2,300
早稲田大学記念会堂	フェンシング	2,200
後楽園アイスパレス	ボクシング	4,500
日本武道館	柔道	14,100
戸田漕艇場	漕艇	8,300
相模湖	カヌー	1,500
八王子自転車競技場	自転車競技	4,100
八王子自転車ロードレースコース	自転車競技	3,000
大宮蹴球場	サッカー	14,400
三ツ沢蹴球場	サッカー	10,100
朝霞根津パーク	近代5種競技（馬術）	1,300

図5-8 オリンピックに向けた道路整備（立体交差）
（『第18回オリンピック競技大会東京都報告書』東京都，1965年，89頁）

る。

当時の東京では自動車が増加し、交通マヒが問題となっていた。現状の道路では大会運営上も支障が出ることが予想されたため、オリンピックのための道路は、前倒しして整備が進められた。選手村を代々木ではなく朝霞キャンプドレイクに建設することにこだわる立場があったのも、オリンピックを機に、都心から朝霞方面に向かう複数の幹線道路を整備したいという強い思惑が働いていたからである。結果的に選手村は代々木となるわけであるが、東京オリンピックに向けて、都心や世田谷、戸田、朝霞などに点在する大会関連施設を結ぶ道路が重点的に整備され、羽田空港と都心、競技会場とをつなぐ首都高速道路も建設された。これらは大会期間中、選手役員の輸送に利用された。八王子の自転車ロードレース用の道路も整備された。

渋滞を緩和するために、鉄道や他の幹線道路との立体交差を設ける工事も多く行われた（図5―8）。大会運営に必要な道路の整備には、用地取得の困難をともなうものも少なくなかったが、用地取得・補償に多額の投資がなされ、大会までに関連道路は完成した。舗装の改良工事、街灯の整備も行われたことから、円滑な交通を可能とする道路網、明るい街が東京オリンピックによって生まれたといえるだろう。
鉄道網もオリンピックにあわせて整備された。羽田空港へのアクセス改善のため、高速道路のほかにモノレールも敷設された。地下鉄一号線、地下鉄二号線、東海道新幹線が建設され、競技場最寄駅の拡張工事も行われた。東海道新幹線は、戦前にあった「弾丸列車」計画の流れを引き継ぐもので、一九五〇年代後半に計画が推進され、一九五九年四月に着工した。この時は、まだオリンピック東京大会は決定していなかったものの、その後、オリンピック開催が決定し、世界銀行からの借款受け入れ条件として、東京オリンピック開催までに完成させることが決められた。建設は急がれ、一九六四年一〇月一日、オリンピック開幕直前に東京―新大阪間で運転が始まったのである（老川、二〇〇九b）。

清潔できれいな東京へ

オリンピック前の東京は、交通問題のほかにも、ばい煙や騒音、衛生状態といった点において、近代都市とは言い難い部分を多く抱えていた。一気に東京全域の生活環境がよくなったとまではいえないが、オリンピックを契機に、こうした問題は大幅に改善された。

九月三〇日から開会式が行われた一〇月一〇日まで、そして閉会式前日の一〇月二三日から二七日までの間、羽田空港周辺では、工場のばい煙規制が行われた。五月から六月にかけては、外客の宿泊するホテル等の周辺における騒音の実態調査が行われ、開幕日が近づくと、建設工事などの発生源が明らかなものに対しては、東京都都市公害部が個別に指導を行った。隅田川も、荒川の清浄な水が入るようにする導水路が建設されたことにより、オリンピック期間中は、臭気が薄れ水質が著しく改善された。開催都市としての「品位」を保つため、屋外広告ポスターについても撤去を求め、特に競技会場、羽田空港、首都高速道路、新幹線、モノレール周辺を屋外広告物禁止区域に指定した（東京都、一九六五、一四三―一四四頁）。

「外の目」を意識して急場しのぎの対策がとられると同時に、都民の生活環境を恒久的に改善するような事業も行われた。上下水道の整備やゴミ収集方式の変更である。オリンピック決定時の下水道の普及率は、区部でも約二〇％にすぎなかった。劇的に改善したわけではなかったが、[16]選手村や競技場の集中する地区を中心に下水道の拡張、水洗トイレの普及助成も行われた。二三区内のゴミ収集は、路上に置かれたゴミ箱からゴミを収集するという方式や、作業員が収集に来るたびに、作業員の鳴らす振鈴を合図に主婦が家庭から厨芥（台所ゴミ）を持ち出すという方式をとっていた。路上に置かれたゴミ箱は汚く不衛生で、しかも交通の障害にもなっていた。また収集日時が不確定であったため、そのたびにゴミを持ち出すことを求められる主婦たちにも不便であった。そこで、各家庭に持ち運び式のゴミ容器を備えておき、清掃局があらかじめ収集日時と容器の持ち出し場所を各家庭に通知しておくという方式に改められたのである。新方式は、一九六三年度末に区内全域で実施されるようになった（同前、一四四―一五一頁）。

衛生水準の向上を図るため、各種啓蒙活動のほか、飲食店、宿泊施設などを対象とした監視も強化された。コントロールの対象は、犬にまで及んだ。マラソン、自転車のロードレース、競歩などが犬によって妨害されることがないよう、競技会場周辺では野犬の捕獲が行われ、都内全保健所で狂犬病予防注射も行われた（同前、一四八頁）。「開催都市として恥ずかしくない品位と節度を保つ町」であってほしいと、風俗営業やダフヤの取り締まりも行われたようである（『東京都オリンピック時報』二巻五号、四―八頁）。

都民の公徳心向上運動

いくら行政が交通事情の改善、上下水道の整備、衛生対策を行ったところで、都民の意識が高まらなければ、「首都美化」は進まない。オリンピックを迎える都市にふさわしく生まれ変わるために必要であるとされたのが、都民の公徳心の向上である。

都内では、一九六二年一二月から、毎月一〇日を首都美化デーに指定し、路上からゴミがなくなるように掃除と啓蒙活動が行われた。一九六三年一〇月から一九六四年九月にかけては、「一千万人の手で東京をきれいに」のキャンペーン運動が計四回実施され、開幕一ヵ月前の一九六四年九月一〇日に行われた「一千万人の手で東京をきれいに」には、七〇〇〇団体、一八〇万人が参加したとされている（東京都、一九六五、一五一—一五四、二八一頁）。

東京都オリンピック準備局は、各種印刷物、展覧会、映画、スライド、ラジオ、テレビ広告など様々な手段を用いて、都民への啓蒙活動を行った。都民にエチケットを守るように呼びかけるために作成されたリーフレットには、次のようにある。

　ところで、このしおりをご覧の方々に考えていただきたいのは、道路で、駅で、公園で、バスや電車の中で………つまり私たちの社会生活の場であるこの東京の町で、私たち都民自身がお互にい（ママ）悩んでいる小さな病気、たとえていえば「公徳心欠亡（ママ）症」とでも名づけられる病いのあることです。

　このしおりに見られる光景は、その症状のほんの一部にすぎません。

・道路で吸がらや紙屑をすてる人
・道いっぱいになって歩くお嬢さんたち
・商品や商売道具で道をせまくしている店
・電車の中でタバコを吸うおじさん

・お年よりが立っていても、平気で坐っている学生さん
・公衆浴場の湯舟で体を洗うおじいさん
・道路や公園で野球をする少年たち
・川にごみをすてるおかあさん

等々私たちの周囲でいろいろな症状が見られます。

たしかにこれらの行いの一つ一つは、たいして目立つものではなく、私たちは何気なくやりやすいものです。でも、この一つ一つの小さな行いが積み重なって、ごみの山が築かれ、川は悪臭を発し、公園の芝生は枯れ、交通秩序が乱れるのです。（「公徳心高揚のためのリーフレット作成費の支出について」昭和三六年一月二四日［都公文書館：M04.6.12］）

このリーフレットは、成人の日の行事、中央観光案内所、東京都小中学校音楽会、ローマ・東京オリンピック展示会などで配られたようである（「公徳心高揚のためのリーフレット作成について」昭和三五年一二月八日［都公文書館］）。「公徳心欠乏症」としてここで挙げられている行為は、現在の東京では、ほとんど見られなくなっている。だが、オリンピックを目前に控えた東京では、川にごみを捨てたり、電車の中でタバコを吸ったりする行為は、かなり目についたのであろう。

東京オリンピック関連のスライドも映画館で盛んに上映されたようであるが（「映画館におけるスライド上映計画について」昭和三七年四月一一日［都公文書館］など）、東京都が一九六三年一一月に完成させたスライド「近づく東京オリンピック」は、道路や競技場の整備状況について紹介したうえで、「心がまえ」について次のように呼びかけている。

こうして道路や競技場の準備は目ざましい勢いで進んでいますが、さて私たちの心の準備はどうでしょう。道路にタンやツバを吐いたり、紙くずを捨てたりしている人はいないでしょうか。きたない手のまゝで、食べ物を口にしたり、不衛生なおこない、行儀のわるいおこないをしている人はいないでしょうか。交通きそくは正しく守られているでしょうか。正しく横断歩道を渡つているでしょうか。列に加わらずに人を押しのけて、電車に乗るような人はいないでしょうか。(『近づく東京オリンピック(東京都文化スライドシリーズ台本)』昭和三八年一一月〔都公文書館〕)

このように都民の振る舞いに対して、様々な「指導」が行われたわけであるが、こうした指導が行われたのも、外の目を意識してのことである。先のリーフレットは、習慣や言葉が異なる外国の人々に、快い生活を送ってもらい、東京の町や都民に素晴らしい印象をもって帰国してもらいましょうと呼びかけている(前掲「公徳心高揚のためのリーフレット作成費の支出について」)。一九六一年四月に、東京都は、東京放送で「青い目ちらりちくり」というタイトルの放送を開始、在日著名外国人のみたオリンピックと東京の諸問題を毎週水曜日に伝えた。「青い目」という表現が、当時の日本人にとって気になるのは、もっぱら西洋白人の視線であったことを示している。この番組は、「東京採点」、「外国に強くなりましょう」と名前を変え、一九六二年三月まで続いた(「ラジオによるオリンピック東京大会広報宣伝について」昭和三六年四月一日〜一〇月二日〔都公文書館〕・東京都、一九六五、七六頁)。

オリンピック国民運動

オリンピックに向けた取り組みが行われたのは、東京や会場となった近隣の県だけではない。一九六三年六月二二日にオリンピック国民運動推進連絡会議が発足し、各都道府県にもオリンピック国民運動推進のための組織が設置された。そしてオリンピック理解、国際理解、公衆道徳高揚、商業道徳高揚、交通道徳高揚、国土美化、健康増進を目指す運動が全国各地で実施されていった。

「オリンピック国民運動」は、国民の心身に働きかけ、社会環境の改善を意図するものであった。オリンピック理解や国際理解に関しては、オリンピック精神の正しい理解の促進、スポーツマンシップの高揚、オリンピック・マークの乱用防止、外国人に対する平等な態度や国旗・国歌の尊重などの醸成が重視された。公衆道徳高揚運動では、人に親切にすることと公徳心を高めること、商業道徳高揚運動では、暴利をむさぼらないことと悪質の品物を販売したり不正取引をしたりしないこと、交通道徳高揚運動では、安全運転の徹底と交通道徳の遵守が目標となった（「『オリンピック東京大会準備状況（月報）』について」昭和三八年一一月五日〔国公文書館〕）。国土美化運動は、「紙くずのない日本、花を愛する国民」をスローガンとし、道路、広場、公園、駅などにゴミ箱を設置し、国民がゴミを路上や公共施設にみだりに捨てないようにすること、学校、駅、商店街、会社、官公庁、病院、家庭、団地、主要道路で花壇を造成・整備することが目指された（「オリンピック国民運動国土美化運動の推進について」昭和三九年二月二六日〔国公文書館〕）。

これらの目標の達成手段は各都道府県により異なっていたものの、全国で、ポスターやリーフレットが作成・配布されたり、展覧会、巡回映画、講習会などが開催されたりした（前掲「『オリンピック東京大会準備状況（月報）』について」）。一九五八年の第三回アジア大会の時にも、似たような呼びかけは行われたようであるが、一九六四年東京オリンピックの運動はアジア大会の時と比べてもずっと周到に準備がなされ全国を網羅し、かつ期間も長かった（前掲「『アジア競技大会に参加する外国人をあたたかく迎える運動』について」・「アジア競技大会開催に伴い来訪する外国人の応待について」昭和三三年四月二五日〔国公文書館〕）。

オリンピック精神の普及

「オリンピック国民運動」で特に力が入れられていたものの一つが、オリンピックの理想・精神に関する理解の促進であった。主として子供たちを対象とした大量の教材が作られた（図5―9、表5―2）。これらの教材は、「オリンピック精神普及資料」とも呼ばれ、一九四〇年の幻の東京大会の際の国内向け宣伝方針の延長線上にあったといえる。第3章で示した『オリムピック精神』や第4章で取り上げた子供向け読み物の焼き直しであったとも捉えることができる。

一九六二年三月からは、国立競技場の拡張工事にともない秩父宮記念スポーツ博物館が閉鎖となったため、同博物館の所蔵資料の移動展示が行われた。移動展は、一九六四年六月までの間に、北海道から沖縄に至るまで、全二九会場で開催された（国立競技場、一九六九、一三八―一四五頁）。展覧会では、戦後教科書などで語られることによって有名となっていた「友情のメダル」も展示された（「昭和三八年度オリンピック展覧会の開催について」昭和三八年二月二七日〔国公文書館〕）。

展覧会のほかにも、大会が近づくにつれて各地で、オリンピック理解のための学校新聞コンクール、聖火をむかえる青少年のつどい、郷土選手激励の集い、家庭向けリーフレットの作成配布、映画やスライドの巡回上映などが行われた（「昭和三九年度各都道府県オリンピック国民運動推進事業に対する補助について（内簡）」昭和三九年一月九日〔国公文書館〕）。また、大会の資金調達手段として、寄付金付きの記念切手やタバコが販売されたり、オリンピック定期預金が売り出されたり、募金者にはオリンピックのモチーフの入ったシールがプレゼントされる一〇〇円募金が行われたりした（オリンピック東京大会組織委員会、一九六六、六五―七三頁）。こうして開催都市以外でも、オリンピックは認知度を上昇させていったのである。

図5-9 オリンピックを前に作られた小中学生向け教材
（『オリンピックの精神』『オリンピックの歴史』日本教図，発行年不明）

表5-2 オリンピック普及資料（文部省関係）

作成資料	対象	部数
オリンピック普及資料「オリンピックのために」（昭和35年度）	一般	6,000
オリンピック読本「中学生のために」（昭和36年度）	中学生	35,000
オリンピック読本（高等学校，青年学級向け）（昭和37年度）	高等学校生徒，青年学級生	28,000
オリンピック読本「小学生のために」（昭和39年度）	小学校児童	50,000
リーフレット「東京オリンピック大会」（昭和39年度）	一般	110,000
オリンピックとその実施競技（昭和39年度）	指導者	6,000
オリンピックを見るために（団体入場の手引き）（昭和39年度）	児童・生徒（団体入場向け）	660,000

出典）『オリンピック東京大会と政府機関等の協力』文部省，1965年，190頁

外客を受け入れるホテル

東京オリンピックでこれまでになく多くの外国人が来日することは確かであった。外国人受け入れに関する課題として認識されていたのが、宿泊場所をどうするか、食事をどうするか、言語の壁をどのように乗り越えるか、の三点である。

オリンピック開催に備えてホテルの整備が必要であるという認識は、一九四〇年東京大会時にも一定程度共有されていた。しかし一九六四年東京大会に向けてホテルを整備することには、慎重な意見も少なくなかった。過去の大会に関する情報がかなり入ってきていたからである。

東京大会決定以降、日本ホテル協会の機関誌『ホテルレビュー』は過去のオリンピックでの宿泊事情について記事をよく掲載しているが、それによると、一九五二年ヘルシンキ大会でも一九五六年メルボルン大会でも、わずか数十日間のオリンピックのために、ホテルが新設されることはなかった。ホテルが不足する分は、個人宅やキャンプが活用されていた（『ホテルレビュー』一〇巻一一〇号、七―九頁）。一九六〇年ローマ大会終了後は、ローマ大会ではホテルの空室が目立ったこと、それは通常の観光客がローマを避けたためであることが伝えられた。大会期間中は全期間を一括して予約しなければならず宿泊料金は前払いしなければならないという、一般の観光客にとっては「面倒くさい」規定が設けられ、ローマのホテルは満室であるという誤った情報も流れていたという。またオリンピックの観客は、若年層が多くて節約志向で、ホテル以外の宿泊施設を利用したのではないかという分析も伝えられた（『ホテルレビュー』一一巻一二〇号、五頁、一一巻一二六号、二一頁・ディアドーフ、一九六一）。外客の動向については比較的冷静な判断が行われていた。

このような過去の大会の情報が入ってきていたことから、ホテル関係者は、東京オリンピックは観光客の比較

表5-3 日本ホテル協会会員ホテル数・客室数の推移

年　度	ホテル数	室　　数
1960	114	8,168
1961	115	10,066
1962	116	11,265
1963	127	12,810
1964	139	13,212
1965	158	19,330

『ホテルレビュー』23巻267号，22－23頁より筆者作成．

的少ない八月に開催すべきであると主張していた。一九四〇年大会の時と同様、東京大会の招致が成功した時点では、まだオリンピック会期は確定しておらず、八月開催と一〇月開催の二案があった。ホテル業界は、一〇月は観光シーズンで外客をさばききれないが、八月であれば、十分な宿泊施設が確保できるだろう。約半月のオリンピックのために宿泊施設を過剰に整備するようなことがあってはならない、八月開催の衛生面を心配する声もあるが心配はない、と主張していた（犬丸、一九六〇・『ホテルレビュー』一一巻一二〇号、五頁）[17]。

しかし実際には、東京オリンピックは一〇月開催となり、一九六四年にかけて大型ホテルの開業が相次いだ。一九六〇年五月には銀座東急ホテル、一九六一年一〇月にはパレスホテル、一九六二年五月にはホテルオークラ、一九六三年六月には東京ヒルトンホテル、一九六四年は二月にホテル高輪、八月に羽田東急ホテル、九月に東京プリンスホテルとホテルニューオータニがそれぞれ開業した。表5—3は、日本ホテル協会の会員ホテル数と客室数の推移である。客室数は、一九六〇年には八一六八室にすぎなかったが、一九六四年には一万三二一二室になっている。オリンピックに向けて、東京を中心にホテルが急いで整備された。

もっともはじめの予測通り、大会期間中、ホテルは供給過剰となってしまった。ホテルの客室数が開幕直前に急増し、旅館や船中泊、民泊といった選択肢も別に準備されたことによって、東京のベッド稼働率は前年同時期を下回っていた（帝国ホテル、二〇一〇、一一三、一二〇—一二二頁）。オリンピック時の外客数は一〇万人以上とも予想されていたが、[18] 法務省によると、結果は、オリンピック大会関係者も含めて五万六六六二名（一般観光客は四万一四六三名）にすぎなかった（『観光の状況に関する年次報告　昭和三九年度』二二一―二二三頁）。

選手村の食事

宿の次に問題となるのは、食事である。特に競技にあわせてコンディションを整える必要がある選手たちの食事は、東京大会の評価を左右するものであった。選手村の給食業務は、一九六三年四月、組織委員会から日本ホテル協会に正式に委託された。これに基づき、ホテル協会では、一九六四年九月一五日から一一月五日までの五二日間、代々木の選手村の約七二〇〇人、馬事公苑の約八〇人に対し、食事を提供するための準備を本格化させた（『ホテルレビュー』一四巻一五六号、三九頁）。

オリンピック選手村給食業務準備委員会の委員長には、日本ホテル協会会長で帝国ホテル社長の犬丸徹三、副委員長には、日本ホテル協会理事でホテルニューグランド社長の野村光正と帝国ホテル常務取締役の犬丸一郎が就任した（『ホテルレビュー』一四巻一五七号、三九―四〇頁）。調理には、日活ホテル（ザ・ペニンシュラ東京が現在ある場所に存在した映画会社日活が経営していたホテル）から馬場久、ホテルニューグランドから入江茂忠、第一ホテルから福原潔、帝国ホテルから村上信夫と、有名ホテルの料理長が参加し、仕入れやサービスとともに、ホテル業界総出の体制をとった（鈴木、一九六三）。中心となったのは、帝国ホテルの関係者（特にローマ大会を視察していた犬丸一郎とローマ大会の選手村シェフとして働いていた村上）であった。

選手村での食事提供は、単に、選手たちの空腹を満たせばよいということではなく、かなり「壮大な任務」であり複雑で細やかな配慮と準備を要するものとして語られた。帝国ホテル副支配人で、オリンピック選手村給食業務準備委員会の事務局長を務めていた鈴木博は、『ホテルレビュー』で次のように述べている。

オリンピック東京大会は実は有史以来始めてアジヤ大陸で行われ、東洋民族が行う始めての祭典であり、東洋民族の、そして日本人の評価を世界に問う、まさに日本国民にとつて日本の名を世界にとどろかせる有史以来の好機である。

このような東洋民族の代表としての第十八回オリンピック東京大会に、日本のホテル業界は業界の総意によってその給食業務を受託した。給食の規模は選手村において一日三食最高七千二百人にもおよび東洋における史上最大の規模であるこれを延べに計算してみると、七千二百人が三度の食事ということで五十二日間（昭和三十九年九月十五日から十一月五日まで）最高一日二万一千五百食、全期間を通じて実に延べ七十八万食余となる。まさに東洋民族の偉大なる試練であろう。加えるに、各国料理の食べ放題、カロリーも六千カロリー、普通人二千五百カロリーといわれるから、実に倍以上である。

サービスはセルフ・サービスのカフェテリヤ・スタイルとはいうものの、原材料の調達、貯蔵、調理、輸送、防疫、サービスなどあらゆる分野においてまことに困難な技術的諸問題を含んでいる。このような有史以来の大規模と高度な技術の必要性をもってして、しかもこれがオリンピック競技に直接つながるものである重要性からして、果してこれを成功させうるものは一体誰なのであろうか。それは日本のホテル業者以外にありえない。（同前、二九―三〇頁）

その後、延べ食数の見積もりは六〇万食と減ったようであるが（鈴木、一九六四、八頁）、これだけ大規模に食事を提供しなければならない、それも世界各国の料理を準備しなければならないというのが、当時は大問題であったのである。

選手村の給食業務を行うために、三〇六名のコック、三三名のボーイ長、都内の大学生五三〇名のサービス係が委嘱された。この人たちに対して、メニュー、調理方法、マナーなどの通信教育が行われたり、各地で研修会が開催されたりした(『ホテルレビュー』一五巻一六五号、六六頁など)。

食文化の研究

選手村で提供するメニューは、事前に大使館や現地に問い合わせながら作成された。当時の日本では、それほど各国料理が普及していなかったのであろう。一九六四年に入ると、『ホテルレビュー』では「オリンピック・メニュー」という折込みページを設け、牛肉煮込コロラド・チリーソース(メキシコ)、若鶏煮込田舎風(ブラジル)、黒豆と豚肉の煮込(ブラジル)、小海老の皮包み揚げ(ブラジル)、オレガノ入り若鶏煮込(キューバ)、ビーフ・ステーキ(スペイン)、とうもろこしの皮包むし(アルゼンチン)と順番にレシピを紹介している。またテレビ番組では、選手村の食事がどのように準備されるかが、披露された(『ホテルレビュー』一四巻一六二号、四一―四三頁)。

特に食べ物に関する戒律については、最大の注意が払われた。ローマ大会では、大まかな地域別に一〇の食堂が設けられ、日本も含めたアジア系の国々が利用する食堂には、ヒンズー教徒もイスラム教徒も仏教徒も混在していた(村上、一九六三、二五頁)。日本は一九五八年にアジア大会開催の経験があり、東京大会でも、宗教的な理由で牛や豚を食べない国があるという認識はあった。しかし、食事を作る側が、例えばハラールについて十分に理解していたかは定かではない。『ホテルレビュー』は、羊肉の「洗礼犠牲式」の行い方を当初は「気楽に考えていた」が、パキスタンやトルコの大使館に問い合わせて、厳格に「洗礼犠牲式」を行ったとわざわざ記事にしている(『ホテルレビュー』一五巻一七三号、四四―四五頁)。

ハラールとは、アラビア語で「合法的なもの、許されたもの」という意味で、ハラール食品は、アルコールや豚肉を含まないのはもちろんのこと、肉類であればその肉がイスラームの方式に則った食肉処理がなされていること、菓子類、麺、調味料などにおいても「禁忌とされる成分（ハラールでないラード、アルコール、肉エキス、ゼラチンなど）」が含まれていないことが要件となる（樋口、二〇〇七・川端、二〇一五）。近年、訪日ムスリム観光客受け入れの文脈で「ハラール認証制度」が注目を集めているが、この制度自体が、グローバル化（とりわけ食のグローバル化）の中で生まれたものである。一九六〇年代半ばの時点、すなわち、食品の国際流通が限定的で、ムスリムとそれ以外の人々とが日常的に交差する生活空間がほとんどない段階では、ハラール食品の制度化はまだみられなかったようである（中村、二〇一六）。

いずれにしても、日本でも他国の食文化に対する理解は東京オリンピックを通して急に進んでいった。選手村給食業務で中心的役割を担っていた帝国ホテルは、東京オリンピック終了後、本場の料理人を招き、食材を仕入れて、スイス、スカンジナビア、ジャーマン、メキシコなどの「フードフェスティバル」を定期的に開催するようになった（帝国ホテル、二〇一〇、一二一―一二二頁）。

言葉の壁を乗り越えるために

外客を迎えるにあたっては、言葉の壁の問題もあった。組織委員会では大会招致成功以来、検討を重ね、できるだけ早い時期から通訳を養成することとした。

まず白羽の矢が立ったのが、訓練のための時間を比較的容易に確保できる大学生であった。(19) 各競技の運営に関わる通訳は、都内の一八大学から推薦を受けた二九八名が担当し、学生たちは約一年半にわたる訓練をうけ、オリンピックに関する知識のほか担当する競技の専門用語を、習得していった。この他、選手村、報道、輸送、接伴に従事する通訳を中心に、約九〇〇名が採用試験を経て全国から採用された。試験によって採用されたのは、英語、フランス語、ドイツ語、スペイン語、ロシア語の通訳であった。上記五ヵ国語以外にも、自国語の通訳を希望する選手団は多かった。そこで組織委員会は、各国チームが在京者の中から選んだ人物（主に在日公館や商社に勤務する者）を「補助通訳」として認め、特別な身分証明書を発行した。数ヵ国語に堪能な通訳も大会運営上は必要であったが、日本人の中から該当者を見出すことは難しく、外国人の通訳を計二七名、採用した（オリンピック東京大会組織委員会、一九六六、一〇六―一〇八頁）。

大会会場の外でも、言語は大きな壁になると認識されていた。都内の商店会連盟や東京商工会議所では、商店、ホテル、旅館などの従業員に対して、講習会を行った。警視庁、消防庁でも、語学訓練講習会を行った。大会会場やその周辺の駅には、臨時案内所が開設され、英語での案内を行った。組織委員会、渋谷区、東京商工会議所、警視庁は、テレフォン通訳センターも設けた（東京都、一九六五、一八九―一九〇頁）。テレフォン通訳は、『朝日新聞』によれば、商店などが外国人客と言葉が通じずに困った際に、活用されたようである（一九六四・一〇・二〇）。

多くの外国人が街中で苦労すると想定されたことから、通訳は広範囲に配置することが必要だと考えられた。そこで発案されたのが、「善意通訳活動」である。オリンピック国民運動推進連絡会議、国際観光協会、新生活運動協会、各都道府県・市が主催して、外国在住経験や外国語関係の業務経験があって語学が堪能な人が選考された。募集は、英語、フランス語、ドイツ語、スペイン語、中国語、イタリア語、ポルトガル語、ロシア語の計八ヵ国語を対象とし、東京や首都圏のみならず、全国で実施された。その数は、二万五〇〇〇人（うち、都内一万六四三七人、都外八五六三人）に及んだ。選考に合格した人は、E（英語）、F（フランス語）などのバッジをつけて、九月一日から一一月三〇日までの間、善意通訳活動を行った（東京都、一九六五、一九〇頁）。台東区と世田谷区では、区民を対象とした英語講習会も行われた（同前、二二二頁）。

図5-10　東京オリンピックの入場券
（『東京オリンピック1964　デザインプロジェクト』東京国立近代美術館，2013年，63頁）

図5-11　施設シンボル
（『第18回オリンピック競技大会公式報告書　上』オリンピック東京大会組織委員会，1966年，468頁）

ピクトグラム

競技や施設を絵で表現して、世界各国の人々に言語を介さずに伝えるピクトグラムは、東京オリンピックのコミュニケーション・ツールとして特筆すべきものである。東京オリンピックで初めてピクトグラムが考案されたとも言われているが、加島（二〇一七）が指摘しているように、これ以前の大会でもピクトグラムの使用はみられたため、東京オリンピックが初めてというのは誤りだろう。[20] ただし、東京オリンピックで、ピクトグラムが外国人との重要なコミュニケーション・ツールとして認識されたことは間違いない。

競技シンボルは、日本デザインセンターの山下芳郎（やましたよしろう）が制作し、入場券にも用いられた（図5―10）。施設シンボルは、レストラン、観客席、劇場、手荷物一時預り所、トイレ、シャワー、サウナなどを表したもので、一九六四年三月に設置されたデザイン室のシンボル部会で、一一名の若手デザイナーにより考案された（図5―11）。現在でも、ピクトグラムは、交通機関や公共施設などで日常的に用いられるものとなっている（木田、二〇一三、一二頁）[21]。

(3)　テレビ・オリンピック

オリンピックとテレビジョン開発

一九六四年東京大会は、「テレビ・オリンピック」とも称された。テレビ放送の準備にも、相当なエネルギーが費やされている。

メディアを活用してオリンピックを世界中のより多くの人々に届けようという発想は、一九三六年ベルリン大会の頃から顕著になっていた。第2章で述べたように、ベルリン大会の成功を受けて準備が進められた一九四〇年東京大会でも、グラフ雑誌やパンフレットなどの写真を多用したメディアや、海外放送・国際放送を使って、日本の真の姿を世界に発信しようという試みはあった。放送に関しては、ベルリン大会でテレビ放送が実施されたことが、日本の放送関係者を刺激し、日本放送協会は一九四〇年東京大会でのテレビジョンの実用化を目指して高柳健次郎を中心とした研究チームを発足させた。テレビジョン開発は、東京オリンピック返上後も続けられ、一九三九年五月、実験放送が初めて成功した。紀元二六〇〇年を記念した各地の展覧会等の行事ではテレビジョンの実験放送が目玉として位置づけられることも少なくなかった（飯田、二〇一六）。

戦後、一九五三年二月にNHKが、同年八月に日本テレビが、本放送を開始する。もっとも、初期のテレビは各家庭におかれていたわけではない。最初のうちは、街頭テレビ、電器店や飲食店などにおかれたテレビを視聴するのが一般的であった。街頭テレビは、正力松太郎のアイデアであるように考えられているが、公開テレビジョン受像所を主要都市に複数設けることは、戦前の東京オリンピック放送計画ですでにみられたものであった（同前）[22]。一九四〇年東京オリンピックは、それ自体は幻となって消滅したのであるが、戦後の日本におけるテレビ放送を間接的に後押ししたといえる。

戦後のテレビの普及

表5—4にあるように、テレビは、一九五〇年代後半から一九六〇年代初頭にかけて各家庭に入り込み急速に普及していった。テレビ普及率は一九五八年に約一割に達し、そこから一九五九年に二三・一％、一九六〇年に三三・二％、一九六一年に四九・五％と急激に上昇した。一九五九年四月一〇日には皇太子結婚パレードが中継され、一五〇〇万人がこれを視聴したといわれている。パレードは、現地で見るのであれば一瞬にして通り過ぎ

てしまうが、テレビで見れば、クローズアップで皇太子夫妻の様子を一部始終、見ることができる。現地で直に接触するのではなく、テレビの中に再構成された物語を楽しむという「出来事」の体験の仕方が、この頃から、始まっていった（高橋ほか、一九五九）。一九六四年、実現した東京オリンピックの時には、八割もの家庭にテレビが普及し、すっかりテレビの時代になっていた[23]。

世界の放送

東京オリンピックの放送を考える上では、国際的な放送の状況も重要である。東京オリンピックでは、オリンピック史上初めて、衛星中継が行われた。東京オリンピックで衛星放送を行うことは、既定路線であったわけではなく、様々な苦労や交渉の結果であった。ただ、東京オリンピック開催が決定した一九五九年頃から一九六四年において、東京オリンピックを海外に中継するということは決して夢物語ではなく、それに必要な条件は徐々に整っていた。

表5-4　NHKテレビジョン受信契約の状況

年度	年度末契約数	普及率
1952	1,485	0.01
1953	16,779	0.1
1954	52,882	0.3
1955	165,666	0.9
1956	419,364	2.3
1957	908,710	5.1
1958	1,982,379	11.0
1959	4,148,683	23.1
1960	6,860,472	33.2
1961	10,222,116	49.5
1962	13,378,973	64.8
1963	15,662,921	75.9
1964	17,132,090	83.0

出典）『20世紀放送史（下）』日本放送出版協会，2001年，532頁

マーシャル・マクルーハンが、電子メディアによって「グローバル・ヴィレッジ（地球村）」が出現するという議論を展開したのは、東京オリンピックよりも少し前である（マクルーハン、一九六二＝一九八六）。一九六二年七月、人工衛星テルスターによって、アメリカからヨーロッパへのテレビ中継が初めて行われた。

一九六三年一一月には、日米間でリレー一号による中継実験が行われた。その時たまたまケネディ大統領が暗殺され、このニュースが日本の各家庭のテレビに鮮明に映し出されることとなった。

組織面でもニュースの国際化を促すような動きが活発になっていた。テレビの国際中継を行うシステムとして、西ヨーロッパの放送機関を中心としたヨーロッパ放送連盟（EBU）は一九五四年六月にユーロビジョン、東ヨーロッパの放送機関を中心とした国際放送機構（OIRT）は一九六〇年二月にインタービジョンを発足させた。EBUとOIRTの二つの組織の存在は、冷戦構造の反映であったが、インタービジョンが発足すると、ユーロビジョンとインタービジョンの相互中継も行われるようになった。『世界のラジオとテレビジョン』によると、一九六二年度にはユーロビジョンからインタービジョンへ三七番組、一九六三年度にはユーロビジョンからインタービジョンへ七二番組、インタービジョンからユーロビジョンへ三六番組、一九六四年度上半期にはユーロビジョンからインタービジョンへ一〇八番組、インタービジョンからユーロビジョンへ四四番組の交換が行われている（日本放送協会、一九六五、二六〇頁）。テレビ放送のネットワークをヨーロッパにとどまらず世界中に張り巡らそうという「ワールドビジョン」の構想もあった。(24)

国際的な中継網が次第に編成されると同時に、世界各国でテレビやラジオは急速に普及していた。『世界のラジオとテレビジョン』によると、ユネスコの調査で、世界のラジオ受信機台数は一九五〇年から六〇年までの一〇年間に約二倍となっていた。特にリテラシーの低い新興国ではラジオの普及に力を入れていて、アフリカでは約四倍、アジアでは約三倍と増加率が高かった。テレビについても、アジアでも約半数、アフリカでも三分の一を超える国々で放送が行われ、アメリカとヨーロッパの主要国では、テレビ受信機の対人口普及率が二〇％を超えていた（同前、三―五、二七一頁）。

NHKと東京オリンピックのテレビ放送

さて、一九六四年東京オリンピックのテレビ放送の実施主体となったのは、NHKである。オリンピックの放送に関する業務は、組織委員会が開催国の代表的放送機関に委託するのが通例となっていた。一九五六年メルボルン大会ではオーストラリア放送委員会、一九六〇年ローマ大会ではイタリア放送協会が、放送関係の業務を行った。NHKは、東京大会の組織委員会発足と同じ一九五九年九月に、オリンピック準備委員会を設置、一九六一年四月には、海外放送機関に対して東京オリンピックの取材希望に関する第一回目の調査を実施した（日本放送協会、［一九六五］、一頁）。

組織委員会が海外放送機関の取材希望調査とテレビ放送契約の予備折衝をNHKに正式に委託したのは一九六一年八月であったが、NHKは、その前から、ローマ大会の放送に関するイタリア放送協会との契約締結の際にイタリア放送協会の東京大会取材を保障し、海外放送機関に対して取材希望調査を実施したりするなど、自らが東京大会の放送関係業務を行うことを当然視していたといえる。民間放送は、このことに反発し、あくまで民放とNHKの共同取材の原則が守られることを望んでいたが、結局、海外放送機関との契約締結などの既成事実を積み重ねていったNHKに押し切られることとなる。一九六三年九月に、組織委員会がNHKに放送権を一括付与し、放送施設も全て委託する決定を行うと、NHKは、これをもって放送に関する全ての業務が委託されたと解釈した。

NHKは、オリンピック放送センターをワシントンハイツ跡地に建設し、大会終了後は恒久的なNHK放送センターとするといった、ある意味、壮大なプランを実行に移していった(25)。オリンピック放送は、一つのイベントを海外に向けて放送していくという日本の放送界にとって前代未聞のことであったが、すべてNHKの管理下に置かれ、民放はＮＨＫからもらった映像に、音声だけを差し替えて放送することで決着がついたのであった（日本民間放送連盟民放オリンピック放送総本部、一九六六、二一―二三頁）。

カラー放送、スローモーション、接話マイク

東京オリンピックのテレビ放送は、いくつかの点で画期的な技術革新をともなっていた。その内容は国内向け・国外向けの放送の双方に関わるものと、国外向け放送にのみ関わるものがある。まずは国内向け・国外向けの放送の双方に関わるものから確認していこう。

東京オリンピックでは初めてのカラー放送が行われた。日本でカラーテレビの本放送が始まったのは、一九六〇年九月、アメリカに次いで世界で二番目であった[26]。東京オリンピックを目標として、日本電信電話公社では、カラー伝送用のテレビ中継回線の整備を前倒しで行い、一九六三年一二月に東日本ループ（東京―名古屋―大阪―金沢―東京）、一九六四年九月に北日本ルート（東京―仙台―札幌）、一九六四年一〇月に西日本ループ（大阪―広島―福岡―熊本―松山―大阪）が完成した。これにあわせて、各地のテレビ局は放送機もカラー化していった（日本放送協会、二〇〇一ａ、四三〇―四三一頁・日本電信電話公社、一九六五、四二一頁）。一九六四年の三月末に、カラー放送実施放送局は七一局にすぎなかったが、大会開催時には三二〇局となっていた（日本電信電話公社、一九六五、一一三頁）[27]。受像機は高価で普及は進まなかったが、東京オリンピックでは、開会式のほか八競技、計三二時間分でカラー中継が行われた（日本放送協会、［一九六五］、二九頁）。

スローモーション映像や、隣のアナウンサーの声が入らないようにする接話マイクロフォンも使われた（図５―12）。ヘリコプターや防振装置つきの移動中継車を使って、マラソンの完全テレビ中継も実現した（図５―13）。

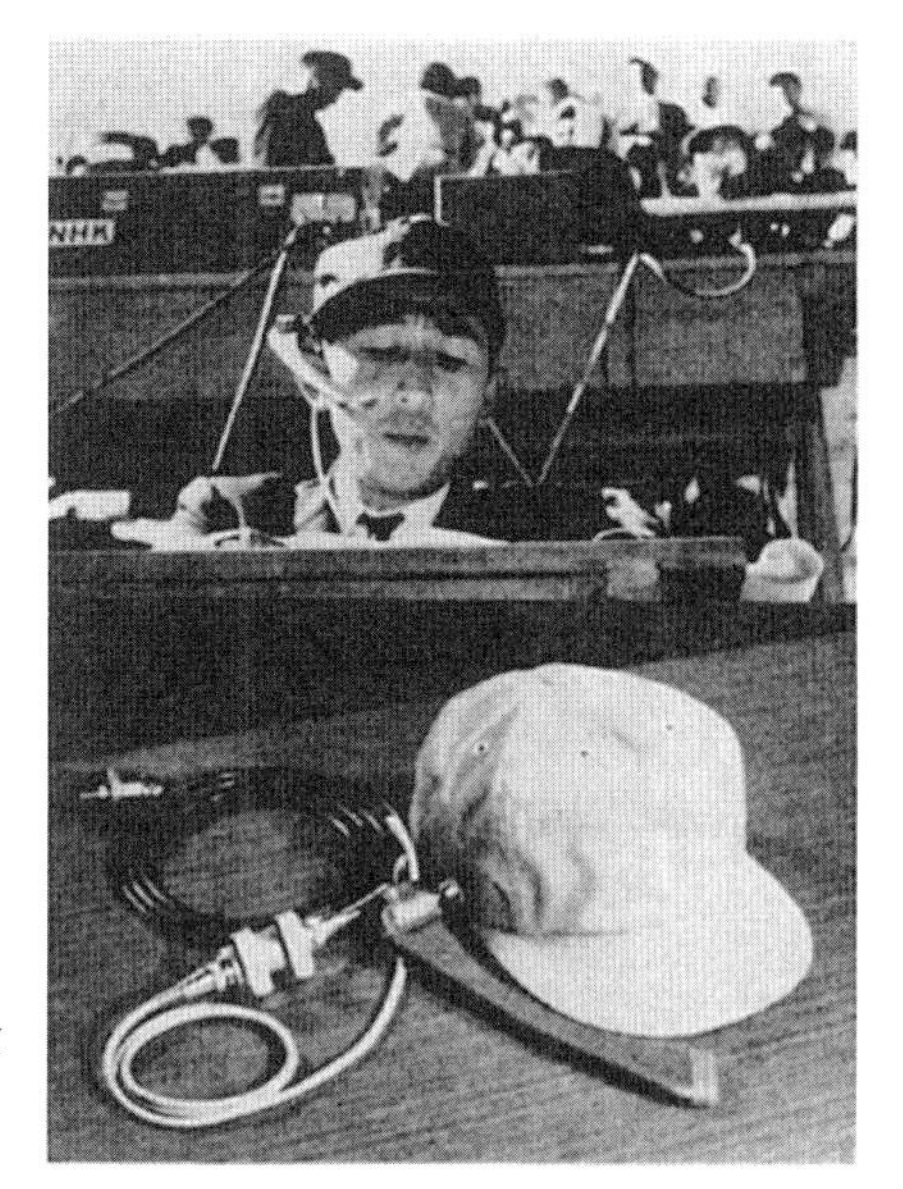

図5-12　接話マイクロフォン

（相島敏夫ほか『少年少女東京オリンピック全集　4：新しい科学の勝利』黎明書房，1965年，82頁）

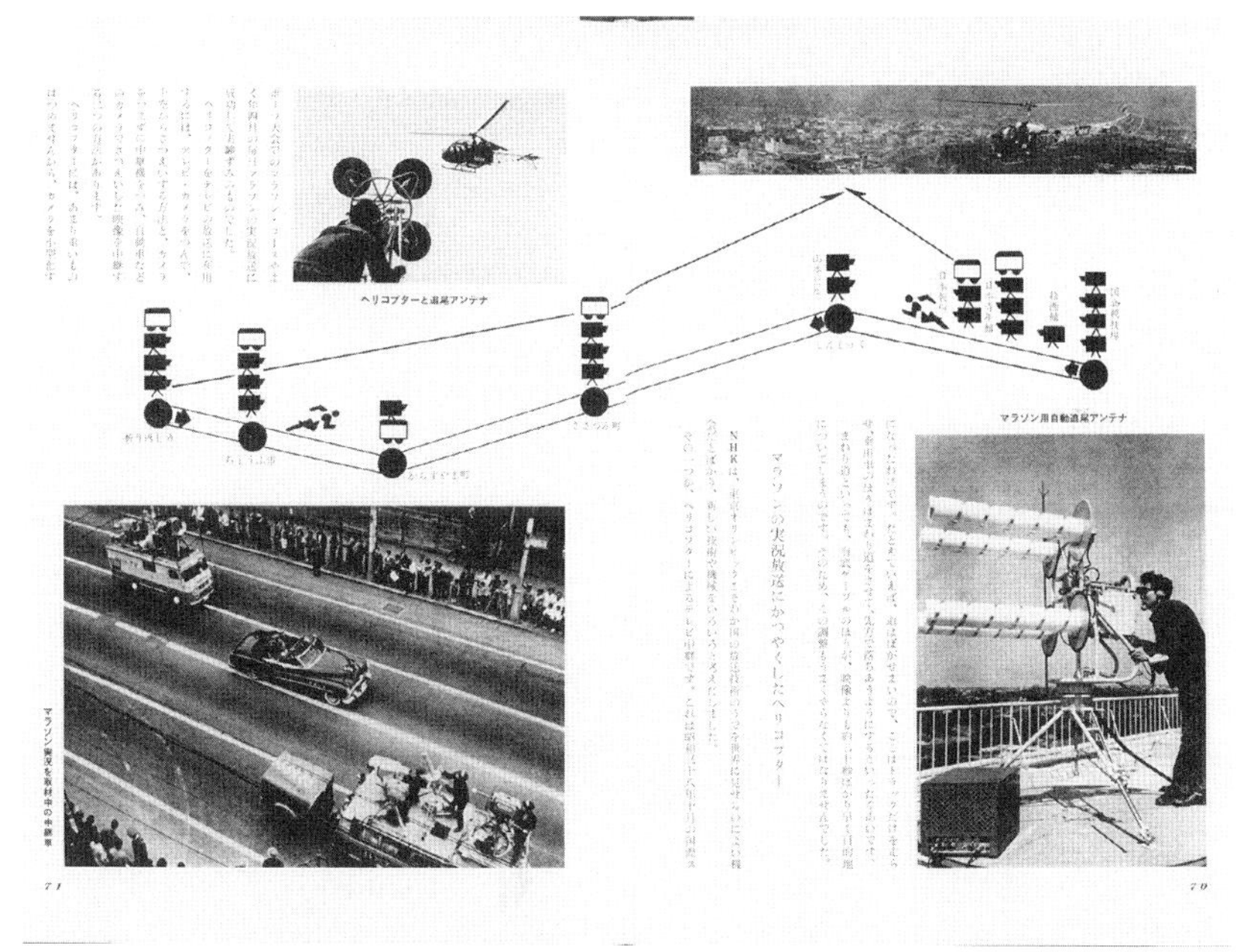

図5-13　マラソン中継の方法

（相島敏夫ほか『少年少女東京オリンピック全集　4：新しい科学の勝利』黎明書房，1965年，70-71頁）

図5-14　1964年9月に沖縄で発行された記念切手

（『ビジュアル日本切手カタログVol.2：ふるさと・公園・沖縄切手編』日本郵趣協会，2013年，312頁．左は日琉マイクロ回線の開通を記念して1964年9月1日に発行された切手，右はオリンピック東京大会聖火リレーを記念して9月7日に発行された切手．）

沖縄のオリンピック放送

一九六四年九月には、沖縄と本土を結ぶマイクロ回線も開通した。これは、元々はオリンピックとは無関係に進められていたことであるが、途中から、オリンピックに間に合うかが、一つの焦点となった。『沖縄放送協会史』によると、一九六〇年八月に大田政作（おおたせいさく）琉球政府行政主席が池田勇人（いけだはやと）首相に、沖縄に対する経済協力の一環として沖縄と本土を結ぶマイクロ回線の設置に対する援助を依頼、翌年から日本政府が出資、日本電信電話公社と琉球電信電話公社も工事費の一部を負担して工事が行われ、一九六三年一一月にマイクロ回線の建設は完了していた（沖縄放送協会資料保存研究会、一九八二、二二一頁）。しかし、回線使用料の負担割合をめぐって日本電信電話公社と琉球電信電話公社の話し合いが難航したこと、テレビのための下り一回線をどのように利用するかについて琉球放送と沖縄テレビ間の利害調整に時間がかかったことから、一年近く開通が遅れたのである。

一九六四年九月一日のマイクロ回線開通式で、総理大臣の池田は、「これで来たるべき東京オリンピックも遠くはなれた沖縄でもみることができます」と述べた（琉球放送企画部、一九六五、一四一頁）。聖火リレーの到着を五日後に控え、東京オリンピックは、沖縄と本土との距離を縮める役割を果たしたといえるだろう。マイクロ回線の開通とオリンピック東京大会の聖火リレーに関しては、相次いで記念切手が発行された（図5―14）。大会期間中は、本島だけであったが、NHKのテレビ・ラジオ番組が沖縄でも放送された。本土と沖縄を結ぶマイクロ回線は(テレビ用には)下り一回線しかなく、回線利用をめぐってNHKと民放とで競合する面があったが、オリンピック期間中はNHKの大会放送番組を優先することで、沖縄の放送局の意見は一致したという。番組は、沖縄テレビ、ラジオ沖縄、琉球放送とすべての現地日本語放送局に提供され、各局とも連日一〇時間ほどのオリンピック放送を実施した(日本放送協会、[一九六五]、七、七一―七二頁)。もっとも、坂田(二〇一二)によれば、本土の放送が入ってくることはなかった与那国島では、台湾のテレビ局の電波で、後述するNHK制作のフィルム・サマリーをみていたという。

海外放送機関との契約締結

前述のように国際中継が活発化している状況で、日本、そしてNHKが、アジアで初めて開催される東京オリンピックを世界の隅々にまで届けようという目標を抱いたのは、当然のことであった。NHKは、オリンピックを「NHKの技術を世界に示す絶好の機会」と捉え、海外放送機関に対して、計四回のアンケートを実施、割当・ブッキング作業などを行った。一九六〇年代前半は、植民地の独立が相次ぎ、放送局数も増加している時期で、世界各国の放送機関を把握するのは容易でなかったようである。また、当時のオリンピック憲章では、主競技場に入れる放送関係者数を一五〇名と規定していたが、オリンピックの取材希望は増加傾向にあり、放送関係者の認定数の調整にも苦慮した(浜田、二〇一四)。

NHKと放送契約を締結したのは、ヨーロッパ放送連盟(EBU)、国際放送機構(OIRT)、カナダ放送協会(CBC)、オーストラリア放送協会(ABC)、ナショナル放送会社(NBC)、NBCインターナショナル(NBCI)で、すべて欧米を本拠とする有力な放送機関および放送組織であった(表5―5)。NBCIとの契約は

表5-5 NHKと放送契約を締結した機関と契約時期・対象国

	EBU	OIRT	CBC	ABC	NBC	NBCI
契約時期	1963年11月	1964年8月	1964年1月	1963年9月	1963年10月	1964年2月
対象国	オーストリア，ベルギー，デンマーク，フィンランド，フランス，西ドイツ，イギリス，アイルランド，イタリア，ルクセンブルク，マルタ，モナコ，オランダ，ノルウェー，ポルトガル，スペイン，スウェーデン，スイス，ユーゴスラビア	ブルガリア，ハンガリー，東ドイツ，ポーランド，ルーマニア，ソビエト，チェコスロバキア	カナダ	オーストラリア，ニュージーランド	アメリカ	アルゼンチン，ブラジル，コロンビア，ジャマイカ，メキシコ，パナマ，ペルー，ベネズエラ，アルジェリア，リベリア，ナイジェリア，シエラレオネ

『第18回オリンピック東京大会放送実施報告書』（日本放送協会，［1965年］）より筆者作成

特殊なので後述するが、他の五機関は、NHKと契約することで、一日八～九競技の実況映像の提供を受け、NHKが中継を行わない競技会場では、一六ミリフィルムカメラによる取材を許可された。契約書で定められた放送時間の合計は、NBC、EBU、OIRTが二五時間、ABCが二〇時間、CBCが八時間と現在の感覚からするとそれほど多くはない（オリンピック東京大会組織委員会、一九六六、四〇六―四一〇頁）。だが放送契約が結ばれなかった国と比べると、オリンピックの映像が、人々の家庭に直に入り込んできたといえる。

宇宙中継

さらにアメリカ（NBC、CBS）、カナダ（CBC）、ヨーロッパ（EBUの一六ヵ国二一放送機関、OIRTの五ヵ国五放送機関）では、「宇宙中継」――当時は衛星中継のことをこのように呼んでいた――を使った放送も行われた。

アメリカや、前回ローマ大会で生中継を行ったヨーロッパの放送機関は、東京オリンピックの同時中継に少なからぬ関心を抱いていて、NHKもまた、その実現に向けて苦心し、交渉を重ねた。一九六四年七月二三日、宇宙中継の実施が正式に発表され、八月一九日に衛星シンコム三号が打ち上げられた。東京オリンピックの模様は、このシンコム三号を使って映像が中継され、ポイントマグーで太平洋海底ケーブル経由の音声とあわせられて、全米で放送された[28]。放送は、さらにカナダやヨーロッパへと届けられた。カナダ国内向けには、ロサンゼルスで録画したものがカナダのトロント、モントリオールへ空輸された。ヨーロッパ向けには、ロサンゼルスからモントリオールへとマイクロ回線で送られ、モントリオールの飛行場で録画したものがヨーロッパ（ハンブルク）へと空輸された。OIRTは、他の映像と同じく、宇宙中継の映像についてもEBU経由で受け取って放送を実施した。前述のように、EBUとOIRTは、冷戦構造を反映した二つの国際組織であったが、両組織間で番組交換は活発に行われていた。二つの組織は、東京オリンピック時にも協力体制をとったのである。結果的に、欧米のメディア先進国のほとんどが、宇宙中継の恩恵を受けたことになる（ただし、ソビエトは宇宙中継による放送は行っていない）。

なお、日米間の太平洋海底ケーブルは、オリンピックで国際通信が増えることを見越して神奈川二宮とハワイ間が敷設され（ハワイから先は既存ケーブルを利用）、一九六四年六月一九日に開通式が行われていた。大会期間中、障害が発生して不通になったこともあったが、このケーブルは、宇宙中継にも役立てられた。

放送権概念の誕生と情報格差

放送契約を締結した放送機関は、実際に契約書を交わしたのは一九六三年九月（組織委員会がNHKに放送権を一括付与して）以降であったが、一九六〇年頃からNHKと交渉を幾度も重ねていた。アメリカのNBCの会長やＡＢＣ（アメリカ放送会社・ＮＢＣやＣＢＳと並ぶ米三大ネットワークの一つ）の社長に至っては、一九五九年九月に、ほぼ同時期に来日し東京オリンピックの放送に関心を示す発言をするなど、この頃、オリンピックというコンテンツをめぐってテレビ局間の競争が激しくなり始めていたといえる（Press clippings and photos from Sarnoff's trip to Japan, 1959［Hagley Museum and Library: Robert W. Sarnoff papers］）。

しかし、このような認識は、欧米先進国の間だけのもので、世界中の放送機関に共有されていたわけではなかった。東京オリンピックのテレビ放送実施の希望が、アジアやアフリカ、南米の放送機関から初めて寄せられたのは、大会開幕まで数ヵ月と迫った時期であった(29)。これらの非欧米系の機関は、何人かのスタッフを派遣しさえすればオリンピック放送の実施は可能であると考えていた節がある。というのも、オリンピックのテレビ放送権は、一九六〇年大会から導入された生まれたばかりの概念であったし、ラジオの場合は、放送権など不要であったからである。海外の放送機関から支払われた放送権料の総額は、約一六〇万五〇〇〇ドル（五億七八〇〇万円）となった（「第四八回衆議院逓信委員会会議録第八号」「第五五回参議院逓信委員会会議録第七号」(30)）。

中南米やアフリカの放送機関の場合は、自らの国・地域の放送権が、知らぬ間にＮＢＣＩに買い取られているということも起こった。ＮＢＣＩは、一九六四年二月一五日にＮＨＫと放送契約を締結、その内容は、ＮＨＫは中南米の放送機関に対する放送権の付与と番組素材配給をＮＢＣＩに委託する、ＮＢＣＩは映像をＮＢＣから受け、放送時間は二五時間とする、というものであった。アフリカもＮＢＣＩに一括委託する話が出てくるのは、中南米に関する契約書の調印直後で、アフリカに関しての合意が成立したのは一九六四年四月二五日であった（「ＮＨＫ松井一郎宛ＮＢＣインターナショナル社長J. M. Klein 書簡」（和訳）一九六四年二月二一日、「ＮＢＣインターナショナル社長J. M. Klein宛オリンピック放送実施本部長松井一郎書簡」（和訳）一九六四年四月二五日［文研：『ＮＢＣ関係通信文』0-1260])。NHKとNBCIの契約交渉は急速に進められたようにもみえるが、NHKに残された資料によると、NHKは、中南米やアフリカの放送機関との交渉締結を、自前で行うのではなく別の放送機関に委ねることをかなり前から検討していたようでもある(浜田、二〇一四)。結果的に一二ヵ国一二放送機関(中南米ではアルゼンチン、ブラジル、コロンビア、ジャマイカ、メキシコ、パナマ、ペルー、ベネズエラ、アフリカではアルジェリア、リベリア、ナイジェリア、シエラレオネの放送機関)がNBCIの録画番組の配給を受けて東京オリンピックの放送を行った。

放送契約を締結しなかった(できなかった)機関は、第二、第三の方法で映像を入手した。オリンピックのテレビ放送に関心をもっていた放送機関にとっては幸いなことに、当時のオリンピック憲章は、大会組織委員会は、テレビおよびニュース映画のために、オリンピック競技を収録したフィルム・サマリーを準備しなければならない、としていた。このフィルム・サマリーは、一日一五分程度のもので、英文のコメントと共に、翌日の午前中に配布された。ニュース番組などでごく短時間、用いることが想定されていた(31)。料金は、一五日分で四五〇ドル、基本的には世界共通の内容であったが、開会式のフィルムは、フィルム・サマリーを希望する国の入場行進を撮影して、国別にうわのせをした。フィルム・サマリーは、直接、あるいは国際通信社・放送会社を通じて、六五ヵ国の八八放送機関に配布された(オリンピック東京大会組織委員会、一九六六、四一一頁・日本放送協会、[一九六五]、四六頁)。アフリカの、独立したばかりの国やテレビ放送開始から間もない国でも、フィルム・サマリーや前述したNBCIによる配給をうけてオリンピック放送が行われた(表5―6)。

さらにアジア諸国の放送機関向けには、NHKの国内番組「オリンピック・ハイライト」のうち三〇分だけをプリントしたものが、一日五〇ドル(一五日分で七五〇ドル)で提供された。これには五ヵ国八放送機関が申し込んだ。ＮＨＫは、テレビ放送には放送権料の獲得などの多額の費用を要すること、今大会がアジアで最初のオリンピックであること、アジアの国際放送組織であるアジア放送連合が一九六四年七月に発足したことを考慮し、アジア向けの特別のフィルムを制作したのである（日本放送協会、［一九六五］、三五―三六頁）。

表5-6　アフリカにおけるテレビ放送実施国と東京オリンピック放送状況

国　　名	放送開始年月	フィルム・サマリー	NBCI
アルジェリア	1956年2月	VIS	○
ウガンダ	1963年9月	NHK, VIS	
エチオピア	不明	VIS	
オートボルタ	1963年8月	VIS	
ガボン	1963年5月	VIS	
ケニア	1962年10月	VIS	
コート・ジボワール	1963年8月		
旧フランス領コンゴ	不明	VIS	
ザンビア（北ローデシア）	1961年	ITN	
シエラレオネ	1963年4月	VIS	○
スーダン	1963年11月	VIS	
ナイジェリア	1959年10月	VIS, ITN	○
南ローデシア	不明	ITN	
モロッコ	1962年3月（再開）	VIS	
リベリア	1964年1月	VIS	○

テレビ放送実施国及び放送開始年月は『世界のラジオとテレビジョン1965』（日本放送出版協会，1965年），東京オリンピック放送状況は『第18回オリンピック東京大会放送実施報告書』（日本放送協会，［1965年］）より作成．

表中のVISは，BBC・ロイター・カナダ放送協会・オーストラリア放送協会等によって1957年に設立された映像ニュース配信通信社，ITNはロンドンに拠点を置くテレビ会社であるが英国外向け映像配信事業も行っていた．

読売新聞

世界を感激させた開会式

日本と一つキズナに

アメリカ 暖かい目で見守る

宇宙テレビの成功

この目で見た感激をすぐ母国に伝える競技場の外人記者団

小学生の鼓隊に涙

「史上最高」とスウェーデン記者

パリッ子も握手

トーキョー、すばらしい

特報に足を止めるボン市民

時間繰り下げで若物が殺到 ロサンゼルス市

「盛大」「華麗」に興奮

声もうわずる モスクワ放送

17年前の六人殺

図5-15　宇宙中継について報じる『読売新聞』

(『読売新聞』1964年10月11日，朝刊15頁．この宇宙中継をめぐっては，アメリカで後に問題が生じた．テレビ放送契約を締結していないCBS（コロンビア・ブロードキャスティング・システム）がフィルムサマリーを放送しようとしたことに，NBCが猛反発したのである．NBCは，テレビ放送権料を支払っていたのに加え，親会社（RCA）も宇宙中継用の設備に投資をしていた．)

最終的に、東京オリンピックでは、日本国外では、七〇ヵ国一〇四機関でテレビ放送、四〇ヵ国五五機関でラジオ放送が行われた。海外から派遣された取材要員の数は、六五六人（テレビ一九ヵ国二二放送機関、ラジオ四〇ヵ国五五放送機関）に上った。

東京オリンピックの標語、「世界は一つ」が含意していたように、東京オリンピックを通じて世界が一つになることが期待されていたのであり、世界が一つになるために放送が果たす役割は非常に大きなものであった。新聞は、ニューヨークでもパリでもボン（旧西ドイツの首都）でも、開会式の映像を鮮明に見ることができたと報じた（例えば図５―15）。国外放送や衛星中継は、日本の一般大衆のオリンピック体験そのものに大きな影響を与えたわけではない。しかし、日本がこうした先端的技術を駆使した放送を成功させ、東京オリンピックの映像が世界に届けられたことに、日本の一般大衆も意義を見出すことはできただろう。もっとも、かつてないほど様々な地域で、画期的な技術によってオリンピック放送が行われたとはいえ、情報格差は相当に大きかったことは指摘しておく必要がある。

東京オリンピックのテレビ放送についてここまでみてきたが、実際に東京で一五日間にわたって開催されたオリンピックとは、どのようなものであったのだろうか。「大成功」として社会的には記憶されているわけであるが、その内実を次節ではみていきたい。

(4)　戦争の記憶と平和の祭典

開会式の日に

一九六四年東京オリンピックには、戦争の記憶がちらついていた。一九六四年一〇月一〇日、開会式で競技場の聖火台に聖火をともしたランナーが「原爆っ子」であったことが、そのことを予言していたし、第2節でみたように、競技会場も一九四〇年に開催されるはずであった第一二回大会の時の予定地とだいぶ重なっていた。

東京オリンピックでは、作家たちが新聞に多く寄稿をした。日本の新聞が文学者に依頼してオリンピックに関するエッセイを載せるようになったのは一九三六年ベルリン大会の時であったが、東京大会では、渡航費の支出が不要であったためか、あるいは作家たちが自国開催のオリンピックに興味を持ったためか、多くの作家によるオリンピック論が新聞紙面に登場した。「開会式」の翌日に、どのような作家たちの所感が新聞に掲載されていたのか、まず確認してみよう。

復興を成し遂げた日本

『朝日新聞』には、石川達三（いしかわたつぞう）が「開会式に思う」と題して、次のように書いている。

七万五千という大観衆を集めた国立競技場の、壮大なかつ華麗な式典を見ながら、私はやがて二十年になろうとする、〈あのころ〉の事を思い出さずにはいられなかった。戦争によって疲弊つくした日本。瓦礫の焼土と化した東京、大阪、横浜。……敗戦後の混乱と、全く自信を喪失していた当時の日本の姿。……あの当時の日本と、この盛儀を開催している日本と、同じ民族の姿だとは信じられない気がするのだ。政治への批判、社会への批判、いろいろな批判はありながらも、わが日本人はわずか二十年にして、よくこの盛典をひらくまでに国家国土を復興せしめたのだ。日本人はそれだけの能力を持っていたのだ。その能力が、かつてはあの大戦争をたたかい、今はオリンピック大会を開催している。その能力とエネルギーの根元は別のものではあるまい。そのエネルギーを良き目的に結集し得たとき、日本は真にアジア諸国と世界の国々との信頼をかち得るに違いない（『朝日新聞』一九六四・一〇・一一）[32]。

戦争への反省は表明されているが、敗戦後の荒廃から立ち上がった日本人としての誇りに満ち溢れた文章である。「世界は一つ」の標語の空々しさ（実際には、北ベトナム、中国、シリア、南アフリカ、北朝鮮の選手がいない、「世界はまだ一つになり切ってはいない」）を指摘することも忘れてはいない。しかし、眼前で展開する九四ヵ国六〇〇〇人の選手たちが集うセレモニーを、「かつては互いに殺しあい憎みあった第二次世界大戦の参加諸国が、あの時の恨みと憎しみとを忘れて」いることの表れと解釈し、石川は、それが日本の国立競技場で展開していることに素直に感動をしている。

学徒出陣式とオリンピック

平和の祭典のありがたみは、「戦争」を想起することによって一層、際立っていったともいえるだろう。共同通信で配信された杉本苑子（すぎもとそのこ）の文章には、次のようにある。

二十年前のやはり十月、同じ競技場に私はいた。女子学生のひとりであった。出征してゆく学徒兵たちを秋雨のグラウンドに立って見送ったのである。場内のもようはまったく変わったが、トラックの大きさは変わらない。位置も二十年前と同じだという。オリンピック開会式の進行とダブって、出陣学徒壮行会の日の記憶が、いやおうなくよみがえってくるのを、私は押えることができなかった。

天皇、皇后がご臨席になったロイヤルボックスのあたりには、東条英機首相が立って、敵米英を撃滅せよと、学徒兵たちを激励した。文部大臣の訓示もあった。慶応大学医学部の学生が、送る側の代表として壮行の辞を述べ、東大文学部の学生が出征する側を代表して答辞を朗読した。

音楽は、あの日もあった。軍楽隊の吹奏で「君が代」が奏せられ、「海ゆかば」「国の鎮め」のメロディーが、外苑の森を煙らして流れた。しかし、色彩はまったく無かった。学徒兵たちは制服、制帽に着剣し、ゲートルを巻き銃をかついでいるきりだったし、グラウンドもカーキ色と黒のふた色――。暗鬱(うつ)な雨空がその上をおおい、足もとは一面のぬかるみであった。私たちは泣きながら征(ゆ)く人々の行進に添って走った。髪もからだもぬれていたが、寒さは感じなかった。おさない、純な感動に燃えきっていたのである。(『神奈川新聞』一九六四・一〇・一一より引用)

二〇年前の学徒出陣式の記憶と重ね合わせると、今、目の前で展開する色彩あざやかなオリンピックにも、どこか、不安を感じずにはいられない。杉本は、次のように述べる。

きょうのオリンピックはあの日につながり、あの日もきょうにつながっている。私にはそれが恐ろしい。祝福にみち、光と色彩に飾られたきょうが、いかなるあすにつながるか、予想はだれにもつかないのである。私たちにあるのはきょうをきょうの美しさのまま、なんとしてもあすへつなげなければならないとする祈りだけだ。

アメリカの選手が入場してくる。ソ連の選手がすぐあとに続く…。オリンピックの持つ意義、その重大さ、尊さを痛感せずにはいられない。

もう戦争のことなど忘れたい、過ぎ去った悪夢に、いつまでもしがみつくのは愚かしいという気持ちはだれにもある。そのくせだれもがじつは不安なのだ。平和の恒久を信じきれない思いは、だれの胸底にもひそんでいる。東京オリンピックが、その不安の反動として、史上最大のはなやかさを誇っているとすれば問題である。二十年後のために――永久にとはいわない、せめてまためぐってくる二十年後のために、きょうのこのオリンピックの意義が、神宮競技場の土にたくましく根をおろしてくれることを心から願わずにはいられない。（同前）

杉本は、戦争のことは忘れたいが忘れられない、としているが、東京オリンピックの実態からして、これは仕方がないことであった。確かに、東京オリンピックではアメリカとソ連が共に集い、ドイツが統一チームを結成した。それを通して、オリンピックがイデオロギーの違いを超えたイベントであることを人々は確認することができた。一方で新聞は、ドイツは形の上では統一ドイッチームを結成し、統一旗とベートーベン「第九」のコーラスを用いているが、東西の選手間の交流はないのが現実だと伝えていた（『朝日新聞』一九六四・一〇・一八、二一）。

東京大会の開会式の日には、インドネシア選手団一〇九名と北朝鮮選手団一四五名が、一斉に引き揚げるという出来事もあった。一〇日の朝刊では、北朝鮮のエース選手である辛金丹（シンクムタン）が、朝鮮戦争で生き別れて韓国で暮らす父と、一四年ぶりに五分間だけ、東京の朝鮮会館で再会したことが報じられた。いかに競技場で平和な光景が繰り広げられたとしても第二次世界大戦の傷跡は癒えておらず、国家が分断され対立していることにより人々の自由な往来と交流が妨げられていることを人々は否応なく意識させられたのである。

ＧＡＮＥＦＯ問題

インドネシア選手団と北朝鮮選手団の参加問題は、東京オリンピックがアジアで初めてのオリンピックであったことを考察するうえでも重要である。ＧＡＮＥＦＯ問題といわれていたものである。

ＧＡＮＥＦＯとは、インドネシアのスカルノ大統領が主導して、反植民地主義、反帝国主義を掲げて中国（中華人民共和国）等も巻き込みながら始めた新興国スポーツ大会のことである。この開催経緯は、次のようになっている。一九六二年八月、ジャカルタで開かれた第四回アジア大会で、インドネシアが政治的理由から、本来大会への参加資格をもっている台湾とイスラエルの選手団の入国を拒否した。これに対し、ＩＯＣはオリンピック憲章に違反したとしてインドネシアのオリンピック参加資格を停止した。インドネシアの態度は、ＩＯＣのスポーツと政治を分離するという原則（一九四〇年東京大会開催計画を最後まで可能としていた原則）に反するものだったのである。これに反発したインドネシア・オリンピック委員会はＩＯＣを脱退する声明を発表し、あわせて新興国だけのスポーツ大会の開催を打ち出した。国際陸上競技連盟や国際水泳連盟といった各国際競技連盟は、中国等の非加盟国と競技を行うことは、各競技団体のルールに違反するとして、ＧＡＮＥＦＯに参加した選手の資格を停止するとの警告を行いＩＯＣもこれを支持したが、インドネシアは、一九六三年一一月、第一回ＧＡＮＥＦＯをジャカルタで開催した。各国際競技連盟は、警告を無視して出場した四二ヵ国、約二〇〇〇人の選手に対し、無期限または期限つきで資格を停止し、インドネシア水泳連盟は、国際水泳連盟を脱退した。

その後、ＩＯＣは、インドネシアの処分を解除し、陸上と水泳を除く各国際競技連盟もまた、参加資格停止処分を取り消した。しかし、国際陸上競技連盟と国際水泳連盟は、ＧＡＮＥＦＯに参加した選手に対する資格停止処分を続けて譲らず、組織委員会が調停に努めたが失敗に終わった。インドネシアと北朝鮮は、それぞれ選手団を東京に派遣した。インドネシアは一〇九名、北朝鮮は一四五名の選手団であったが、全選手の参加が認められないことを不服として開会式の日に帰国したのである（オリンピック東京大会組織委員会、一九六六、八二―八四頁、

『朝日新聞』一九六四・一〇・九、一〇・一〇)。

日本のスポーツ関係者は、IOCや国際競技団体の考えを承知していたはずであるが、一連のインドネシアの行動やGANEFOをめぐる動きを断固として否定、拒絶することもできずにいた。ジャカルタのアジア大会は、東京オリンピックをアジア諸国に宣伝する機会としても位置づけられていたし(「東京オリンピック普及宣伝用外国向スライド『オリンピックを迎える東京』の増刷作成について」昭和三七年七月四日[都公文書館])、東京都は閉会式用に日本の花火を贈っていた(「第四回アジア大会閉会式用花火の輸送について」昭和三七年七月一四日[都公文書館])[33]。GANEFOに関しても日本体育協会は参加を厳しく制限する方針を示したものの、一〇〇名近くの日本選手が競技団体を脱退して参加した(『朝日新聞』一九六三・一一・一二)。日本は一九五八年に第三回アジア大会を成功させたばかりでもあり、アジア諸国に同調したいという心情がかなりあったものと思われる[34]。

日本は、インドネシアと北朝鮮というアジアの二つの国がオリンピックに参加できるようにすることに、困難を感じながらも大変熱心に取り組んだ。『朝日新聞』は、この問題に関して、「根本的には、これまでの先進諸国を中心としていたスポーツ地図が、新興国家群の登場で変化を強いられるという過渡期のあつれきであり、スポーツ界をいやおうなくゆさぶる政治の問題でもあるようだ」と解説し、「アジア初の大会だけに不幸な出来事である」と結論づけた(一九六四・一〇・九)。『読売新聞』の北朝鮮選手団引揚げを伝える記事には、「アジアではじめてのオリンピックだというのに、アジアの国が抜けていく。この残念さはぬぐい切れない」(一九六四・一〇・九)とある。組織委員会の公式報告書にも、「組織委員会としては、東京大会に、できるだけ多くの参加国を迎えるよう努力を続けており、また、とくにアジアで初めて行われるオリンピックであるだけに、アジアの優秀な選手が大会に参加できないことは、何としても残念なことであった」(オリンピック東京大会組織委員会、一九六六、八二頁）と記されている。北朝鮮についていえば、南北朝鮮合同チームの結成まで一時は決定していた（『朝日新聞』一九六三・四・二二など）。

東京オリンピックを開催するにあたって、日本政府はＩＯＣとの間で、大会関係者の「無差別入国」の約束を交わし、例外的な出入国手続きの優遇措置をとった（オリンピック東京大会組織委員会、一九六六、九一頁）。政治的立場の違いを超えて選手たちが参加することに「平和の祭典」の開催意義を見出して努力し、また、アジアの中の日本を意識していたからこそ、インドネシアや北朝鮮の不参加は、残念なこととして受け止められたのである。

「君が代」の旋律

戦前のオリンピックから引き継がれた要素には、音楽もあった。一九六四年東京大会の開会式の行進曲には、古関裕而（こせきゆうじ）の「オリンピック・マーチ」が使われた。古関は、一九〇九年福島市生まれ、山田耕筰（やまだこうさく）の推薦により、一九三〇年に日本コロムビアに入社した。戦前・戦後を通じて、数多くの作曲を手掛けた人物である。

「オリンピック・マーチ」には、最後にさりげなく君が代の旋律が取り入れられているが、これは、一九三二年のロサンゼルス大会時に朝日新聞社が制定したオリンピック派遣選手応援歌「走れ大地を」（山田耕筰作曲）を踏襲したものである。朝日新聞社では、ロサンゼルス大会を前にした一九三二年四月下旬に、かなり大々的に日本選手応援歌の歌詞の懸賞募集を行っていて、その一等作品が「走れ大地を」であった。懸賞には四万八五八一通の応募があり、一等には、東京都の海城中学校四年生、斎藤龍（さいとうりゅう）の作品が選ばれた。この頃、読者から歌詞を公募して新聞社が歌を作るのが流行していて、一九三二年二月末から三月上旬にかけて朝日新聞社が募集した「肉弾三勇士の歌」には、一二万四五六一通の応募があった（『東京朝日新聞』一九三二・三・一五）。斎藤は、当選した直後に「肉弾三勇士の歌」の締切に間に合わなくてオリンピック応援歌の方に応募したと語っている（『東京朝日新聞』一九三二・五・六）。戦争とオリンピックとが大衆レベルで同じような体験として受容されていた可能性を示唆するエピソードである。「肉弾三勇士の歌」と同様に、オリンピック大会日本選手応援歌でも、多数の中から選ばれた作品に、当時の一流作曲家である山田が曲をつけ、コロンビアレコードから発売された。応援歌「走れ大地を」は、選手の壮行会などでも歌われてヒットし、一九三六年ベルリン大会時には、国民歌謡曲に制定された。一流作曲家と一般新聞読者のコラボレーションで作られた応援歌は、戦前期に国民の目をオリンピックに向けさせる装置として機能していたといえる。

歌詞の公募

「走れ大地を」のように歌詞を一般から募集して一流の作曲家が曲をつけることは、一九六四年の東京大会でも、行われた。「少年オリンピックの歌」は、日本体育協会が、文部省・毎日新聞社・ＮＨＫの後援のもと、全国の小中高校生から歌詞を募集した。二八〇〇作品の中から選ばれた上板橋小学校六年生の増田正子の作品に、古関裕而が作曲し、一九六〇年三月、義宮と秩父宮も出席した第一回「オリンピック青少年のつどい」で発表された（『東京オリンピック組織委員会会報』三号八—九頁、四号一四頁）。東京オリンピックのテーマソングとして有名となった「東京五輪音頭」も、作曲は古賀政男（こがまさお）に依頼されたが、歌詞は一般から募集された。「東京五輪音頭」は、ＮＨＫが独自に制定した曲で、一九六三年六月二三日（オリンピックデー）に発表されているが（『朝日新聞』一九六八・六・二）、二〇〇〇の応募作の中から当選となったのは、島根県庁に勤務するアマチュアの作詞家、宮田隆（みやたたかし）のつけた歌詞である（関口、二〇〇九）。

ハアー　あの日ローマで　ながめた月が（ソレ　トトントネ）

今日は都の　空照らす（ア　チョイトネ）
四年たったら　また会いましょと　かたい約束　夢じゃない
ヨイショ　コーリャ　夢じゃない
オリンピックの顔と顔
ソレトトント　トトント　顔と顔

ハアー　待ちに待ってた　世界の祭り（ソレ　トトントネ）
西の国から　東から（ア　チョイトネ）
北の空から　南の海も　越えて日本へ　どんときた
ヨイショ　コーリャ　どんときた
オリンピックの晴れ姿
ソレトトント　トトント　晴れ姿

ハアー　色もうれしや　かぞえりゃ五つ（ソレ　トトントネ）
仰ぐ旗みりゃ　はずむ胸（ア　チョイトネ）
すがた形は　ちがっていても　いずれおとらぬ　若い花
ヨイショ　コーリャ　若い花
オリンピックの庭に咲く

ソレトトントトトントト　庭に咲く
ハアー　きみがはやせば　わたしはおどる（ソレ　トトントネ）
菊の香りの　秋の空（ア　チョイトネ）
羽をそろえて　拍手の音に　とんでくるくる　赤とんぼ
ヨイショ　コーリャ　赤とんぼ
オリンピックのきょうのうた
ソレトトント　トトント　きょうのうた

（日本音楽著作権協会〈出〉特許第1807249-801）

作詞家がアマチュアであるという点において、「走れ大地」と似通っていたといってよいが、出征経験のある宮田のつけた歌詞は、「世界の祭り」に胸を躍らせる気持ちを「ソレトトント」と合いの手を入れながら表現するものであり、非常に平和的なものであった（『朝日新聞』一九六八・六・一）。レコード会社各社は、それぞれ別の歌手に依頼して、レコードを発売した。

特に三波春夫（みなみはるお）のバージョンが大流行し、「東京五輪音頭」という映画も、三波出演で制作され、東京大会の開幕を前に公開された。戦後の東京オリンピックでも、一般からの公募でテーマソングを作り、イベントを盛り上げていくということが行われたのである。なお、「世界は一つ」という東京オリンピックの標語も、毎日新聞社が公募を行ったものであるが、こちらも、いわば東京オリンピックの合言葉としてメディア横断的に用いられ普及していった。

音楽の連続性

一九六四年の東京大会では、「オリンピック・マーチ」「少年オリンピックの歌」「東京五輪音頭」のほかにも、様々な音楽が作られた。例えば、「海を越えて友よきたれ」（NHK制作、土井一郎作詞・飯田三郎作曲、藤原良・高石かつ枝歌唱［ビクター］、友竹正則歌唱［キング］）、「オリンピック渋谷音頭」（春日八郎歌唱）、「さあ！オリンピックだ」（平尾昌章・伊藤アイコ歌唱）、「フラワー・ニッポン」（吉田正作曲、吉永小百合歌唱）、「東京五輪おどり」（小林潤作詞、長津義司作曲、三波春夫歌唱）、「五輪の旋風」（勝承夫作詞、飯田信夫作曲、東京混声女声合唱団歌唱）、「バンザイ東京オリンピック」（面高陽子歌唱）、「オリンピック日の丸音頭」（鈴木義夫作詞、古関裕而作曲、畠山みどり他歌唱）などである（関口、二〇〇九）。他にも、人々の記憶に後々まで残ったものとして、「オリンピック東京大会ファンファーレ」（今井光也作曲）があるだろう。

このように様々な楽曲が新しく作られるなかで、一九三二年ロサンゼルス大会の日本選手応援歌「走れ大地を」が古関の編曲によって再リリースされたことは、興味深い。「揚げよ！　日の丸　緑の風に　響け！　君が代　黒潮越えて　君等の誉は　君等の栄は　我等が日本の　青年日本の　誉だ！栄だ！」と歌い上げる「走れ大地を」は、いささかナショナリスティックな要素が強いように感じるが、戦前のオリンピックの要素を持ち出すことが躊躇されるような時代状況ではなかったのだろう。戦前と戦後とでの歌詞の変更点は、「尊き日本」（一番）、「輝く日本」（二番）が、いずれも「青年日本」に改められているにとどまっている。この音楽とオリンピックに居心地の悪さを覚えた人もいただろうが、一九六四年東京オリンピックもまた、日本人が一丸となって立ち向かったものであり、日本選手の活躍に国民の名誉を重ね合わせた人の少なくなかったイベントであったのである。

さらに人的なつながりに注目すると、「東京五輪音頭」の古賀政男と「オリンピック・マーチ」「少年オリンピッ

ク の歌」などの数多くの東京オリンピック・ソングを手掛けた古関裕而は、それぞれ、戦前の「肉弾三勇士の歌」の募集で二等に入選した作品の作曲を行っている。戦前の軍国主義を応援するような歌に関わっていた二人が、平和の象徴とされた一九六四年東京オリンピックの楽曲を作ったのである。音楽の点からみたときも、一九六四年東京オリンピックは、〈幻の東京オリンピック〉を実現したオリンピックであったといわざるをえない。

日系人とオリンピック

日系移民に関しても、戦前からの連続性が浮かび上がる。一九六四年の東京オリンピックでは、少なくない数の日系人がオリンピックのために来日した。東京オリンピックは、敗戦後の日本を支援してきた海外在住日本人によって実現へと漕ぎつけたことをここで思い起こす必要があるだろう(35)。

東京大会には「海外特別招待者」としてオリンピックや日本のスポーツに関係のある人物たちが招待されていたが、その中には、和田勇、米谷克己、内藤克俊といった日系人たちが含まれていた。日本のオリンピック復帰と東京オリンピック開催の立役者である二人の日系人（ロサンゼルスの和田とハワイの米谷）は、「海外特別招待者」として招待され、ＩＯＣ会長ブランデージとともに勲章を授与された（オリンピック東京大会組織委員会、一九六五ａ、六九頁・『毎日新聞』一九六四・一〇・二一）。一方、内藤は、『読売新聞』（一九六四・一〇・五）によると、米国留学中にレスリングを覚えて一九二四年パリ・オリンピックに出場し三位に入賞、一九二八年にブラジルに入植、戦後は果樹園経営のかたわら柔道の指導を行っていた。渡航後は三六年間一度も帰国していなかったが、このオリンピックを機に夫婦で帰国したという。

一般の在外日本人・日系人も多数、東京オリンピックを機に日本へとやってきた。ハワイからは一九六四年春の時点で約二〇〇〇人が来日する計画があった。この母国訪問観光団は、真言宗、浄土宗、真宗などの仏教団体、ロータリークラブ、ハワイ・タイムズ等の一〇団体により組織化されていた（「事務の委託について　ハワイからの大挙来日宿泊対策」昭和三九年二月二八日［都公文書館］）。

ブラジルからの母国訪問もあった。内藤と同じく「ぶらじる丸」で来日した人物による旅行記が、国会図書館憲政資料室に所蔵されている（坪内忠治『オリンピック観光訪日旅行記』一九六八年［国会憲政］）。これによると東京オリンピック見学のために一二〇名が「ぶらじる丸」で来日した。ブラジルの邦字紙『パウリスタ新聞』は、四年前にオリンピック観光団募集を発表して一般に呼びかけていたが、為替事情悪化のため、計画は立ち消えとなった。旅行記の著者の坪内にとっても、「訪日はとても手に届かぬ高嶺の花」（四頁）であり、家族の反対もあったが、何とか実現にこぎつけた。同じ船で渡航した三等客の大部分が、オリンピック訪日観光客で、半数以上が、平均年齢六〇歳以上、船ではオリンピック音頭の練習もしたという（九―一〇頁）[36]。ブラジル移民一世が、母国訪問という長年抱き続けていた希望を実現させるきっかけとなったのが、東京オリンピックであったといえるだろう。『朝日新聞』にも、家族で東京オリンピックを見物しようと移民後はじめて帰国していたブラジル移民が、窃盗の被害にあったという記事がある（一九六四・一〇・一二）。

遡れば一九四〇年の東京オリンピックや万国博覧会の際にも、海外の日本人たちは、これらを見学するために日本へ行こうと計画を立てていた。一九三六年九月、『東京日日新聞』は、「海外の同胞は大挙して故国に押しかけようと心を躍らせ、早くも関係方面へ熱心な問合せが殺到してゐる」、ロサンゼルスの南加日本人商工会議所は、「東京オリンピック大会までに第二世達から優秀な選手を養成し東京に派遣する計画を決定し、また皇紀二千六百年奉祝日本観光協会を組織し、会員は毎月十ドルづゝ積立てゝ万国博及びオリムピツク大会視察の準備をすゝめてゐる」と伝えている（一九三六・九・一〇）。戦前にも、母国が行う節目の年の国際イベントに立ち会いたいという根強い希望があった。

海外日系人大会

そしてオリンピックも万博も幻となった一九四〇年、すなわち、紀元二六〇〇年には、海外同胞東京大会が開催された。ケネス・ルオフの研究によると、大会が開かれた時点で海外在住日本人は約二五〇万人というのが日本政府の見解であり、その代表として一四〇〇人あまりが東京に集まった（「海外」とは「帝国外」のことで、朝鮮、台湾、樺太は含まれなかった。また、「海外在住日本人」には「外地」からの移住者も含まれたが、代表団として来日したのは、「内地」出身者であった）。来日した代表たちは、一一月四日の初日に、日比谷公園から二重橋へと行進をしたのにはじまり、八日までの五日間、総会、地域別の部会、二世との懇親会、講演会などの諸行事に参加した。この大会は、海外在住日本人を巻き込んで紀元二六〇〇年の奉祝が展開されたことを示す一例であるのみならず、日本本国と海外同胞諸団体との間、あるいは海外同胞諸団体間の相互連絡組織となる海外同胞中央会の設立という成果をも生み出していた（ルオフ、二〇一〇、二三一―二八〇頁）。

海外同胞中央会は、海外同胞大会の定期開催を目指したが、翌年の日米開戦により、ほぼ機能停止状態に陥った。だが、戦後、同様なものとして、一九五七年に海外日系人親睦大会が開催され、これが一九六〇年の第二回大会以降、海外日系人大会と改称され、一九六二年以降は毎年開催となった（http://www.jadesas.or.jp/taikai/ayumi.html）。第五回海外日系人大会は、オリンピック閉幕直後の一九六四年一〇月二六日に、東京大手町の産経会館国際会議場で始まった。公式記録は残されていないようであるが、新聞記事によると、カナダ、アメリカ、ブラジル、フランスといった一六ヵ国から約五〇〇名が参加した（『朝日新聞』一九六四・一〇・二六）。『オリンピック観光訪日旅行記』の著者である坪内も、この海外日系人大会に参加している。一九四〇年には半ば強引なかたちで、日本から海外に移住をした人々を日本政府に協力させるということが行われたわけであるが、一九六四年にも、オリンピックにかこつけて、海外に出て行った日系人と日本との紐帯を再確認するような行事があったわけである。

競技報道

さて、一九六四年一〇月一〇日に東京大会が開幕すると、一二日にウェイトリフティングのフェザー級で三宅義信が、この大会で日本選手としては初めて金メダルを獲得した。しかし、オリンピックが終盤に入る前までは、日本選手はなかなか勝てなかった。ソ連の新型宇宙船打ち上げ、フルシチョフ解任、中国による初の核実験などの大きな国際的、時事的な話題の方が、ある意味、目立っていた。一九二八年大会以来毎回メダルを獲得してきた水泳は、ようやく最終日に男子八〇〇メートルリレーで銅メダルを獲得、なんとか「伝統」を引き継ぐことができたにすぎなかった。このような調子であるから、オリンピック報道も、日本選手中心の報道というわけにはいかず、世界各国の選手の姿を伝えていた。

日本勢の勢いが出てきたのは、後半に入ってからである。それでもはじめは強かったのはレスリングだけで（招致運動でも重要な役割を果たしていた八田一朗が率いていた）、最終盤に入ってようやく、体操、柔道、バレーボールなどの複数の競技で金メダルを獲得するようになる。アベベ、チャスラフスカ、ヘーシンクなど、のちに東京オリンピックを象徴する選手として語り継がれる選手たちが登場するのも、大会後半であった。

競技に関する報道も、当時の日本が敗戦から間もない時期であったことをしばしば思い起こさせた。アメリカの棒高跳選手であるフレッド・ハンセンは、一九三六年のベルリン大会で活躍した大江季雄が死んだと聞いてうなだれた（『毎日新聞』一九六四・一〇・九）。同じくベルリン大会で優勝したマラソンの孫基禎は、韓国陸上競技連盟会長として来日、『毎日新聞』のインタビューには「ベルリンの優勝を思い出すたびに胸が熱くなる。だがあのときの胸のマークが、韓国のだったらなあと思う」（一九六四・一〇・一一）と答えた。他に、台湾のクレー射撃の林文秀（リンウエンシウ）選手が、少年時代の日本人恩師に再会するという感動秘話も「二二年ぶり、国境越えて師弟再会」と伝えられた（『毎日新聞』一九六四・一〇・一七）。

一九三〇年代のオリンピックでは、日本選手団と皇室とが象徴的に結びつき、とりわけ「スポーツの宮様」といわれた秩父宮（昭和天皇の弟）の存在が目立っていた。秩父宮は一九五三年一月に死去したが、天皇・皇后、その他皇族たちは、戦後国民体育大会をはじめとする各種スポーツ大会の視察といって地方を訪問するなど、積極的にスポーツと関わっていた(37)。一九六四年東京オリンピックでも、昭和天皇が名誉総裁に就任して開会宣言を行い、皇族たちが各競技会場に盛んに姿をみせた。とりわけ皇太子と美智子妃のメディア露出は多く、二人は、競技の観戦のみならず、オリンピックの付随イベントである世界青少年キャンプの開村式に出席したほか、国際身体障害者スポーツ大会（パラリンピック）では名誉総裁を務めた。新しい戦後を象徴する皇太子一家とオリンピック関連の動きとが、組み合わされたのである。

芸術展示

東京オリンピックでは、芸術展示も盛大に行われた。これは、かつて正式なオリンピック競技として実施されていた「芸術競技」の流れを汲んだものである。

芸術競技は、一九一二年ストックホルム大会から始まり、以後、一九四八年ロンドン大会まで、計七回実施された。日本が参加したのは、一九三二年ロサンゼルス大会と一九三六年ベルリン大会のみである。オリンピックにおける芸術競技の位置づけは、後年廃止に向かうことからもわかるように微妙なものであり、日本でも芸術競技への注目はあまりなかった。芸術競技にはスポーツを主題とした作品とすることなどといった制約があり、日本から多数出品され幾つかの入賞作が出ていたとはいえ、[38]各作品が日本国内で高く評価され大きな反響を呼び起こすようなことはなかったのである（長嶋、二〇一〇）。「スポーツ芸術」にとどまらず、各国が広く自国の芸術を展示し競い合うようになるのは、一九四八年ロンドン大会でのことであった。

ただ、吉田寛の研究によると、一九四八年ロンドン大会での芸術競技は、スポーツや肉体の美を主題としていたところから遠ざかり、芸術作品を順位づけするという芸術競技のもつ矛盾を顕在化させることとなった。アマチュア規定への違反も問題視され、一九四九年のＩＯＣローマ総会で、芸術競技の廃止とエキシビジョンとしての実施が決定される。その後、ＩＯＣの決定が覆るなどの混乱はあったが、一九五四年のＩＯＣアテネ総会で、芸術競技に代えて展示を行うこと、その展示は開催される国の芸術を中心に編成することが最終的に確認された（吉田、二〇〇六）。一九六四年大会も、この方針のもとに、組織委員会によって芸術展示が行われた。[39]

東京大会組織委員会は、外国からの参加は招請せず、日本の芸術に限定して展示を行うこと、展示はスポーツに関係するものに限定せず「日本最高のもの」を展示することを基本方針とした（オリンピック東京大会組織委員会、一九六六、二九七頁）。一九六一年七月に発足した芸術展示特別委員会では、委員長に細川護立（ほそかわもりたつ）が就任した。細川護立は、美術品の愛好家・蒐集家として知られ、日本美術刀剣保存協会会長、正倉院評議会会員、文化財保護委員会委員、東洋文庫理事長、京都国立博物館館長、国立近代美術館や国立西洋美術館の評議員などを務めていた。のちに内閣総理大臣となる細川護熙（ほそかわもりひろ）の祖父にあたる人物である。

組織委員会では、表5―7のように各種の展示や催し物を主催した。このうち、古美術展は、「展示規模の広大、内容の充実したことでいまだかつてない特別展覧会」（同前）で、参観者数はこの種の展覧会での最高記録であっ

表5-7　東京オリンピック芸術展示

種	類	期間・会場・入場者数
美術部門	古美術（絵画，彫刻，工芸，建築，書蹟，考古，約877点）	10月1日～11月10日 東京国立博物館（上野） 入場者数40万6739人
	近代美術（日本画59点，油絵56点，彫刻23点，工芸53点）	10月1日～11月8日 国立近代美術館（京橋） 入場者数3万7725人
	写真	10月9日～21日 銀座・松屋 入場者数7万4752人
	スポーツ郵便切手	10月1日～21日 逓信総合博物館 入場者数2万3335人
芸能部門	歌舞伎	10月2日～27日 歌舞伎座 松竹株式会社が協力
	人形浄瑠璃	10月3日～12日 芸能座 文楽協会およびNHKが協力
	雅楽	10月21日～23日 虎の門ホール 宮内庁雅楽部が協力
	能楽	10月5日～9日 水道橋能楽堂 10月12日～16日 観世会館 能楽協会が協力
	古典舞踊・邦楽	10月16日～20日 新橋演舞場 日本舞踊協会が協力
	民俗芸能	10月17日，18日 東京文化会館 NHKが協力

『第18回オリンピック競技大会公式報告書　上』オリンピック東京大会組織委員会，1966年，297－300頁より筆者作成．

たという。展示品には、国宝一五四点、重要文化財二五四点、重要美術品四〇点が含まれ、ボストン美術館から里帰りした絵巻「吉備大臣入唐絵詞」もあった（オリンピック東京大会組織委員会、一九六四）。スポーツ評論家の川本信正（かわもとのぶまさ）は、この日本古美術展について、「会場を一巡するのに三時間はかかるが、多くの若い人たちが、仏像や刀剣、その他はじめて見るすばらしい祖先の遺産の前で上気している。競技場に日の丸があがるのと同様、いやそれ以上に日本人としての誇りと自信を強めない人はいないだろう」（『読売新聞』一九六四・一〇・二三）と評している。

現代美術の方はというと、美術団体の十分な協力が得られず、上野の東京都美術館で開催されていた日展、院展などの定例展覧会が「オリンピック協賛芸術展示」として取り扱われた。一九六三年の段階では、現代演劇として、「交響楽、オペラ、合唱、邦舞、洋舞のうち適当と認めたもの」にも組織委員会が協賛する計画があったが（前掲「『オリンピック東京大会準備状況』（月報）について」［国公文書館］）、現代芸術で「日本固有のもの」を選定するのに苦慮したのか、実現しなかったようである。芸術展示は、もっぱら日本の伝統芸術を国内外の人々に紹介する機会となったのである。

芸術展示ではないが、デモンストレーションとして野球と武道（剣道、相撲、弓道）が行われたことも、一九六四年東京オリンピックが、アジア的なもの、日本的なものを見せる機会としてあったことを示している。柔道は、この東京大会でオリンピック正式種目として採用された(40)。日本の「伝統的武道の殿堂」を建設する計画は以前からあったが、東京大会を機に実現、古代寺院の伽藍を模したともいわれる日本武道館が完成し、武道や相撲のデモンストレーションの会場となった（オリンピック東京大会組織委員会、一九六六、一二六頁）。

テレビを通した盛り上がり

ＮＨＫは、オリンピック開幕に向けて、一九六三年四月から「オリンピックアワー」（毎週金曜日一九時三〇分〜二〇時）、同年八月から「オリンピックを成功させよう」（毎週日曜日八時一〇分〜三〇分）、一九六四年四月から「歌おう世界の友よ」（毎週日曜日一七時四五分〜一八時一〇分）などの番組を放送し、オリンピックへの関心を盛り上げていった（「オリンピック関係放送番組に関する参考資料の送付について」昭和三九年五月一四日［国公文書館］・

日本放送協会、［一九六五］、三五頁）。民放も、オリンピックに向けて様々な関連番組を放送した（日本民間放送連盟民放オリンピック放送総本部、一九六六、一四―一九頁）。

大会期間中は、NHKのテレビの中継放送だけでも総時間量は一四六時間二〇分、一日平均一〇時間に及んだ。他に競技の見どころや放送スケジュールを伝える朝の番組、当日の競技をまとめた夜のハイライト番組、ニュースがあったから、テレビはオリンピック一色であった。芸術展示に関しても、古美術、近代美術、写真、スポーツ郵便切手、人形浄瑠璃、雅楽、邦楽古典舞踊、民俗芸能は一回、歌舞伎、能は二回、それぞれNHK総合テレビか教育テレビで放送された。写真、歌舞伎、能、雅楽、民俗芸能では、カラー放送が行われるという力の入れようであった（日本放送協会、［一九六五］、二二、三十五、五九―六〇頁）。

テレビでオリンピック放送を視聴した人は、国民の九七・三％に達し、最も視聴率の高かった女子バレーボールの視聴率は八五・〇％を記録した（「全国オリンピック放送聴視率調査」より）。前回ローマ大会の際には、ほとんどがビデオテープとフィルムに収めたものを日本へ空輸して放送された。短波を使ってコマ撮りフィルムを中継するという試みもあり、テレビの遠距離伝送として画期的なものとして各国放送機関の注目を集めていたが、一時間かけてわずか一五秒の映像が送られたにすぎなかった（日本放送協会、一九七七、六〇五頁）。それと比べると、東京大会では、自国開催に加えて、カラー放送、スローモーション映像、接話マイクロフォンなどの最新の技術が駆使されたこともあって、国民の多くが豊かなオリンピック映像を享受することができたのである。

テレビの映し出す選手たちの姿は、当時としては新鮮なものだった。大江健三郎は、「競技場でスポーツ選手の活躍をながめているのは、一般になにか、遠方の他人を見ているという感じだ。ところが、テレビをつうじてながめる場合は、自分と深くむすびついている人間をごくまぢかで見つめているという気持ちにとらえられることがある。ときには、そのスポーツ選手の外側だけでなく、その内臓まで、自分の目に見えているという感じさえする」と、クローズアップの映像が、観客と選手の距離を縮め、観客が選手の苦しみをあたかも自分自身のもののように感じる一体感を生み出していると書いた（『読売新聞』一九六四・一〇・二三）。

ナショナリズムの危うさ

一方、テレビという「文明」がみせるオリンピックに「危うさ」を感じる人もいた。日本初の民間放送局である中部日本放送が刊行する『放送と宣伝：ＣＢＣレポート』の一九六四年一二月号は、オリンピック放送を様々に批評する論文を載せている。そこに収録された論文の中で、演劇評論家の戸井田道三（といだみちぞう）は、「オリンピックが行われたそのことよりも、テレビによって放送されたそのことの方が重大だ」とし、膨大な数の人々が同時に同じ画面を見ていたことの意味を問うた。戸井田は、テレビの影響を断定することはないが、東京オリンピックがあったという歴史的事実は、「現物の多様性が消滅してテレビを通じてやきつけられた映像の集合として誰の頭にもひとしいかたちで残る」と論じた（戸井田、一九六四、六頁）。別の論文では、評論家の山田宗睦（やまだむねむつ）が、映像コミュニケーションの文明は、人類社会を前提とする（言語共同体を超える）はずだが、ＮＨＫによる東京オリンピック中継は、言語共同体を強化するものであったと批判している（山田、一九六四）。知識人の中には、東京オリンピックにナショナリズムの台頭を見出し、このような感想を持つ人も少なくなかった。

興味深いことに、一九六〇年代半ばには、オリンピックのようなスポーツ・イベントにおける過剰な愛国心に対する懸念が、日本の国外でも広がっていた。もっとも有名なのは、ＩＯＣのブランデージ会長が、オリンピックの表彰式での国歌演奏と国旗掲揚とを中止する提案をしていたというものである（黒須、二〇一二）。このことは、当時の日本の新聞でも報じられていた。二〇〇〇年代に東京都知事として東京オリンピック招致運動を主導する石原慎太郎は、一九六四年当時は作家として『読売新聞』にオリンピック評論を寄稿している。この中で石原は、ブランデージの提案に賛成だとし、オリンピックは、本来、国家の名誉、民族の名誉、思想の名誉と切り離してみるべきもので、日本選手がいかに闘うかということだけを第一の関心にしていては競技に在る真の美しさを感じることはできないと述べている（一九六四・一〇・一一）[41]。

「世界は一つ」、海外からの視線

アジアで最初のオリンピックを通して世界が一つになろうというのが東京オリンピックの合言葉であった。その理念は、テレビ放送の準備においてもGANEFO問題への対応においても活かされていた。

『読売新聞』が開会式の日に伝えたように「オリンピック東京大会の開会式は、いま目前に〝世界史の断章〟が象徴的に展開されているという感動にあふれ」、「古代オリンピックは、古代ギリシャ世界の象徴であった。近代オリンピックもまた、事実上、西洋世界だけの象徴であった。しかし、いま初めて、オリンピックの聖火は、アジアの大地に炎々と燃え、東と西、北と南が東京に集まり、オリンピックは、東京で初めて全世界のものになった――といっていいのではなかろうか」（一九六四・一〇・一〇）という実感がもたされた。もちろん、こうした解釈は、日本独自のものであったわけではない。これまでみてきたように、オリンピック史においても東京オリンピックの実現は、転換点となっていた。東京オリンピックの次の一九六八年大会は、メキシコで開催されることになっていた。メキシコ・シティーは高地であり競技会を開くには適さないと当時は考えられていたが、初めてのラテンアメリカ、初めてのスペイン語圏でのオリンピック開催であった[42]。「一つになった世界」は、商業的宣伝の格好の機会としても捉えられ始める。コカ・コーラ社は、オリンピックを元々重視していて一九二八年アムステルダム大会から関わっていたが、東京オリンピックでは、二ヵ月間にわたり、全国でオリンピック・セールス・キャンペーンを展開、一日三時間分の競技の生中継テレビ番組、道路標示板や観光案内を提供した（日本コカ・コーラ株式会社社史編纂委員会、一九八七、六七―六八頁）。

一方、国内において、アジア初や世界史上の意義を強調することによって東京オリンピックがナショナリズムを高揚させていったことも確かである。東京オリンピックがナショナリズムの高揚に結びつくうえで、「競技」そのものが果たした役割は、実はそれほど大きくはなかったかもしれない。まずは聖火リレーというセレモニーを通して、日本でオリンピックが開催されることの世界史上の意義、そのことをアジアの国々が歓迎していることが確認された。次に、大会において使われる様々な日本製の技術が、広く説明されることによって、日本の技術の完成度の高さが確認された。新聞広告には、オリンピックで採用された正式計時装置（ＳＥＩＫＯ）、電子計算機と連動した電光掲示板（日立）、電子式自動審判装置（松下）、写真の急速紙焼き（富士フィルム）などが登場した。さらに世界の注目が日本に集まっているのだという気持ちは、ヨーロッパやアメリカで行われているテレビ観戦や各国メディアの報道が報じられることによって高まっていく。「外の目」は、例えばドイツやアメリカの子供が「豆記者」として来日しているといった報道によっても意識されたといえよう[43]。競技面での勝利にもとづいたナショナリズムは、終盤になってはじめて盛り上がっていったのである。

注

（1）「国体の意義」は、今ではほとんど忘れかけられているが、地方でのスポーツ施設の整備は全国を巡回した国民体育大会にあわせて行われた。スポーツ施設のみならず生活に必要なインフラ整備までが、国民体育大会を契機としたものであった。こういった点でも、国民体育大会は、やはり国内版のオリンピックといった意味合いがあったといえるだろう。

（2）聖火リレーのルートについては、まず朝日新聞社が一九六一年六月二三日、「東京オリンピック聖火リレーコース踏査隊」をギリシャから出発させて、検討が行われた（『オリンピック東京大会組織委員会会報』五号）。

（3）沖縄体育協会が日本体育協会支部として承認されたのは一九五三年、国民体育大会に正式参加となったのは、一九六二年の第一七回大会からである（沖縄体育協会史編集委員会、一九九五、一〇九、六三一頁）。

（4）沖縄での日の丸掲揚は、摩擦も生んだ。コザでは掲揚された日の丸を米兵が引きずりおろして破るという事件が起きた。

（5）分火された聖火は、一一日に福岡に空輸され、熊本県庁で元の聖火と一緒になった（オリンピック東京大会組織委員会、一九六六、二五二頁）。

（6）沖縄から、本土の聖火リレーの起点である鹿児島、宮崎、千歳への聖火の輸送には、全日空の特別機「聖火号」が使われた（オリンピック東京大会組織委員会、一九六六、二五二―二五三頁）。

（7）八紘之基柱の竣工式が行われた一一月二五日には、宮崎神宮神域拡張事業竣工奉献式も行われた。また、この日をもって、九つの県内新聞が統合され、『日向日日新聞』が創刊された（宮崎日日新聞社史編纂委員会、一九七五、四一―五〇頁）。宮崎県内において、八紘之基柱の完成は、紀元二六〇〇年事業・行事の集大成であり、戦時の国民精神総動員体制の象徴であったといえる。

（8）正面にあった「八紘一宇」の文字は、敗戦後間もなく削り取られたが、東京オリンピック終了後、一九六五年に入ってすぐに復元された。「平和の塔」の由来については、「平和の塔」の史実を考える会（一九九五）が詳しい。なお、渡辺（二〇〇六）は、平和の塔の由来とオリンピックの聖火リレーの関係を論じている。

（9）オリンピック聖火リレーの式典が行われたことをきっかけとして、平和台公園は、日比谷公園と姉妹公園となった。平和台公園には、はにわ園・はにわ館が一九六二年に設置されており、日比谷公園には、姉妹公園となったことを記念して平和台公園から贈られた埴輪が現在もある。

（10）一九六二年五月、宮崎県議会は、聖火リレーの起点を宮崎にするよう要望する決議を行った。この時点で、起点誘致運動を行っていたのは、長崎県と鹿児島県であった（「オリンピック東京大会聖火リレー起点誘致について」昭和三七年七月二日［国公文書館］）。

（11）他にも、『アサヒグラフ』の同じ号には、オリンピック聖火の下で神楽が夜通し続く様子、宮崎神宮境内で聖火リレーが菊の紋章のついた幕の下を通過する様子を捉えた写真が掲載されていて、（国家）神道との結合も、戦前の聖火リレー模倣イベントとの類似性として挙げられる。

(12) 記録映画は、一九六五年三月、東宝系映画館二六〇館で一斉に公開された。公開から八日間で、入場人数は一般一八二万七〇二一人、学童・生徒二〇三万三〇〇二人の興行成績をあげた（オリンピック東京大会組織委員会、一九六五c、五一頁）。

(13) 詳細は、東京都による大会報告書（東京都、一九六五）の七六―七九頁を参照。

(14) 東京都の公文書によると、朝日新聞社、毎日新聞社、日本経済新聞社が刊行していた英文日本紹介誌（『This is Japan』『New Japan』『Industrial Review of Japan』）には「補助金」が出された。これによると新聞三社の英文日本紹介誌は各都道府県からの補助金を受けて刊行されるというのが常態になっていた可能性が高い。他にも、朝日新聞英文誌『Asahi Evening News』、英文観光案内誌『Japan and the Orient Visitor's Guide』、カナダ日刊紙『The Globe and Mail』などで広告や広告記事の掲載が行われている（「昭和三五―三八年度生活文化局　オリンピック二三七」「昭和三八―三九年度生活文化局　オリンピック二三八」「昭和三八年度生活文化局　オリンピック一六九」「昭和三八―三九年度生活文化局　オリンピック一七〇」［都公文書館］）。

(15) もっとも一九四〇年東京大会が決定する前からボートコースを建設する計画はあったという（戸田市、一九八七、三八一―三八三頁）。

(16) 東京都下水道局（一九六五）によると、一九六四年度末の東京都区部下水道普及率（面積比）は、二六％、水洗トイレが設置可能なのは二二・八％であった。

(17) 帝国ホテル犬丸一郎営業部長は「八月は蚊がいるとか、食事が心配だとか云っているらしいですがホテルの食事や、ホテルで造った弁当で中毒を起した事が、いままでにありましたか」（『ホテルレビュー』一一巻一二〇号、五頁）と述べていたが、一九六三年五月、帝国ホテルでは赤痢の集団感染が発生し、二週間営業を停止した。また会期に関しては、東京大会決定の四ヵ月後に伊勢湾台風が甚大な被害をもたらしたことから、台風の時期を避け、五月から六月の初夏の開催も一時期検討されていた（『オリンピック東京大会組織委員会会報』二号、四―一〇頁）。南半球初のオリンピックであるメルボルン大会（一九五六年）が一一月下旬から一二月初旬に開催されていたことからわかるように、この時代はまだ、オリンピックの会期は柔軟に決められていた。

(18) 年間（昭和三九年）の入国外客数は、五五万人と見積もられていた（「観光事業審議会のオリンピック観光対策に関する答申」昭和三七年七月一三日、『観光情報』一二五号、四頁）。

(19) 大学生は選手村の食堂運営にも、「サービス要員」として協力した（『ホテルレビュー』一五巻一七〇号、四五頁）。

(20) 競技をシンボル化したピクトグラムは、ベルリン大会の時には作られている（Wei, 1996, p.111）。

(21) 亀倉雄策（かめくらゆうさく）のシンボルマーク、ポスター、ここに挙げたピクトグラムといった東京オリンピックのデザインは、勝見勝（かつみまさる）が統括した。

(22) 第2章（5）を参照。一九五三年の本放送開始に先立ち、NHKは、テレビの公開実験を行うための専用列車（「ラジオ列車」）や自動車（「テレビカー」）を準備し、地方都市を巡回させた。テレビカーも、一九四〇年の東京オリンピックを見据えて一九三七年に製作されたテレビジョン放送自動車とほぼ同様の設備を備えているものであった（飯田、二〇一六）。

(23) テレビの爆発的普及を後押ししたのが、一九五九年の皇太子ご成婚や一九六四年の東京オリンピックだと一般にいわれている。ただ飯田（二〇〇五）が着目しているように、テレビの普及の要因を、こうしたイベントだけに求めることはできず、人々がテレビを買い求めていく過程には、電器店の販売方法や地域社会の人間関係も関係していたといえる。

(24) 他に、太平洋・アジア地域では、一九五七年以来開催されてきたアジア地域放送会議を母体として一九六四年七月にアジア放送連合が発足、アフリカでは、一九六二年九月にアフリカ放送連盟が正式発足している（日本放送協会、一九六五、二五四―二五五頁）。ワールドビジョン構想については、浜田（二〇一四）を参照のこと。

(25) 元々、この一帯は公園として整備される計画であったことから、オリンピック施設整備委員会委員長の岸田日出刀は、NHK放送センターの建設に反対をしていた（オリンピック東京大会組織委員会、一九六五b、一八頁・「岸田日出刀」編集委員会、一九七二、一四七―一五〇頁）。

(26) アメリカでは一九五四年からNBCとCBSがカラーテレビ放送を正式に開始し、RCAが家庭用カラーテレビの受像機を販売していた（日本放送協会、二〇〇一a、四〇八頁）。

(27) テレビ局数も、四七八局から六九七局に増加した。

(28) 宇宙中継の実現には、アメリカの国務省やNASA、RCA、通信衛星会社COMSATの協力も不可欠であった。アメリカ側は、東京オリンピックの宇宙中継を成功させることで、日米間の技術面での連携、自国の技術的優位性を示すことができると考えていたようである（Letter from Averell Harriman to William R. McAndrew, July 30, 1964 [NARA: EDU15-1 Olympic Games Japan]）。

(29) 筆者がこれまでに確認できたのは、北ローデシア、ブラジル、タイなどの放送機関である。

(30) 組織委員会は、テレビの権利金として一三万ドルをIOCに納付している。東京大会の際にIOCに納付されたテレビ権利金がどのように使用されたかは不明であるが、この頃すでにIOCは、この権利金をスポーツ振興に活用したり国際競技団体への分配金とする構想をもっていた。ちなみに前回のローマ大会では、集めた放送権料の五パーセントがＩＯＣに納付された（「第一二回組織委員会議事録」〔日ス協〕）。

(31) フィルム・サマリーの使用には、（一）各個の番組で一日に三分間を越えて上映してはならない、（二）全ニュース番組を通じて二四時間中に一回三分として三回を越えてはならず、（三）さらにこれらの上映に際しては、各回とも、その間に少なくとも四時間の間隔を置かなければならない、といった条件があった（オリンピック東京大会組織委員会、一九六六、六七八頁）。

(32) 同じ内容の記事は『日伯毎日新聞』（一九六四・一〇・一七）にも掲載されている。他にも、『らぷらた報知』（一九六四・一一・五）に石原慎太郎の「『鬼の大松』讃」（『読売新聞』一九六四・一〇・二五）が転載されるなど、文学者が書いた文章が海外日本語新聞に転載されることは珍しくなかった。

(33) ジャカルタのアジア大会に日本選手団は出場したが、大会終了後、この大会はアジア競技連盟の憲章に違反する大会ということになった。憲章違反の大会に日本選手団を参加させたことの責任をとって、東京大会組織委員会の会長（日本体育協会の会長と日本オリンピック委員会の委員長でもあった）の津島寿一、事務総長の田畑政治（日本オリンピック委員会総務主事でもあった）が、それぞれ役職を辞任した（日本体育協会、一九六三、一二二頁）。

(34) インドネシアの首都ジャカルタは、東京オリンピックの聖火リレーが立ち寄るルートとしても考えられていた（Letter from Otto Mayer to Shigaru Yosano, June 19, 1963〔OSC: CIO JO-1964S-COJO_SD1〕）。

(35) 日本選手の国際大会出場にかかる費用を工面するために、海外邦人募金はよく行われていた。一九六〇年のオリンピック募金（ローマ大会やスコーバレー大会への選手派遣や東京オリンピック選手強化のために使われた）では、海外募金の目標額五六五万円に対し、ハワイ在住邦人からの募金額が七八万五六一一円、カリフォルニア在住邦人からの募金額が六〇九万九三一四円であった（『オリンピック基金募集趣意書一九六〇』二―三頁・『昭和三五年度募金報告書』一八頁〔日ス協〕）。

(36) 坪内は訪日見聞記を『パウリスタ新聞』に連載し、この連載の前半部分を手書きで冊子にまとめて刊行した。これが『オリンピック観光訪日旅行記』である。坪内は元々パウリスタ新聞社に勤めていて、訪日を機に退職したようである。

(37) スポーツと皇室・天皇については、坂上（二〇一六）、茂木（二〇一七）、坂本（一九八九）の第七章を参照。注意したいのは、スポーツと皇室との結びつきは、戦後象徴天皇制のパフォーマンスとして現れたものではなく、スポーツをする主体としてもスポーツの庇護者としても、戦前からの継承を認めることができるという点である。

(38) ロサンゼルス大会では版画部門で長永治良「蟲相撲」が褒賞（選外佳作）、ベルリン大会では、絵画部門で藤田隆治「アイス・

ホッケー」が三位、線画および水彩画部門で鈴木朱雀「古典的競馬」が三位、彫刻部門で長谷川義起「横綱両構」音楽部門で江文也「台湾の舞曲」が褒賞（選外佳作）となった。芸術競技では一、二、三位の下に、褒賞（選外佳作）が設けられていた。

(39) 一九五八年アジア大会でも芸術展示は行われた（『第三回アジア競技大会報告書』三〇三―三一四頁）。

(40) 柔道は一九六八年メキシコ大会では実施されず、一九七二年ミュンヘン大会から再び実施されるようになった。

(41) もっとも大会を見た後、石原の論調は変容している。一〇月二五日に『読売新聞』に掲載されたエッセイ（「『鬼の大松』讃」）では、日本の女子バレーチームに「われわれ」は「自分自身の分身」を見て来た、ある日本人にとっては女子バレーの敗戦は第二次大戦の敗戦に次ぐ精神的打撃となりえたかもしれない、と、選手と国家とを重ね合わせて競技を解釈している。

(42) アメリカ議会図書館に、一九六四年五月と一九六五年一一月にブランデージが東京で行なった記者会見の音声記録が残っている。この記録から、ブランデージは、オリンピックを様々な都市に巡回させ、それによって真に世界的なイベントへとしようとしていたことがわかる（Professional luncheon meeting: in honor of Mr. Avery Brundage, president, IOC, Friday, May 29, 1964: Professional luncheon meeting: guest speaker Avery Brundage, president, International Olympic Committee, 1965 Nov. 19th［Library of Congress］）。

(43) 東京オリンピックでは、毎日新聞社が「森永母をたたえる会」とともに、〝私のお母さん〟図画・作文コンテストの入賞者を「豆記者」に委嘱し、オリンピック報道を行わせた。ヘルシンキ大会とは異なり、コンテストは世界各国の少年少女を対象に行われ、「豆記者」には、京都の小学生、福岡の中学生のほかに、西ドイツの一二歳の少年、アメリカ合衆国の一二歳の少女も選ばれた（『毎日新聞』一九六四・一〇・八）。

エピローグ——一九六四年から二〇二〇年へ

よみがえる一九六四年大会

二〇一三年九月七日、ブエノスアイレスで開催されたＩＯＣ総会で、二〇二〇年大会の開催都市として東京が選ばれた。東京がオリンピック開催都市として選ばれたのは、三度目である。

二〇二〇年東京大会決定後は、一九六四年東京オリンピックを懐かしく振り返るというムードが生まれた。前回の東京大会がどのようなものであったかがメディアによって掘り起こされ、「東京五輪音頭」は、ともすれば時代遅れの盆踊りソングなのだが紅白歌合戦に登場し、二〇二〇年にあわせたリメイク版も作られた。(1) 二〇二〇年東京大会決定後のメディア言説から浮かび上がるのは、一九六四年東京大会の出場選手、聖火ランナー、審判、選手村の厨房で働いていた人、通訳をしていた学生、聖火リレーの運搬にかかわった航空関係者等が、一九六四年東京大会を自らの人生の輝かしい一コマとして記憶し、非常に肯定的に捉えていることである。

東京大会決定直後には、一九六四年東京オリンピックを直接には知らない世代も、二〇二〇年に対する希望や期待を表明する様子が、メディアではよく伝えられていた。二〇二〇年を、一九六四年東京オリンピック——経済的に右肩上がりであり、日本中が夢や希望をもっていた時代――の再来として捉えるような言説である。

もっともこれらはあくまで言説である。一九六四年東京オリンピックに向けて日本社会は一丸となっていたわけではなく不協和音もあった。今回も競技場建設関連の立ち退きや過労死が伝えられたが、一九六四年東京大会でも、同様の問題はあった。(2) 冷静にみるならば一九六四年を「よい時代だった」と振り返ることはできない。

とはいえ、一九六四年東京オリンピックを賛美したり懐かしんだりする言説は、非常に強力なものである。オリンピックは、四年に一度のペースで周期的に開かれるものであり、オリンピックのたびごとに、過去のオリンピックの歴史が掘り起こされる。「前回大会では、日本の○○選手が優勝した」「アメリカは、三大会連続金メダルを獲得している」など、「国民」の歴史が確認されるのである。そしてさらに大きな周期で、一九四〇年・一九六四年・二〇二〇年と、首都東京のオリンピックに関する記憶も循環しているといえるだろう。

日本では他にもこれまでに札幌と長野で冬季オリンピックが開催されているが、これらのオリンピックが国民的記憶として定着しているとは言い難いのに対し、首都東京が舞台となる東京オリンピックは、国民の体験として語られ継承されている。プロローグで取り上げた松江の岸清一像は、東京オリンピックの影響力が、東京にとどまらず地方にまで及んでいることを示す一例である。一九六四年東京オリンピックにあわせて岸清一像が再建されたことはプロローグで述べたが、二〇二〇年東京オリンピック開催が決定すると、地元では岸清一に対する注目が再び高まっている。(3) 一九六四年東京大会の際に、戦前のオリンピックでの日本選手の活躍や「幻」となった一九四〇年東京大会が思い出されたのと同じように、二〇二〇年東京大会が決定した途端、一九六四年東京大会や一九四〇年東京大会に関する言説が溢れ出てくるのである。こうして東京のオリンピックの記憶は、何度か循環することによって、日本社会の中で膨れ上がっていっている。

しかし冷静に考えれば、一九六四年東京オリンピックと二〇二〇年東京オリンピックは、同じではない。日本や東京のおかれた状況もオリンピックのあり方も、大きく変化している。このことに関しては他に専門書や評論が出ているので本書では深入りはしないが、二〇二〇年東京大会を、一九六四年東京大会の再現として手放しには喜べない状況があることは間違いない。

「コンセプト」を失った二〇二〇年大会

第一に、一九六四年大会にあった明確なコンセプトが、二〇二〇年大会にはない。一九六四年東京オリンピックは、アジアで最初のオリンピックであった。「東洋初」のオリンピック開催は、日本にとっては戦前からの悲願であり、このことを他国ではなく日本が成し遂げたことに意義が見出されていた。それは日本が自画自賛していたということではない。「西洋ではない場所」でオリンピックを開催することは、一九世紀末以来のオリンピック運動の歴史からしても画期的なことであった。「東洋」のなかで「日本」にこそ、オリンピック開催能力がある。このことは、「東洋初」の冬季オリンピックとなった一九七二年札幌大会の時にも強調された(4)。一九六四年東京大会でも、大会を支える日本の科学技術の卓越性が強調されていたが、一九七二年札幌大会では「オリンピック史上初のオールカラー放送」でＮＨＫが国際映像の代表制作を行った（日本放送協会、二〇〇一b、一七一―一八頁）。

しかし、今や、ＩＯＣでは韓国や中国も存在感を発揮するようになっている。一般にはほとんど忘れ去られていることであるが、一九八八年大会には名古屋が立候補していたが、ソウルに敗れ、二〇〇八年大会には大阪が立候補していたが、北京に敗れた。また、二〇一八年には平昌（ピョンチャン）でオリンピックが開催され、二〇二〇年東京を挟んで、二〇二二年には北京でも冬季大会が予定されている。

オリンピックのスポンサーをみても、同じようなことが感じられる。ＩＯＣの最上級スポンサー（The

Olympic Partners：ＴＯＰと略される）は、現在の第九期（二〇一七年―二〇二〇年）では一三社となっているが、そこにはコカ・コーラ、ＧＥ、インテル、パナソニック、ブリヂストン、トヨタ等とともに韓国のサムスンや中国のアリババ・グループも入っている。サムスンは一九九七年以来、オリンピック・パートナー契約を継続して結んできた。中国のアリババ・グループは、二〇一七年に二〇二八年までの長期契約をＩＯＣと締結した（https://www.olympic.org/sponsors）。

二〇二〇年の東京オリンピックは、一九六四年東京オリンピックの再現であり、その原型であった一九四〇年東京オリンピックの延長線上にある。しかしながら、過去の二つの大会のコンセプトであった「東洋初」は、二〇二〇年大会にはあてはまらず、現在の日本は、どんなに自らに都合の良いものだけをみようにも、アジアにおける自らの圧倒的優位性（経済的・政治的・文化的優位性）を、オリンピックを通じて確かめるのは難しい。「平和の祭典」としてのオリンピックの位置づけも、今度のオリンピックでは象徴レベルにとどまっているといえよう。一九六四年東京大会は敗戦から一九年しか経っておらず、二〇代以上には戦争体験があった。日本の社会に戦争の記憶が生々しく残っていて日本にやってきた選手たちもまた戦争に翻弄された人生を生きていたからこそ、戦争との対比でオリンピックの意義が強調されていった。もちろん一瞬だけ成立した「虚構」であったかもしれないが、「平和の祭典」が目の前で繰り広げられていることに人々は感銘を受けたのである。二〇二〇年の組織委員会は、聖火リレーの出発地を福島とし、東日本大震災の被災地を重視する姿勢をみせているが、「復興五輪」としての意味づけが今後どこまで浸透していくかは定かではない。

メディア環境の変化

第二に、メディア環境が、一九六四年大会の時とはまるで違う。一九六四年以降のメディア環境の変化は、オリンピックのあり方を本質的に変化させてきた。

本書でみてきたように、一九六四年東京オリンピックは、テレビ・オリンピックの萌芽期に位置づけられる。ただ、当時としては画期的であったとはいえ、マラソンの中継カメラは、優勝したアベベに固定され、カラー放送も一部の競技だけ、国外向けのテレビ中継もわずかに実現しただけであった。(5) 現在の私たちが見慣れているオリンピック放送からすると技術的制度的に未発達な段階にあり、オーディエンスやその体験も制限の多いものであった。

一九六四年東京大会後、オリンピックはテレビ業界と密接に結びついて発展し巨大化していった。世界規模の視聴者を「観衆」に取り込むことで、オリンピックを様々な主張の場として利用しようとする動きも目立つようになった。一九六八年メキシコ・オリンピックでは、陸上男子二〇〇メートルの表彰式で、アフリカ系アメリカ人のトミー・スミスとジョン・カーロスが、アメリカ国歌が流れている間にうつむきながら黒手袋をはめた拳をつきあげて世界にはびこる人種差別に抗議、同じ表彰台に立ったオーストラリアの白人選手ピーター・ノーマンも、二人がつけたオリンピック・プロジェクト（人権、とりわけ黒人の生活向上を求める団体）のバッジをつけて、同調した。この三人はそれぞれの国のオリンピック委員会から処分されてしまうが、その後も、オリンピックの場で、抑圧や迫害に対する抗議行動を行う選手は続いている（ボイコフ、二〇一六＝二〇一八、一三二―一四八頁）。一九七二年ミュンヘン・オリンピックのイスラエル選手襲撃事件も、オリンピックが世界の注目を集める場であることから計画、実行されたものといえるだろう。ボイコフによると、ミュンヘン・オリンピック以降、開催都市はテロ対策、セキュリティ対策の強化を求められ、開催国の中には、これに乗じて都市空間の監視強化や政治的デモの抑圧などを行うところが少なくない（同前）。

商業主義とスポンサー

メディア環境の変化に関連して、テレビとオリンピックとの結びつきがもたらした、オリンピックの商業的価値の上昇（商業主義化）も指摘しておく必要がある。

東京大会の頃にはまだ、アマチュア選手のほのぼのとした運動会のような雰囲気が残っていたが、現在のオリンピック選手は、国家のみならず所属企業の威信、そして優れた成績を残すことによって各方面から支払われるだろう報酬をかけて、大会に挑む。巨額のスポンサー料をおさめたスポンサーだけがオリンピックを利用して宣伝活動を行えるようになった。オリンピックの商業利用に対する規制は、一九六四年大会時にもあったものの、まだ緩やかであった。だが、一九八四年ロサンゼルス大会頃から、ＩＯＣはオリンピック・マーケティングを強化し、スポンサー企業からの収入をテレビ放送権と並ぶ重要な収入源として捉えるようになった。一九八五年に開始されたＴＯＰ制度は、オリンピックの商業化が一段と進んだことを示す代表的なもので、これによって、ＩＯＣは世界で一〇程度のスポンサー企業と大型契約を結び、その企業にだけ、オリンピックと絡めたマーケティングのグローバル展開を認めるようになった。この一〇程度のＴＯＰの企業を最上位にしつつ、大会ごとに、各開催国の大手企業と国内スポンサー契約が結ばれている。(6)いずれにしてもＩＯＣと組織委員会は、一握りのスポンサー企業にオリンピックを利用したマーケティングを行う権利を与える一方で、それ以外の企業等による便乗商法を厳しく規制するようになった。東京大会組織委員会が刊行している「大会ブランド保護基準」（二〇一七年八月）には、「ロンドン、リオそして東京へ」「２０２０へカウントダウン」「〇〇〇リンピック」といった用語も使用しないよう記されている。

オリンピック大会の開催とオリンピック・ムーブメントの世界各国における発展の基盤となっているのがスポ

ンサー収入である、との論理をＩＯＣは用いているわけだが、これによって開催都市の商業活動が不自由になっている面は否めない。一九九八年長野オリンピックの時には、商店街によるオリンピック関連のイベント開催や会場内でのボランティアによる豚汁やおやきの販売が、スポンサーの権利を侵害するとして問題になった（加島、二〇一七、一五〇頁）。開催都市は大会関連施設、空港、公共交通機関の広告スペースを管理することが求められ、実際に二〇二〇年開催都市の東京もそれに応えている（「立候補ファイル　第一巻」六六―七〇頁）。どうしてここまでオリンピック・スポンサーに配慮しなければならないのか、との声が上がるのも当然だろう。

放送権料も、高騰化の一途をたどっている。一九六四年大会の時には、海外放送機関からの放送権料の総額は約一六〇万五〇〇〇ドルであり、組織委員会がＩＯＣに支払ったのもわずか一三万ドルにすぎなかった。ＩＯＣは放送権料をスポーツ振興に使ったり国際競技団体に分配したりする構想をもってはいたが、まだ巨額の放送権料を想定するには至っていなかったのである。それが現在は、リオデジャネイロ大会で二八億六八〇〇万ドル、ソチ大会で一二億八九〇〇万ドルとＩＯＣは放送権収入にかなり依存し、ＴＯＰからの収入の四倍を放送契約によって稼いでいる（*Olympic Marketing Fact File 2018*）。

オリンピック批判とメディア

東京大会に対する「不協和音」は、インターネット時代には以前とは異なったかたちで現れている。二〇一五年七月には、ザハ・ハディドの設計により新しく建設される予定であった新国立競技場の計画が、同年九月には、七月下旬に発表されたばかりの大会エンブレムがそれぞれ白紙撤回された。前者では特に、膨れ上がる予算が問題視された。

大会予算が膨れ上がること、またオリンピック開催経費を他のところに回すようにという声が上がることは、何も二〇二〇年大会に限った話ではない。ジンバリスト（二〇一六＝二〇一六）によると、ここ数十年のオリンピックでは常に予算超過が起こっていて、それには、オリンピック開催により利益を得る人（建設、メディア、住宅、メディア、ホテルなど）はあえて安価な見積もりを出す、プラン作成から実際の大会までの間に工事等が極端に集中するため物価や工費が値上がりすることが多いといった構造的な要因がある。一九七六年大会以降は平均して二五二％の予算超過が起こっていて、当初予算と比較して、例えば二〇〇四年アテネ大会では一〇倍、二〇一二年ロンドン大会では四〜五倍の経費がかかったとの分析結果もあるという。

国民が一丸となって成功させたというイメージの強い一九六四年大会でも、オリンピックは時期尚早、無駄遣いとの声はかなりあった。各種世論調査は、開幕前にはオリンピックへの市民の関心は低調であったこと、開幕直前でも、「オリンピックは結構だが、わたしには、別になんの関係もない」という人が五割を超えていたことを示しているし、新聞投書では、自分たちはオリンピックの恩恵を何一つ受けていないことへの不満が表明されていた（日本放送協会放送世論調査所、一九六七）。

ただ、二〇二〇年大会では、オリンピックに対する批判や不満は、新聞というよりはネット上であがっている。オリンピックをめぐる情報の流通経路は、ここ二〇年ほどで様変わりしている。筆者が前著で明らかにしたように（浜田、二〇一六）、歴史的に、マス・メディアは、オリンピックの協力者であり共催者であり続けてきた。オリンピックが「メディア・イベント」といわれるゆえんである。二〇二〇年東京大会をめぐっては、現在（二〇一八年七月）までの間に、読売新聞社、朝日新聞社、日本経済新聞社、毎日新聞社、産業経済新聞社、北海道新聞社の計六社がスポンサー契約を締結した。スポンサー契約の締結は一業種一社が原則となっていて、新聞社には特例が適用されている。[7] 新聞社はテレビ局とも提携関係にあり、オリンピック批判は、マス・メディアにおいては取り上げられにくい。そのかわりインターネットで、オリンピックが金儲けのためにあること、市民の生活の質向上とは決して結びつかないこと、東京一極集中を加速させる可能性があること等の情報や意見のやりとりが活発にかわされている。

　インターネット時代の今日、ナショナルなメディア空間が解体され、オリンピック離れが進んでいるという見方もできるだろう。前回のリオデジャネイロ大会では、関東地区の番組平均世帯視聴率は、高い順に、開会式ハイライト（ＮＨＫ）二四・九％、競泳準決勝・女子一〇〇メートルバタフライ（ＮＨＫ）二四・一％、陸上男子マラソン（ＮＨＫ）二三・七％、開会式（ＮＨＫ）二三・六％であった（https://www.videor.co.jp/tvrating/past_tvrating/olympic-summer/new/index.html）。女子バレーボールの視聴率が八五・〇％であった東京オリンピック（「全国オリンピック放送聴視率調査」）のような、オリンピックを国民が同時体験するといった時代の再来は期待できない。パブリック・ビューイングに代表される新しい共同視聴形態も人気を博してはいるが、多様なイベントや娯楽が存在する現在、オリンピックの求心力は弱まっているように感じる。その証拠に、二〇二〇年東京大会で国際放送センターやメディアプレスセンターとして東京ビッグサイトが使用されることにより同人誌即売会コミックマーケット（通称コミケ）等のイベント開催が危ぶまれる、神宮球場も長期間使用できないといったことが明らかになると、オリンピックは不要との声もあがった。

オリンピックの変容、多様性の包含

　第三に、オリンピックそれ自体の変容も、無視できないものである。ここで注目したいのは、多様性の包含である。

　一九六四年東京大会の際には、現在のようなオリンピックと並んで挙行されるパラリンピックは、まだなかっ

た。パラリンピックの原型とされているのは、一九四八年ロンドン大会の際に、戦傷者のリハビリテーションを行っていたロンドン郊外のストーク・マンデビル病院内で開催されたアーチェリー大会である（参加者は一六名）。その後、毎年、競技会は開催され、オランダが参加した一九五二年大会からは国際大会（国際ストーク・マンデビル大会）となった。一九六〇年にはローマで、オリンピック終了後に二三ヵ国四〇〇名が参加して国際ストーク・マンデビル大会が開催され、これが一九八九年の国際パラリンピック委員会（以下、ＩＰＣと記す）設立後に第一回パラリンピック大会として認定される。一九六四年には東京でもオリンピック終了後に「国際身体障害者スポーツ大会」の名称で、後に第二回パラリンピック大会とされる競技会が開かれた（平田ほか、二〇一六、二九―三一頁・http://www.jsad.or.jp/paralympic/what/history.html）。

現在のパラリンピックほどの関心の高さはなかったとはいえ、国際身体障害者スポーツ大会は、日本社会にとって画期的な出来事であった。国際身体障害者スポーツ大会の第一部（国際競技）への参加は、車いすの選手のみで、二二ヵ国三七七選手の規模にとどまっていたが、第二部（国内競技）には、視覚障害者や聴覚障害者も含めて四八七名が出場した（『パラリンピック国際身体障害者スポーツ大会写真集』一六、一二五頁）[8]。「愛と栄光の祭典」という記録映画も制作された。この大会を通して、福祉政策の貧困を否応なく意識させられることとなった（『朝日新聞』一九六四・一一・七）。

二〇二〇年は、パラリンピックにこそ意義があると考える人も少なくない。一九六八年以降は、例えば六八年大会はオリンピックがメキシコ・シティー、パラリンピックはテルアビブといった具合に、オリンピックとパラリンピックの開催都市が一致しない時期が長く続くが、一九八八年ソウル大会以降は両大会とも同一会場で実施されるようになり、二〇〇一年には、ＩＯＣとＩＰＣ間で、オリンピック招致にはパラリンピックを含まなければならないとの合意が成立した（平田ほか、二〇一六、一七―一九頁）。二〇二〇年大会は、パラリンピックがもう一つのオリンピックとしての位置を確立してから初めて日本で開催される大会ということになる。

女性の参加

女性の参加増加も、オリンピック参加者の多様化を示す指標となっている。オリンピックは、その歴史からいって、男性中心のイベントであった。オリンピック大会に、女子選手が初めて参加したのは一九〇〇年の第二回パリ大会からである。ただ、この時は二〇名ほどがテニスとゴルフ、ヨット、クロッケー、馬術に参加しただけ（女子のために設けられたのはテニスとゴルフのみ）で、その後も、種目数、選手数といった点において女性の参加が制限される時代は続いた。一九六四年東京大会参加選手のうち女性が占めた割合は、一三％、女子選手が二割を超えたのは一九七六年モントリオール大会、三割を超えたのは一九九六年アトランタ大会であった（*Factsheet Women in the Olympic Movement*）。前回二〇一六年リオデジャネイロ大会では全参加選手の四五・二％を女性が占めるまでになっている（https://www.olympic.org/women-in-sport/background）。

「国家」を越えるスポーツ選手

参加選手は別の意味でも多様化している。オリンピックでは、「国家」という単位が重要視されてきた。しかし、昨今のオリンピックでは、この国家が揺らいでいるのである。優秀なスポーツ選手が、生まれ育った国を離れて異国でトレーニングやプレーをすることは、当たり前のように行われるようになった。それに加え、この二、三〇年、スポーツ界で顕在化しているのが、選手の国籍変更である。例えば二〇一二年ロンドン大会では、外国出身の選手たちがイギリス選手団の約一割を占めていること（特にロンドン大会開催決定後にイギリス代表となった二重国籍の選手たちが多いこと）が問題視され彼ら彼女らを「プラスチック・ブリット（Plastic Brits）」と揶揄する現象がうまれたり、逆に、その多様な出自のイギリス選手のイギリス・チームへの貢献（メダル獲得）が今日のイギリス社会を体現していると肯定的に評価されたりした（金子、二〇一五）。今日の世界的なスポーツ選手は国境を頻繁に越えてまわり、その競技力ゆえに移住の自由をも手にしているのであるが、優秀であればあるほど、国際スポーツの舞台において自国をアピールしたいと考える国家の思惑に翻弄されてしまうというパラドックスがある。

「単一民族国家」神話が根強いとされる日本においても、「国家」の揺らぎは他人事ではない。日本へと帰化した選手や「ハーフ」の選手の活躍は、少なくない。かつては民族の優越性を競い合うという意味合いのあったオリンピックだが、そういった見方はできなくなり、国別対抗の限界がみえてきているのである。リオデジャネイロ大会では難民選手団が組織され、その方針は東京大会にも引き継がれることに決定している（『朝日新聞』二〇一七・七・一〇）。

障がい者スポーツの発展、女性選手の参加、人間の国際移動の活発化により揺らいでいく国境の意味、さらには全ての人間を男性と女性に分けようとすることの限界など、オリンピックには、世界の〈今〉が反映されている。商業主義の要素がますます強まっていることも重要であろう。オリンピックは資本主義に取り込まれ、一握りのグローバル企業が支配する世界を示しているようでもある。

オリンピックと国家、政治

二〇二〇年東京オリンピックでも、国家の揺らぎを意識せざるをえないことは間違いなく、それは、オリンピックそれ自体の根本原則に対する疑念を引き起こす可能性もある。人間の国境を越えた移動は、近年ますます顕著になってきている。国家や国民といった概念で人間集団を括ることが難しくなった時代に、〈国際〉イベントは人々の関心をひきつけつづけることができるのだろうか。

一方で、その国家が揺らいでいるグローバル化の時代だからこそ、国家を強固に感じたいという欲望が膨れ上がっている。外国から「日本」がどのように見られているのかというメディア言説が氾濫している現在、東京オリンピックは、〈国外〉の視点を意識する機会として歓迎されるだろう。

シドニー、北京、ロンドン、リオデジャネイロと二〇〇〇年以降の夏季五輪の開会式で、オリンピック開催国は、国内の民族的多様性を表現することによって、国内を統合しようとしてきた。平昌で二〇一八年に開かれた冬季オリンピックでは、北朝鮮と韓国との合同行進が行われたほか、韓国人の親とその他の国の親との間に生まれた子供たちが登場して韓国社会の多文化性を表現した。東京大会の開会式では、どのような物語が上演されるのだろうか。現在の国内状況をみるならば、開会式で国内の民族的多様性を踏まえた歴史が表現される可能性は低そうである。代わりに伝統とテクノロジーを融合させたクールジャパンが前面に押し出されることになるのだろう。またメディア報道では、やはり一九六四年東京大会を懐かしむような言説が主流となりそうである。

二〇一七年一〇月、開幕の一〇〇〇日前にあわせたＮＨＫの「おはよう日本」の特集によると、一九六四年に沖縄で聖火が一泊した時の聖火台（名護市嘉陽）は、現在もイベントの時には使われているし（一〇月三〇日）、東京オリンピック・ファンファーレは一〇〇〇日前イベントでも用いられた（一〇月二九日）。大阪は、二〇二五年万国博覧会の誘致を始めた。ちょうど一九六四年に東京でオリンピックが開催されるのを前に、それに対抗して、関西の政財界が万博誘致を言い出したのと同じである。札幌市は冬季五輪招致を行っている。

繰り返されるオリンピック。スポーツを通じて国家間の差異を乗り越え平和の実現を目指すオリンピックの理念は、確かに人々を惹きつけるものがある。しかし、オリンピックの抱える矛盾は、だんだんと大きくなっているように思える。二〇二〇年東京オリンピックを経て、日本社会とその首都東京、そして一九世紀末に人類が編み出したスポーツ・イベントは、一体どこへ向かうのだろうか。

注

（1）組織委員会は二〇一七年夏、東京五輪音頭二〇二〇のミュージック・ビデオ（ＭＶ）や踊り方を示したビデオも公開した。ミュージック・ビデオには、石川さゆり、加山雄三、竹原ピストル、古舘伊知郎などが登場し、英語の解説も付けるなどポップな作りとなっている。ＹｏｕＴｕｂｅの再生回数は二〇一八年七月現在、六一万回を超えている。

（2）組織委員会は、大会運営に従事していた職員等のうち二名が過労によって死亡したとしていた（オリンピック東京大会組織委員会、一九六五ｄ、三三九頁）。しかし、新聞記事をみると、華やかなオリンピック開催の犠牲となったのは、この二名以外にもいたようである。『毎日新聞』はオリンピック関連道路の用地買取に関する仕事をしていた都職員の死を美談化し（一九六四・一〇・九）、『読売新聞』は神宮外苑の絵画館うらで閉会式の警備にあたっていた警視庁の東調布署長が車にはねられ死亡したことを伝えている（一九六四・一〇・二四）。

（3）二〇一六年冬には、岸清一の功績を伝える企画展が松江歴史館で開催された。

（4）札幌はまず一九六八年大会の招致を目指し、一九六三年二月に正式に立候補した。招請状では、オリンピック冬季大会は、「いまだアジアのいかなる国もこれを開催する名誉を有しておらず、できるだけ早くこの名誉を与えられるべき」と述べられ、また、札幌は一九四〇年大会の開催地として選ばれていたことから開催資格がある、一九六八年は北海道開道一〇〇年および札幌市開府一〇〇年でその記念行事としてオリンピックを招致する、とも付け加えられた（「第一〇回オリンピック冬季競技大会の際の外国選手等の入国について」昭和三八年六月三日〔国公文書館〕）。

（5）ＮＨＫの受信契約でカラーテレビの契約数が白黒テレビの契約数を上回ったのは、札幌大会の翌月（一九七二年三月）末であった（日本放送協会、二〇〇一ｂ、一八頁）。

（6）東京オリンピックの国内スポンサーは、二〇一八年七月現在、五〇企業（https://tokyo2020.org/jp/organising-committee/marketing/sponsors/）。

（7）読売、朝日、日経、毎日は二〇一六年一月にオフィシャルパートナーとして契約、産経、北海道は二〇一八年一月にオフィシャルサポーターとして契約した（https://tokyo2020.org/jp/news/sponsor/20160122-01.html; https://tokyo2020.org/jp/news/sponsor/20180104-01.html）。もっとも、新聞社以外にも、旅行業は近畿日本ツーリスト、ＪＴＢ、東武トップツアーズ、鉄道輸送業は東京メトロとＪＲ東日本、印刷業は、大日本印刷と凸版印刷がスポンサー契約をしており、今回の東京大会では、ＩＯＣの掲げる原則はかなり緩められている。

（8）「国内競技」といえども、沖縄や西ドイツのチームも参加した。

参考文献

〔日本語文献（五〇音順）〕

アーサ秋山（一九三八）『国際英会話』井田書店
相島敏夫ほか編（一九六五）『少年少女東京オリンピック全集　四：新しい科学の勝利』黎明書房
青木　喬（一九四八）『オリンピック物語（学友文庫）』海住書店
朝日新聞百年史編修委員会編（一九九四）『朝日新聞社史・昭和戦後編』朝日新聞社
東龍太郎（一九五三）「ＩＯＣの動向」日本体育協会編『第十五回オリンピック大会報告書』日本体育協会、四四―五二頁
足立聿宏（二〇一二）「ハワイＡＪＡ野球リーグの現状と将来の展望：ハワイ最後の民族野球リーグと日系コミュニティ」『移民研究年報』一八号、三―二七頁
アパデュライ、アルジュン（一九九六＝二〇〇四）『さまよえる近代：グローバル化の文化研究』（門田健一訳）平凡社
新　雅史（二〇一三）『「東洋の魔女」論』イースト・プレス
有山輝雄（二〇〇一）「戦時体制と国民化」『年報　日本現代史』七号、一―三六頁
有山輝雄（二〇〇九）『近代日本のメディアと地域社会』吉川弘文館
アンダーソン、ベネディクト（二〇〇五＝二〇一二）『三つの旗のもとに：アナーキズムと反植民地主義的想像力』（山本信人訳）ＮＴＴ出版
アンダーソン、ベネディクト（一九九二＝一九九三）「〈遠隔地ナショナリズム〉の出現」（関根政美訳）『世界』五八六号、一七九―一九〇頁
飯田崇雄（二〇〇五）「『モノ＝商品』としてのテレビジョン」『放送メディア研究』三号、一一九―一五〇頁
飯田　豊（二〇一六）『テレビが見世物だったころ：初期テレビジョンの考古学』青弓社
飯田　豊＝立石祥子編（二〇一七）『現代メディア・イベント論：パブリック・ビューイングからゲーム実況まで』勁草書房

飯塚　隆（二〇一六）「オリンピックと芸術：ビジュアルな古代ギリシア」橋場弦ほか『学問としてのオリンピック』山川出版社、一〇五—一五七頁
池井　優（一九九二）『オリンピックの政治学』丸善
池井　優（二〇一六）『近代オリンピックのヒーローとヒロイン』慶應義塾大学出版会
石川準吉（一九七五）『国家総動員史　資料編第一』国家総動員史刊行会
石坂友司（二〇〇四）「国家戦略としての二つの東京オリンピック：国家のまなざしとスポーツの組織」清水諭編『オリンピック・スタディーズ：複数の経験・複数の政治』せりか書房、一〇八—一二一頁
石坂友司（二〇〇九）「東京オリンピックと高度成長の時代」『年報・日本現代史』一四号、一四三—一八五頁
石坂友司（二〇一八）『現代オリンピックの発展と危機一九四〇—二〇二〇：二度目の東京が目指すもの』人文書院
石坂友司＝小澤考人編（二〇一五）『オリンピックが生み出す愛国心：スポーツ・ナショナリズムへの視点』かもがわ出版
伊藤太郎（一九四〇）「オリンピア・フイルムに就いて」『体育日本』一八巻六号、五八—六五頁
犬丸徹三（一九六〇）「オリンピック東京大会の八月開催を望む」『ホテルレビュー』一一巻一一九号、一頁
井上英会話スクール（一九三七）『井上英会話叢書　第二巻：会話と礼儀作法』井上英会話スクール出版部
今村次吉（一九三二）「オリムピツク後援会の趣旨」『アスレチックス』一〇巻三号、六四—六七頁
岩渕功一（二〇〇一）『トランスナショナル・ジャパン』岩波書店
上山和雄（二〇〇九）「東京オリンピックと渋谷、東京」老川慶喜編『東京オリンピックの社会経済史』日本経済評論社、三九—七四頁
江口圭一（一九七三）「満州事変と大新聞」『思想』五八三号、九八—一一三頁
老川慶喜編（二〇〇九a）『東京オリンピックの社会経済史』日本経済評論社
老川慶喜（二〇〇九b）「東海道新幹線の開業：十河信二と国鉄経営」老川慶喜編『東京オリンピックの社会経済史』日本経済評論社、一八九—二一七頁
大江健三郎（一九六四）「七万三千人の『子供の時間』」『サンデー毎日』四三巻四七号、一〇八—一一一頁
大阪毎日新聞社編（一九三二）『大阪毎日新聞五十年』大阪毎日新聞社
大島鎌吉（一九五二）『オリンピック物語（小学生学習文庫）』あかね書房

小笠原博毅＝山本敦久編（二〇一六）『反東京オリンピック宣言』航思社
沖縄県体育協会史編集委員会編（一九九五）『沖縄県体育協会史』沖縄県体育協会
沖縄放送協会資料保存研究会編（一九八二）『沖縄放送協会史』沖縄放送協会資料保存研究会
小澤考人（二〇〇九）「アジアのオリンピック・東亜競技大会：紀元二六〇〇年の祭典」坂上康博＝高岡裕之編『幻の東京オリンピックとその時代：戦時期のスポーツ・都市・身体』青弓社、一六二―一九七頁
織田幹雄（一九四七）「友情のメダル（スポーツものがたり）」『少年クラブ』三四巻一一号、一〇―一一頁
織田幹雄（一九四八）『オリンピック物語』朝日新聞社
織田幹雄（一九五〇）『欧米スポーツ行脚』朝日新聞社
織田幹雄（一九七七）『わが陸上人生』新日本出版社
オリンピック東京大会組織委員会（一九六四）『オリンピック東京大会芸術展示：日本古美術展』オリンピック東京大会組織委員会
オリンピック東京大会組織委員会（一九六五ａ）『オリンピック東京大会資料集　三』オリンピック東京大会組織委員会
オリンピック東京大会組織委員会（一九六五ｂ）『オリンピック東京大会資料集　七』オリンピック東京大会組織委員会
オリンピック東京大会組織委員会（一九六五ｃ）『オリンピック東京大会資料集　八』オリンピック東京大会組織委員会
オリンピック東京大会組織委員会（一九六五ｄ）『オリンピック東京大会資料集　九』オリンピック東京大会組織委員会
オリンピック東京大会組織委員会（一九六六）『第十八回オリンピック競技大会公式報告書　上』オリンピック東京大会組織委員会
影山健ほか編（一九八一）『反オリンピック宣言』風媒社
加島　卓（二〇一七）『オリンピック・デザイン・マーケティング：エンブレム問題からオープンデザインへ』河出書房新社
片木　篤（二〇一〇）『オリンピック・シティ東京　一九四〇・一九六四』河出書房新社
金子史弥（二〇一五）「二〇一二年ロンドンオリンピックにみるナショナリズム：スポーツの「国家戦略」化と「多民族国家」をめぐる表象に着目して」石坂友司＝小澤考人編『オリンピックが生み出す愛国心：スポーツ・ナショナリズムへの視点』かもがわ出版、一八七―二一五頁
嘉納治五郎（一九一一）「興趣に富める国際オリムピック大会」『日本雑誌』一巻三号、六三―六五頁
嘉納治五郎（一九三八）「わがオリンピック秘録」『改造』二〇巻七号、二六九―二七六頁
何　文捷（二〇〇〇）「第一〇回オリンピック大会満州国選手派遣問題に対する日本と中国の反応：日本外務省外交史料と中国新聞『申

報』の分析を通して」『体育史研究』一七号、六一—七一頁
川崎秀二（一九三八）「聖矛継走五百粁の感激」『体育日本』一六巻一二号、二八—三三頁
川端隆史（二〇一五）「『ハラール・ビジネス』のブーム化と課題：マス・メディアの論調から読み解く」『中東研究』五二三号、六二—七四頁
岸　清一（一九三三）「第十回国際オリムピック大会に就て」大日本体育協会編『第十回国際オリムピック大会報告』大日本体育協会、一—五頁
「岸田日出刀」編集委員会編（一九七二）『岸田日出刀　上巻』相模書房
岸同門会編（一九三九）『岸清一伝』岸同門会
木田拓也（二〇一三）「東京オリンピック一九六四　そのデザインワークにおける『日本的なもの』」東京国立近代美術館編『東京オリンピック一九六四　デザインプロジェクト』東京国立近代美術館、八—一四頁
業務局報道部（一九三六）「オリムピック放送日記」『放送』六巻九号、四四—四八頁
金　誠（二〇一七）『近代日本・朝鮮とスポーツ：支配と抵抗、そして協力へ』塙書房
久世紳二（二〇〇六）『形とスピードで見る旅客機の開発史：ライト以前から超大型機・超音速機まで』日本航空技術協会
暮沢剛巳（二〇一八）『オリンピックと万博：巨大イベントのデザイン史』筑摩書房
黒須朱莉（二〇一二）「IOCにおける国歌国旗廃止案の審議過程（一九五三—一九六八）：アベリー・ブランデージ会長期を中心に」『一橋大学スポーツ研究』三一巻、三九—四六頁
黒田鋭吉編（一九三八）『オリムピック英語会話』平原社
厚生省編（一九四〇）『第十回明治神宮国民体育大会報告書』厚生省
厚生省編（一九四一）『紀元二千六百年奉祝第十一回明治神宮国民体育大会報告書』厚生省
厚生省編（一九四二）『第十二回明治神宮国民体育大会報告書』厚生省
国際観光局編（一九三八）『外客は斯く望む』国際観光局
国立競技場（一九六九）『国立競技場十年史』国立競技場
小路田泰直ほか編（二〇一八）『〈ニッポン〉のオリンピック：日本はオリンピズムとどう向き合ってきたのか』青弓社
古城庸夫（二〇一六）『幻の東京オリンピック」の夢にかけた男：日本近代スポーツの父・岸清一物語』春風社

坂上康博（一九九八）『権力装置としてのスポーツ：帝国日本の国家戦略』講談社
坂上康博（二〇一二）「戦時下の映画と国家：一九四〇年上映の『民族の祭典』をめぐって」田崎宣義編『近代日本の都市と農村：激動の一九一〇—五〇年代』青弓社、二二七—二五八頁
坂上康博（二〇一六）『昭和天皇とスポーツ：〈玉体〉の近代史』吉川弘文館
坂上康博（二〇一八）「柔道思想とオリンピズムの交錯：嘉納治五郎の『自他共栄』思想」小路田泰直ほか編『ニッポンのオリンピック：日本はオリンピズムとどう向き合ってきたのか』青弓社、一三一—一六二頁
坂上康博＝高岡裕之編（二〇〇九）『幻の東京オリンピックとその時代：戦時期のスポーツ・都市・身体』青弓社
坂田謙司（二〇一二）「与那国島民の台湾テレビ電波による東京オリンピック視聴の意味考察：東京オリンピックを巡るナショナルの重層性」『立命館産業社会論集』四八巻二号、二一—三八頁
坂本孝治郎（一九八九）『象徴天皇制へのパフォーマンス：昭和期の天皇行幸の変遷』山川出版社
島田昭男（一九六五）「田中英光論：戦争期の生活と思想」『日本文学』一四巻四号、二八五—二九二頁
下村海南（一九四二）「優秀船の出航—大日本体育会の発足」『体育日本』二〇巻四号、二—三頁
ジンバリスト、アンドリュー（二〇一六＝二〇一六）『オリンピック経済幻想論』（田端優訳）ブックマン社
鈴木　博（一九六三）「オリンピック選手村給食業務について」『ホテルレビュー』一四巻一五九号、二九—三一頁
鈴木　博（一九六四）「ブロック別に各国料理：延べ六〇万食の膨大なお台所」『オリンピック東京大会組織委員会会報』二八号、八—九頁
鈴木良徳（一九五一）『オリンピックの話（中学生全集）』筑摩書房
鈴木良徳（一九五二）『オリンピック読本（旺文社スポーツ・シリーズ）』旺文社
鈴木良徳＝佐々木吉蔵（一九五三）『少年オリンピックものがたり（精選学校図書館全集）』東西文明社
砂本文彦（二〇〇八）『近代日本の国際リゾート：一九三〇年代の国際観光ホテルを中心に』青弓社
瀬川裕司（二〇〇一）『美の魔力：レニ・リーフェンシュタールの真実』現代書館
関口英里（二〇〇九）「東京オリンピックと日本万国博覧会：消費される祝祭空間」老川慶喜編『東京オリンピックの社会経済史』日本経済評論社、一—二七頁
大日本体育会編（一九四六）『大日本体育協会史（補遺）』大日本体育会（復刻版）

大日本体育協会編（[一九三〇]）『第九回極東選手権競技大会報告書』大日本体育協会
大日本体育協会編（一九三三）『第十回オリムピック大会報告』大日本体育協会
大日本体育協会編（一九三六）『大日本体育協会史　上巻』大日本体育協会
大日本体育協会編（一九三七）『第十一回オリンピック大会報告書』大日本体育協会
高嶋　航（二〇一二）『帝国日本とスポーツ』塙書房
高杉　良（一九九七）「卆寿を迎えた快男児の痛快人生：日本の恩人・フレッド和田『熱き心』の九〇年」『現代』三一巻一二号、二八四—二九七頁
高杉　良（二〇一三）『東京にオリンピックを呼んだ男：強制収容所入りを拒絶した日系二世の物語』光文社
高橋徹ほか（一九五九）「テレビと〝孤独な群衆〟」『放送と宣伝：CBCレポート』三巻六号、三—一三頁
高柳健次郎（一九三六）「テレビジョンとオリンピック」『文藝春秋』一四巻一二号、二一一—二一三頁
竹内幸絵（二〇〇九）「二つの東京オリンピック：広告グラフィズムの変容とプロパガンダ」坂上康博＝高岡裕之編『幻の東京オリンピックとその時代：戦時期のスポーツ・都市・身体』青弓社、一二五—一六一頁
竹内幸絵（二〇一六）「東京オリンピックプレ・イベントとしての赤と白の色彩：エンブレムとブレザーが喚起したナショナリズム」朴順愛ほか編『大衆文化とナショナリズム』森話社、一〇五—一三七頁
竹中治郎（一九三七）「オリムピックと米語の発音」『英語研究』三〇巻八号、四五七—四五九頁
竹前栄治＝中村隆英監修（一九九六）『GHQ日本占領史　第二巻　占領管理の体制』日本図書センター（※底本は“History of the Non-military Activities of the Occupation of Japan, 1945-1951”の第2巻“Administration of the Occupation: 1945 through July 1951”）
巽　聖歌（一九五三）「友情のメダル」西原慶一『改訂版　国語の本　五年上』二葉、六九—七八頁
田中英光（一九四〇）「オリンポスの果実」『文學界』七巻九号、四—九四頁
ダヤーン、ダニエル＝カッツ、エリユ（一九九二＝一九九六）『メディア・イベント：歴史をつくるメディア・セレモニー』（浅見克彦訳）青弓社
ディアドーフ、ロバート（一九六一）「ローマ・オリンピックは何を教えたか：東京大会で同じ失敗をくり返さないために」（北田勝助訳）、『ホテルレビュー』一二巻一三三号、一七—二一頁

帝国ホテル編（一九九〇ａ）『帝国ホテル百年の歩み』帝国ホテル
帝国ホテル編（一九九〇ｂ）『帝国ホテル一〇〇年史』帝国ホテル
帝国ホテル編（二〇一〇）『帝国ホテルの一二〇年』帝国ホテル
戸井田道三（一九六四）「歴史に沈着するもの」『放送と宣伝：ＣＢＣレポート』八巻、六—九頁
東京オリンピック準備委員会編（一九五九）『東京オリンピック準備委員会報告書』東京オリンピック準備委員会
東京国立近代美術館編（二〇一三）『東京オリンピック一九六四デザインプロジェクト』東京国立近代美術館
東京市編（一九四一）『東京市統計年表 第三七回（昭和一四年）一般統計編』東京市
東京市役所編（一九三九）『第十二回オリンピック東京大会東京市報告書』東京市役所
東　京　都（一九六五）『第一八回オリンピック競技大会東京都報告書』東京都
東京都下水道局（一九六五）『下水道事業概要一九六五』東京都下水道局
当間重剛（一九六九）『当間重剛回想録』当間重剛回想録刊行会
戸田市編（一九八七）『戸田市史　通史編　下』戸田市
豊見山和美（二〇〇七）「オリンピック東京大会沖縄聖火リレー：一九六〇年代前半の沖縄における復帰志向をめぐって」『沖縄県公文書館研究紀要』九号、二七—三六頁
トムリンソン、ジョン（一九九九＝二〇〇〇）『グローバリゼーション：文化帝国主義を超えて』（片岡信訳）青土社
豊川斎赫（二〇一六）『丹下健三：戦後日本の構想者』岩波書店
鳥谷部春汀（一九〇三）「体育界の偉人クベルタン」『中学世界』六巻一四号、三五—四三頁
永井道明（一九〇九）「身体に帆かけて飛ぶ瑞典の少女」『実業少年』三巻四号、八—一一頁
永井道明（一九一三）『体育講演集』健康堂体育店
永井松三編（一九三八）『オリンピック精神』第十二回オリンピック東京大会組織委員会
永井松三編（一九三九）『報告書』第十二回オリンピック東京大会組織委員会
中澤篤史（二〇一〇）「オリンピック日本代表選手団における学生選手に関する資料検討：一九一二年ストックホルム大会から一九九六年アトランタ大会までを対象に」『一橋大学スポーツ研究』二九号、三七—四八頁
長嶋圭哉（二〇一〇）「オリンピック〈芸術競技〉と日本の美術界：ロサンゼルス、ベルリン、東京」五十殿利治編『「帝国」と美術：

一九三〇年代日本の対外美術戦略』国書刊行会、二二一―二五七頁
永田秀次郎（一九二六）『建国の精神に還れ』実業之日本社
永田秀次郎（一九三〇）『高所より観る』実業之日本社
永田秀次郎（一九三六）「来年の万国教育会議にはエスペラントを用ひたい」『エスペラント』一七巻三号、三―五頁
中西金吾（一九三七）「オリムピツクとテレビジョン」『ラヂオの日本』二四巻二号、一三―一六頁
永見七郎（一九五六）「オリンピックの感激（三）友情のメダル」『中学時代』八巻三号、五四―五九頁
中村哲夫（一九八五）「第一二回オリンピック東京大会研究序説（Ⅰ）」『三重大学教育学部研究紀要　人文・社会科学』三六巻、一〇一―一一二頁
中村哲夫（一九八九）「第一二回オリンピック東京大会研究序説（Ⅱ）」『三重大学教育学部研究紀要　人文・社会科学』四〇巻、一二九―一三八頁
中村哲夫（一九九三）「第一二回オリンピック東京大会研究序説（Ⅲ）」『三重大学教育学部研究紀要　人文・社会科学』四四巻、六七―七九頁
中村哲夫（二〇〇九）「ＩＯＣ会長バイエ＝ラトゥールから見た東京オリンピック」坂上康博ほか編『幻の東京オリンピックとその時代：戦時期のスポーツ・都市・身体』青弓社、二二―六七頁
中村未樹（二〇一六）「観光空間におけるハラール認証表示：ハラールはだれのためのものか」京都大学大学院人間・環境学研究科修士論文
日本教図編集部（発行年不明）『オリンピックの歴史』日本教図
日本教図編集部（発行年不明）『オリンピックの精神』日本教図
日本近代教育史事典編集委員会編（一九七一）『日本近代教育史事典』平凡社
日本コカ・コーラ株式会社社史編纂委員会（一九八七）『愛されて三〇年』日本コカ・コーラ株式会社
日本体育協会編（一九五三）『第十五回オリンピック大会報告書』日本体育協会
日本体育協会編（一九六三）『日本体育協会五十年史』日本体育協会
日本体育協会編（一九九八）『国民体育大会五〇年のあゆみ』日本体育協会
日本電信電話公社（一九六五）『第一八回オリンピック東京大会電気通信対策報告書』日本電信電話公社

日本放送協会編（一九六五）『世界のラジオとテレビジョン　一九六五』日本放送出版協会
日本放送協会編（一九六五）『第一八回オリンピック東京大会放送実施報告書』日本放送協会
日本放送協会編（一九七七）『放送五十年史』日本放送出版協会
日本放送協会編（二〇〇一a）『二〇世紀放送史（上）』日本放送出版協会
日本放送協会編（二〇〇一b）『二〇世紀放送史（下）』日本放送出版協会
日本放送協会放送世論調査所編（一九六七）『東京オリンピック』日本放送協会放送世論調査所
日本民間放送連盟民放オリンピック放送総本部編（一九六六）『東京オリンピック　放送の記録』岩崎放送出版社
日本郵趣協会監修（二〇一三）『ビジュアル日本切手カタログVol.2：ふるさと・公園・沖縄切手編』日本郵趣協会
日本陸上競技連盟七十年史編集委員会編（一九九五）『日本陸上競技連盟七十年史』日本陸上競技連盟
日本レスリング協会八〇年史編纂委員会編（二〇一二）『財団法人日本レスリング協会八〇年史』日本レスリング協会
野口源三郎（一九五一）『オリンピック（教育文庫）』金子書房
函館日日新聞社（一九三八）『函日二十年誌』函館日日新聞社
橋本一夫（一九九四）『幻の東京オリンピック』日本放送出版協会
八田一朗（一九五三）『レスリング』旺文社
浜田幸絵（二〇一〇）「戦前期日本における聖火リレー：一九六四年東京オリンピック再考の手がかりとして」『メディア史研究』二八号、一一一―一三〇頁
浜田幸絵（二〇一四）「グローバル・テレビ・イベントとしての一九六四年東京オリンピック：NHKによる海外放送機関の組織化」『メディア史研究』三五号、六三―八二頁
浜田幸絵（二〇一五）「『京城日報』の紀元二六〇〇年記念イベント」『メディア史研究』三八号、七七―九六頁
浜田幸絵（二〇一六）『日本におけるメディア・オリンピックの誕生：ロサンゼルス・ベルリン・東京』ミネルヴァ書房
樋口直人（二〇〇七）「越境する食文化：滞日ムスリムのビジネスとハラール食品産業」樋口直人ほか『国境を越える：滞日ムスリム移民の社会学』青弓社、一一六―一四一頁
日比嘉高（二〇一六）「〈代表する身体〉は何を背負うか：一九三二年のロサンゼルス・オリンピックと日本・米国・朝鮮の新聞報道」河原典史ほか編『メディア：移民をつなぐ、移民がつなぐ』クロスカルチャー出版、二二七―二四四頁

ヒューブナー、シュテファン（二〇一六＝二〇一七）『スポーツがつくあったアジア：筋肉的キリスト教の世界的拡張と創造される近代アジア』（高嶋航ほか訳）一色出版
平生釟三郎（一九三六）「オリンピック東京開催と我が国民の覚悟」『放送』六巻一〇号、一〇七―一〇九頁
平田竹男ほか編（二〇一六）『パラリンピックを学ぶ』早稲田大学出版部
風流覊客（一八九七）「昨年のオリムピア競技」『世界之日本』一二号、四六―四九頁
福島慎太郎編（一九八〇）『国際社会のなかの日本：平沢和重遺稿集』日本放送出版協会
夫馬信一（二〇一六）『幻の東京五輪・万博一九四〇』原書房
古川隆久（一九九八）『皇紀・万博・オリンピック：皇室ブランドと経済発展』中央公論社
「平和の塔」の史実を考える会編（一九九五）「石の証言：みやざき『平和の塔』を探る」本多企画（※君塚仁彦編（二〇〇五）『平和概念の再検討と戦争遺跡』明石書店に再録されたもの）
ボイコフ、ジュールズ（二〇一六＝二〇一八）『オリンピック秘史：一二〇年の覇権と利権』（中島由華訳）早川書房
ホブズボウム、エリック（一九八三＝一九九二）「伝統の大量生産：ヨーロッパ、一八七〇―一九一四」（前川啓治訳）ホブズボウム、エリックほか編『創られた伝統』紀伊国屋書店、四〇七―四七〇頁
毎日新聞社史編纂委員会編（一九五二）『毎日新聞七十年』毎日新聞社
毎日新聞一三〇年史刊行委員会（二〇〇二）『「毎日」の三世紀：新聞が見つめた激流一三〇年（上巻）』毎日新聞社
マカルーン、ジョン・J（一九八一＝一九八八）『オリンピックと近代：評伝クーベルタン』（柴田元幸ほか訳）平凡社
マクルーハン、マーシャル（一九六二＝一九八六）『グーテンベルクの銀河系』（森常治訳）みすず書房
増田直子（二〇〇九）「再定住期の日米交流：一九四九年全米水上選手権大会を中心に」『ＪＩＣＡ横浜海外移住資料館研究紀要』四号、一三―二九頁
松江市誌編さん委員会編（一九六二）『新修松江市誌』松江市役所
松岡　節（二〇一四）『一九六四年の東京オリンピック開催を情熱で実現した人　フレッド和田』出版文化社
松澤一鶴（一九三九）「日満華交歓競技会報告くろがね道中双六」『体育日本』第一七巻第一〇号、五―九頁
松澤一鶴（一九四九）「国際水上競技小史」日本水泳連盟『使命を果して：渡米選手の手記』月曜書房、一四九―一七二頁
松本瀧蔵（一九四九）「帰還報告」日本水泳連盟『使命を果して：渡米選手の手記』月曜書房、七―一四頁

宮木昌常（一九三八）『第九回明治神宮体育大会報告書』明治神宮体育会
宮崎県編（二〇〇〇）『宮崎県史　通史編　近・現代二』宮崎県
宮崎日日新聞社史編纂委員会編（一九七五）『宮崎日日新聞社史』宮崎日日新聞社
村上勝彦（二〇一二）『稿本大倉喜八郎年譜〔第三版〕』東京経済大学
村上信夫（一九六三）「ローマ・オリンピック選手村の台所」『ホテルレビュー』一四巻一五九号、二四―二五頁
茂木謙之介（二〇一七）『表象としての皇族：メディアにみる地域社会の皇室像』吉川弘文館
森永卓郎監修（二〇〇八）『物価の文化史事典：明治・大正・昭和・平成』展望社
文部省（〔一九三六〕）『第十一回オリンピック伯林大会調査報告書：競技場建築施設』文部省
文部省（一九六五）『オリンピック東京大会と政府機関等の協力』文部省
矢島英男（一九三六）「鉄道省国際観光局を驚かしたエスペラントの偉力」『エスペラント』一七巻二号、五―八頁
山川均（一九三六）「国際スポーツの明朗と不明朗」『文藝春秋』一四巻九号、八二―八六頁
山口正造（一九三六）『簡易ホテル用会話：附・「ホテル」ニ於ケル作法』山口正造
山口輝臣（二〇〇五）『明治神宮の出現』吉川弘文館
山口誠（二〇〇八）「メディアが創る時間：新聞と放送の参照関係と時間意識に関するメディア史的考察」『マス・コミュニケーション研究』七三号、二―二〇頁
山田宗睦（一九六四）「オリンピック中継の技法と体質」『放送と宣伝：CBCレポート』八巻、九―一三頁
吉田寛（二〇〇六）「近代オリンピックにおける芸術競技の考察：芸術とスポーツの共存（不）可能性をめぐって」『美学』五七巻二号（二二六号）、一五―二八頁
吉見俊哉（一九九六）「メディア・イベント概念の諸相」津金澤聰廣編『近代日本のメディア・イベント』同文舘、三―三〇頁
吉見俊哉（一九九八）「幻の東京オリンピックをめぐって」津金澤聰廣ほか編『戦時期日本のメディア・イベント』世界思想社、一九―三五頁
吉見俊哉（二〇一五）「ポスト戦争としてのオリンピック：一九六四年東京大会を再考する」『マス・コミュニケーション研究』八六号、一九―三七頁
読売新聞一〇〇年史編集委員会編（一九七六）『読売新聞百年史』読売新聞社

リーフェンシュタール、レニ（一九九五）『回想：二〇世紀最大のメモアール（上）』（椛島則子訳）文藝春秋

琉球放送企画部編（一九六五）『琉球放送十年誌』琉球放送株式会社

ルオフ、ケネス（二〇一〇）『紀元二六〇〇年：消費と観光のナショナリズム』（木村剛久訳）朝日新聞出版

ロバートソン、ローランド（一九九二＝一九九七）『グローバリゼーション：地球文化の社会理論』（阿部美哉訳）東京大学出版会

和所泰史ほか（二〇一三）「戦後日本の国際スポーツ界復帰に関する永井松三の役割」『スポーツ健康科学研究』三五巻、二七—三九頁

和田浩一（二〇一一）「ＩＯＣ委員との交流」生誕一五〇周年記念出版委員会編『気概と行動の教育者　嘉納治五郎』筑波大学出版会、三一〇—三三〇頁

渡辺雅之（二〇〇六）「一九六四年東京オリンピック『聖火リレー』で運んだものは何だったのか」君塚仁彦編『平和概念の再検討と戦争遺跡』明石書店、一九五—二〇五頁

ＪＯＣ国際専門部会編（二〇一八）『オリンピック憲章』日本オリンピック委員会

『外務省執務報告　情報部』クレス出版、一九九五年（復刻版）

『観光の状況に関する年次報告　昭和三九年度』［総理府］、一九六五年

「大会ブランド保護基準」東京オリンピック・パラリンピック競技大会組織委員会、二〇一七年八月（https://tokyo2020.org/jp/copyright/data/brand-protection-JP.pdf）

『第三回アジア競技大会報告書』第三回アジア競技大会組織委員会、一九五九年

『東和商事合資会社社史』東和商事合資会社、一九四二年

『パラリンピック国際身体障害者スポーツ大会写真集』国際身体障害者スポーツ大会運営委員会、［一九六四年］

『山本忠興伝』山本忠興博士伝記刊行会、一九五三年

「立候補ファイル　第一巻」東京二〇二〇オリンピック・パラリンピック招致委員会、二〇一三年一月（https://tokyo2020.org/jp/games/plan/data/candidate-entire-1-JP.pdf）

〔外国語文献（アルファベット順）〕

Collins, S. (2007) *The 1940 Tokyo Games: The Missing Olympics*, London: Routledge.

Guttmann, A., (1984) *The Games Must Go On: Avery Brundage and the Olympic Movement*, New York: Columbia University Press.

H.S.K. Yamaguchi (1938) *Inns and hotels in Japan: how to put up at a Japanese*, Fujiya Hotel.

James, D. C. (1970) *The years of MacArthur*, Vol. 1, Boston: Houghton Mifflin.

Morris, A. (1999) "I Can Compete! China in the Olympic Games, 1932 and 1936", *Journal of Sport History* Vol. 26, No. 3, pp.545-566.

Robertson, R. (1992) *Globalization: Social Theory and Global Culture,* London: Sage.

Tahara, J. (1992) "Count Michimasa Soyeshima and the Cancellation of the XII Olympiad in Tokyo: A Footnote to Olympic History," *The International Journal of the History of Sport*, Vol. 9, No. 3, pp.467-472.

Wei Y. (ed.) (1996) *The Olympic image: the first 100 years*, Edmonton: Quon Editions.

Yamamoto, E. (2000) "Cheers for Japanese Athletes: The 1932 Los Angeles Olympics and the Japanese American Community", *Pacific Historical Review* (Vol. 69, No. 3) , pp.399-430.

Factsheet Women in the Olympic Movement, International Olympic Committee, Jan. 2016. (https://stillmed.olympic.org/Documents/Reference_documents_Factsheets/Women_in_Olympic_Movement.pdf)

Olympic Marketing Fact File 2018, International Olympic Committee, Jan. 2018. (https://www.olympic.org/documents/ioc-marketing-and-broadcasting)

Olympic Spirit in Tokyo: XIIth Olympic Games to the Far East, The National Olympic Committee of Japan, 1936.

別表1　オリンピック夏季大会参加国・参加選手数

年	場　　所	参加国（NOC）数	参加選手数
1896	アテネ	14	241
1900	パリ	24	997
1904	セントルイス	12	651
1908	ロンドン	22	2008
1912	ストックホルム	28	2407
1920	アントワープ	29	2622
1924	パリ	44	3088
1928	アムステルダム	46	2883
1932	ロサンゼルス	37	1334
1936	ベルリン	49	3963
1948	ロンドン	59	4104
1952	ヘルシンキ	69	4955
1956	メルボルン	72	3314
1960	ローマ	83	5338
1964	東京	93	5152
1968	メキシコシティー	112	5516
1972	ミュンヘン	121	7134
1976	モントリオール	92	6084
1980	モスクワ	80	5179
1984	ロサンゼルス	140	6829
1988	ソウル	159	8397
1992	バルセロナ	169	9356
1996	アトランタ	197	10318
2000	シドニー	199	10651
2004	アテネ	201	10625

年	場　　所	参加国（NOC）数	参加選手数
2008	北京	204	10942
2012	ロンドン	204	10568
2016	リオデジャネイロ	207	11238

IOCホームページより筆者作成.（2018.7.22）

別表2　オリンピック冬季大会参加国・参加選手数

年	場　　所	参加国（NOC）数	参加選手数
1924	シャモニー	16	258
1928	サンモリッツ	25	464
1932	レークプラシッド	17	252
1936	ガルミッシュ・パルテンキルヘン	28	646
1948	サンモリッツ	28	669
1952	オスロ	30	694
1956	コルチナ・ダンペッツオ	32	821
1960	スコーバレー	30	665
1964	インスブルック	36	1091
1968	グルノーブル	37	1158
1972	札幌	35	1006
1976	インスブルック	37	1123
1980	レークプラシッド	37	1072
1984	サラエボ	49	1272
1988	カルガリー	57	1423
1992	アルベールビル	64	1801
1994	リレハンメル	67	1737
1998	長野	72	2176
2002	ソルトレークシティー	77	2399
2006	トリノ	80	2508
2010	バンクーバー	82	2566
2014	ソチ	88	2780
2018	平昌	92	2963

IOCホームページより筆者作成.（2018.7.22）

あとがき

二〇二〇年大会東京開催決定の前日、私はちょうどメディア史研究会で、論文「グローバル・テレビ・イベントとしての一九六四年東京オリンピック」のもととなる研究報告を行ったところだった。研究会後の懇親会で、オリンピックはマドリードかイスタンブールか東京かという話題も出たが、まさか東京に決まることはないだろうというのが、この時の雰囲気だったと記憶している。帰宅すると、ちょうどテレビで招致プレゼンテーションを行っていてそれを見たが、投票は数時間後だというので寝てしまった。

早朝、ニュースをみると東京が開催地として選ばれていて驚いた。しばらくすると、一九四〇年のオリンピック決定時には、「東京の街が歓喜に包まれている（オリンピック旗がひるがえり祝賀会が開催されている等）」という新聞記事があったことを思い出し、今日も何か都内であるかもしれないと俄然興味がわいてきた。そして都庁でイベントをやるという情報をえたので早速出かけてみた。都庁の都民広場で行われた東京大会決定を祝うイベント（開催都市決定報告会）は、おそらく確信をもって準備されたものではなかっただろう。だが、そのイベントで、一九六四年東京大会の時のオリンピック・ファンファーレとオリンピック・マーチの演奏が行われたことは、私に強烈な印象を与えた。近くにいた六〇代後半くらいの女性のグループが、目を輝かせて手拍子をしながらオリンピック・マーチを聴いていたのも、忘れられない光景となった。

というのも、大会が近づくとそれまで忘却されていた〈幻〉のオリンピックの思い出が掘り起こされるのは、一九六四年東京大会の時にもみられたことだったからである。私は、オリンピック・マーチを聴きながら、オリンピックというものが、四年に一度だけではなく、もっと大きな長期的サイクルで循環していることに気づいた。以後、オリンピックとメディアの歴史を研究してきた私がどこか既視感を覚えずにはいられないような出来事や現象は、二〇二〇年東京大会をめぐって次々に生じることとなった。過去のオリンピックと今度のオリンピックとの間に一つ一つ列挙するのが難しいほど多くの共通点と連続性があることは、本書でわかっていただけただろう。

二〇一三年九月の時点では、戦後のオリンピックについては、他の研究課題と並行させながらのんびりと研究を進め、一〇年くらいかけてまとめたいと思っていた。しかし東京オリンピックの決定により、図らずも、私の計画は変更せざるをえなくなったようである。二〇二〇年大会決定後、吉川弘文館からこの本の執筆のお話をいただいた。大変ありがたいお話ではあったが、これまでストックしてきたものがあったとはいえ新しく調べたものも多く、一冊の本にまとめるのは一筋縄ではいかなかった。学生時代とは異なり研究だけやっていればよい環境ではなくなっていたことも、厳しかった。特にこの一、二年は、本当はよくないことだと思いつつも、「ライフ」をなげうって「ワーク」に没頭せざるをえなかった。

二〇二〇年の東京オリンピック・パラリンピックに関しては、連日様々な情報が流れている。最近は、サマータイムの導入やボランティアの仕組みなど、オリンピックの主催者側のなりふり構わぬ態度に批判が集まっている。一方で、過去のオリンピックを懐かしむような言説は相変わらずあり、来年は、大河ドラマが日本のオリンピック参加から一九六四年東京オリンピックまでを取り上げるという。オリンピックの影響は今後二年間、ますます大きくなり、好むと好まざるとにかかわらず、日本で暮らす人びとの生活のなかに入り込んでくるだろう。本書も、東京オリンピックに関する一つの歴史的語りに他ならないわけであるが、実際に資史料を読み込んでまとめた研究成果であり、メディアの報道や評論、ドラマとは異なる一定の役割を果たしうるものだと考えている。本書が、これから首都東京を中心に繰り広げられるオリンピックについて理解を深める助けとなれば嬉しい。どのような態度でそれと関わるのかを決めるのは、一人ひとりの読者にゆだねたい。

本書は、全体的に書き下ろしであるが、過去に発表したものに大幅な修正を加えて用いた箇所もある。第1章と第2章には、博士論文をもとにした前著（『日本におけるメディア・オリンピックの誕生』ミネルヴァ書房、二〇一六年）で論じた内容と重複する部分が含まれている。戦前日本におけるメディア・イベントとしてのオリンピックの成立過程に興味がある方は、前著の方をぜひご覧いただきたい。第2章の（4）と第3章は、「戦前期日本における聖火リレー：一九六四年東京オリンピック再考の手がかりとして」『メディア史研究』二八号（二〇一〇年九月）と博士論文の第5章（前著には組み込まなかった章）をもとに改稿した。第4章の（3）も、博士論文の第5章の一部を用いている。本書第5章の（3）では、「グローバル・テレビ・イベントとしての一九六四年東京オリンピック：NHKによる海外放送機関の組織化」『メディア史研究』三五号（二〇一四年二月）を改稿したものを用いた。

今回も研究を進める上で、様々なところで資史料を閲覧する必要があった。閲覧の希望を快く受け入れてくださった諸機関に感謝したい。また研究発表や講演、講義の機会に恵まれ、そのたびに様々な立場や年齢の方の意見をいただいたことが、研究を整理し考えをまとめるうえで助けになった。本書は平成二六年度放送文化基金研究助成、平成二九年度島根大学「若手教員に対する支援」による研究成果の一部であることも記しておきたい。

執筆がなかなか進まなかったにもかかわらず、いつも穏やかな表情で接してくださった吉川弘文館の永田伸さんにも御礼を申し上げたい。それから最後に、私の仕事を理解し応援してくれている家族にも感謝したい。

二〇一八年八月

浜田幸絵

索　　　引

人名索引

あ行

か行

さ行

た　行

な　行

は　行

ま　行

や　行

ら　行

わ　行

事　項　索　引

あ　行

か　行

さ　行

た　行

や　行

ら　行

わ　行

著者略歴

一九八三年生まれ
二〇〇五年　成城大学文芸学部文化史学科卒業。ラフバラ大学大学院社会科学研究科修士課程（メディア文化分析専攻）などを経て
二〇一二年　東京経済大学大学院コミュニケーション学研究科博士後期課程修了
現在　島根大学法文学部准教授

主要著書・論文

『日本におけるメディア・オリンピックの誕生―ロサンゼルス・ベルリン・東京』（ミネルヴァ書房、二〇一六年）
「『京城日報』の紀元二六〇〇年記念イベント」（『メディア史研究』三八号、二〇一五年）
「女のスポーツをめぐる語り―世界女子オリンピック（一九二六年・一九三〇年）報道の分析」（『島大言語文化』四二号、二〇一七年）

〈東京オリンピック〉の誕生
一九四〇年から二〇二〇年へ

二〇一八年（平成三十）十一月一日　第一刷発行
二〇二〇年（令和二）五月十日　第三刷発行

著者　浜田幸絵（はまださちえ）
発行者　吉川道郎
発行所　株式会社 吉川弘文館
郵便番号一一三―〇〇三三
東京都文京区本郷七丁目二番八号
電話〇三―三八一三―九一五一〈代〉
振替口座〇〇一〇〇―五―二四四番
http://www.yoshikawa-k.co.jp/

印刷＝株式会社 東京印書館
製本＝株式会社 ブックアート
装幀＝清水良洋・宮崎萌美

ISBN978-4-642-03881-2